保障农民工工资

支付条例 100问

中国劳动学会劳动保障监察专业委员会 编

中国言实出版社

图书在版编目(CIP)数据

《保障农民工工资支付条例》100问 / 中国劳动学会
劳动保障监察专业委员会编. --北京: 中国言实出版社,2020.7
　　ISBN 978-7-5171-3485-5

　　Ⅰ.①保… Ⅱ.①中… Ⅲ.①民工－工资制度－条例－
中国－问题解答 Ⅳ.①D922.51-44

　　中国版本图书馆 CIP 数据核字（2020）第102378号

出 版 人　王昕朋
责任编辑　代青霞
责任校对　张国旗

出版发行　**中国言实出版社**
　　　　　地　　址：北京市朝阳区北苑路 180 号加利大厦 5 号楼 105 室
　　　　　邮　　编：100101
　　　　　编辑部：北京市海淀区花园路 6 号院 B 座 6 层
　　　　　邮　　编：100088
　　　　　电　　话：64924853（总编室）　 64924716（发行部）
　　　　　网　　址：www.zgyscbs.cn
　　　　　E - mail：zgyscbs@ 1263.net
经　　销　新华书店
印　　刷　三河市恒彩印务有限公司
版　　次　2020 年 10 月第 1 版　　2020 年 10 月第 1 次印刷
规　　格　710 毫米×1000 毫米　　1/16　　16 印张
字　　数　210 千字
定　　价　48.00 元　　　　ISBN 978-7-5171-3485-5

目　录

第四章　工程建设领域特别规定 / 70

第五章　监督检查 / 100

第六章　法律责任 ／131

中华人民共和国国务院令

第 724 号

　　《保障农民工工资支付条例》已经 2019 年 12 月 4 日国务院第 73 次常务会议通过，现予公布，自 2020 年 5 月 1 日起施行。

总理　李克强

2019 年 12 月 30 日

保障农民工工资支付条例

第一章 总 则

第一条 为了规范农民工工资支付行为，保障农民工按时足额获得工资，根据《中华人民共和国劳动法》及有关法律规定，制定本条例。

第二条 保障农民工工资支付，适用本条例。

本条例所称农民工，是指为用人单位提供劳动的农村居民。

本条例所称工资，是指农民工为用人单位提供劳动后应当获得的劳动报酬。

第三条 农民工有按时足额获得工资的权利。任何单位和个人不得拖欠农民工工资。

农民工应当遵守劳动纪律和职业道德，执行劳动安全卫生规程，完成劳动任务。

第四条 县级以上地方人民政府对本行政区域内保障农民工工资支付工作负责，建立保障农民工工资支付工作协调机制，加强监管能力建设，健全保障农民工工资支付工作目标责任制，并纳入对本级人民政府有关部门和下级人民政府进行考核和监督的内容。

乡镇人民政府、街道办事处应当加强对拖欠农民工工资矛盾的排查和调处工作，防范和化解矛盾，及时调解纠纷。

第五条 保障农民工工资支付，应当坚持市场主体负责、政府依法监管、社会协同监督，按照源头治理、预防为主、防治结合、标本兼治的要求，依法根治拖欠农民工工资问题。

第六条 用人单位实行农民工劳动用工实名制管理，与招用的农民工书面约定或者通过依法制定的规章制度规定工资支付标准、支付时间、支付方式等内容。

第七条 人力资源社会保障行政部门负责保障农民工工资支付工作的组织协调、管理指导和农民工工资支付情况的监督检查，查处有关拖欠农民工工资案件。

住房城乡建设、交通运输、水利等相关行业工程建设主管部门按照职责履行行业监管责任，督办因违法发包、转包、违法分包、挂靠、拖欠工程款等导致的拖欠农民工工资案件。

发展改革等部门按照职责负责政府投资项目的审批管理，依法审查政府投资项目的资金来源和筹措方式，按规定及时安排政府投资，加强社会信用体系建设，组织对拖欠农民工工资失信联合惩戒对象依法依规予以限制和惩戒。

财政部门负责政府投资资金的预算管理，根据经批准的预算按规定及时足额拨付政府投资资金。

公安机关负责及时受理、侦办涉嫌拒不支付劳动报酬刑事案件，依法处置因农民工工资拖欠引发的社会治安案件。

司法行政、自然资源、人民银行、审计、国有资产管理、税务、市场监管、金融监管等部门，按照职责做好与保障农民工工资支付相关的工作。

第八条 工会、共产主义青年团、妇女联合会、残疾人联合会等组织按照职责依法维护农民工获得工资的权利。

第九条 新闻媒体应当开展保障农民工工资支付法律法规政策的公益宣传和先进典型的报道，依法加强对拖欠农民工工资违法行为的舆论监督，引导用人单位增强依法用工、按时足额支付工资的法律意识，引导农民工依法维权。

第十条 被拖欠工资的农民工有权依法投诉，或者申请劳动争议调解仲裁和提起诉讼。

任何单位和个人对拖欠农民工工资的行为，有权向人力资源社会保障行政部门或者其他有关部门举报。

人力资源社会保障行政部门和其他有关部门应当公开举报投诉电话、网站等渠道，依法接受对拖欠农民工工资行为的举报、投诉。对于举报、投诉的处理实行首问负责制，属于本部门受理的，应当依法及时处理；不属于本部门受理的，应当及时转送相关部门，相关部门应当依法及时处理，并将处理结果告知举报、投诉人。

第二章　工资支付形式与周期

第十一条　农民工工资应当以货币形式，通过银行转账或者现金支付给农民工本人，不得以实物或者有价证券等其他形式替代。

第十二条　用人单位应当按照与农民工书面约定或者依法制定的规章制度规定的工资支付周期和具体支付日期足额支付工资。

第十三条　实行月、周、日、小时工资制的，按照月、周、日、小时为周期支付工资；实行计件工资制的，工资支付周期由双方依法约定。

第十四条　用人单位与农民工书面约定或者依法制定的规章制度规定的具体支付日期，可以在农民工提供劳动的当期或者次期。具体支付日期遇法定节假日或者休息日的，应当在法定节假日或者休息日前支付。

用人单位因不可抗力未能在支付日期支付工资的，应当在不可抗力消除后及时支付。

第十五条　用人单位应当按照工资支付周期编制书面工资支付台账，并至少保存 3 年。

书面工资支付台账应当包括用人单位名称，支付周期，支付日期，支付对象姓名、身份证号码、联系方式，工作时间，应发工资项目及数额，代扣、代缴、扣除项目和数额，实发工资数额，银行代发工资凭证或者农民工签字等内容。

用人单位向农民工支付工资时，应当提供农民工本人的工资清单。

第三章　工资清偿

第十六条　用人单位拖欠农民工工资的，应当依法予以清偿。

第十七条　不具备合法经营资格的单位招用农民工，农民工已经付出劳动而未获得工资的，依照有关法律规定执行。

第十八条　用工单位使用个人、不具备合法经营资格的单位或者未依法取得劳务派遣许可证的单位派遣的农民工，拖欠农民工工资的，由用工单位清偿，并可以依法进行追偿。

第十九条　用人单位将工作任务发包给个人或者不具备合法经营资格的单位，导致拖欠所招用农民工工资的，依照有关法律规定执行。

用人单位允许个人、不具备合法经营资格或者未取得相应资质的单位以用人单位的名义对外经营，导致拖欠所招用农民工工资的，由用人单位清偿，并可以依法进行追偿。

第二十条　合伙企业、个人独资企业、个体经济组织等用人单位拖欠农民工工资的，应当依法予以清偿；不清偿的，由出资人依法清偿。

第二十一条　用人单位合并或者分立时，应当在实施合并或者分立前依法清偿拖欠的农民工工资；经与农民工书面协商一致的，可以由合并或者分立后承继其权利和义务的用人单位清偿。

第二十二条　用人单位被依法吊销营业执照或者登记证书、被责令关闭、被撤销或者依法解散的，应当在申请注销登记前依法清偿拖欠的农民工工资。

未依据前款规定清偿农民工工资的用人单位主要出资人，应当在注册新用人单位前清偿拖欠的农民工工资。

第四章　工程建设领域特别规定

第二十三条　建设单位应当有满足施工所需要的资金安排。没有满足施工所需要的资金安排的，工程建设项目不得开工建设；依法需要办理施工许可证的，相关行业工程建设主管部门不予颁发施工许可证。

政府投资项目所需资金，应当按照国家有关规定落实到位，不得由施工单位垫资建设。

第二十四条　建设单位应当向施工单位提供工程款支付担保。

建设单位与施工总承包单位依法订立书面工程施工合同，应当约定工程款计量周期、工程款进度结算办法以及人工费用拨付周期，并按照保障农民工工资按时足额支付的要求约定人工费用。人工费用拨付周期不得超过 1 个月。

建设单位与施工总承包单位应当将工程施工合同保存备查。

第二十五条　施工总承包单位与分包单位依法订立书面分包合同，应当约定工程款计量周期、工程款进度结算办法。

第二十六条　施工总承包单位应当按照有关规定开设农民工工资专用账户，专项用于支付该工程建设项目农民工工资。

开设、使用农民工工资专用账户有关资料应当由施工总承包单位妥善保存备查。

第二十七条　金融机构应当优化农民工工资专用账户开设服务流程，做好农民工工资专用账户的日常管理工作；发现资金未按约定拨付等情况的，及时通知施工总承包单位，由施工总承包单位报告人力资源社会保障行政部门和相关行业工程建设主管部门，并纳入欠薪预警系统。

工程完工且未拖欠农民工工资的，施工总承包单位公示 30 日后，可以申请注销农民工工资专用账户，账户内余额归施工总承包单位所有。

第二十八条 施工总承包单位或者分包单位应当依法与所招用的农民工订立劳动合同并进行用工实名登记，具备条件的行业应当通过相应的管理服务信息平台进行用工实名登记、管理。未与施工总承包单位或者分包单位订立劳动合同并进行用工实名登记的人员，不得进入项目现场施工。

施工总承包单位应当在工程项目部配备劳资专管员，对分包单位劳动用工实施监督管理，掌握施工现场用工、考勤、工资支付等情况，审核分包单位编制的农民工工资支付表，分包单位应当予以配合。

施工总承包单位、分包单位应当建立用工管理台账，并保存至工程完工且工资全部结清后至少 3 年。

第二十九条 建设单位应当按照合同约定及时拨付工程款，并将人工费用及时足额拨付至农民工工资专用账户，加强对施工总承包单位按时足额支付农民工工资的监督。

因建设单位未按照合同约定及时拨付工程款导致农民工工资拖欠的，建设单位应当以未结清的工程款为限先行垫付被拖欠的农民工工资。

建设单位应当以项目为单位建立保障农民工工资支付协调机制和工资拖欠预防机制，督促施工总承包单位加强劳动用工管理，妥善处理与农民工工资支付相关的矛盾纠纷。发生农民工集体讨薪事件的，建设单位应当会同施工总承包单位及时处理，并向项目所在地人力资源社会保障行政部门和相关行业工程建设主管部门报告有关情况。

第三十条 分包单位对所招用农民工的实名制管理和工资支付负直接责任。

施工总承包单位对分包单位劳动用工和工资发放等情况进行监督。

分包单位拖欠农民工工资的，由施工总承包单位先行清偿，再依法进行追偿。

工程建设项目转包，拖欠农民工工资的，由施工总承包单位先行清偿，再依法进行追偿。

第三十一条 工程建设领域推行分包单位农民工工资委托施工总承包单位代发制度。

分包单位应当按月考核农民工工作量并编制工资支付表，经农民工本人签字确认后，与当月工程进度等情况一并交施工总承包单位。

施工总承包单位根据分包单位编制的工资支付表，通过农民工工资专用账户直接将工资支付到农民工本人的银行账户，并向分包单位提供代发工资凭证。

用于支付农民工工资的银行账户所绑定的农民工本人社会保障卡或者银行卡，用人单位或者其他人员不得以任何理由扣押或者变相扣押。

第三十二条 施工总承包单位应当按照有关规定存储工资保证金，专项用于支付为所承包工程提供劳动的农民工被拖欠的工资。

工资保证金实行差异化存储办法，对一定时期内未发生工资拖欠的单位实行减免措施，对发生工资拖欠的单位适当提高存储比例。工资保证金可以用金融机构保函替代。

工资保证金的存储比例、存储形式、减免措施等具体办法，由国务院人力资源社会保障行政部门会同有关部门制定。

第三十三条 除法律另有规定外，农民工工资专用账户资金和工资保证金不得因支付为本项目提供劳动的农民工工资之外的原因被查封、冻结或者划拨。

第三十四条 施工总承包单位应当在施工现场醒目位置设立维权信息告示牌，明示下列事项：

（一）建设单位、施工总承包单位及所在项目部、分包单位、相关行业工程建设主管部门、劳资专管员等基本信息；

（二）当地最低工资标准、工资支付日期等基本信息；

（三）相关行业工程建设主管部门和劳动保障监察投诉举报电话、劳动争议调解仲裁申请渠道、法律援助申请渠道、公共法律服务热线等信息。

第三十五条 建设单位与施工总承包单位或者承包单位与分包单位因工程数量、质量、造价等产生争议的，建设单位不得因争议不按照本条例第二十四条的规定拨付工程款中的人工费用，施工总承包单位也不得因争议不按照规定代发工资。

第三十六条 建设单位或者施工总承包单位将建设工程发包或者分包给个人或者不具备合法经营资格的单位，导致拖欠农民工工资的，由建设单位或者施工总承包单位清偿。

施工单位允许其他单位和个人以施工单位的名义对外承揽建设工程，导致拖欠农民工工资的，由施工单位清偿。

第三十七条 工程建设项目违反国土空间规划、工程建设等法律法规，导致拖欠农民工工资的，由建设单位清偿。

第五章 监督检查

第三十八条 县级以上地方人民政府应当建立农民工工资支付监控预警平台，实现人力资源社会保障、发展改革、司法行政、财政、住房城乡建设、交通运输、水利等部门的工程项目审批、资金落实、施工许可、劳动用工、工资支付等信息及时共享。

人力资源社会保障行政部门根据水电燃气供应、物业管理、信贷、税收等反映企业生产经营相关指标的变化情况，及时监控和预警工资支付隐患并做好防范工作，市场监管、金融监管、税务等部门应当予以配合。

第三十九条 人力资源社会保障行政部门、相关行业工程建设主管部门和其他有关部门应当按照职责，加强对用人单位与农民工签订劳动合同、工资支付以及工程建设项目实行农民工实名制管理、农民工工资专用账户管理、施工总承包单位代发工资、工资保证金存储、维权信息公示等情况的监督检查，预防和减少拖欠农民工工资行为的发生。

第四十条 人力资源社会保障行政部门在查处拖欠农民工工资案件

时，需要依法查询相关单位金融账户和相关当事人拥有房产、车辆等情况的，应当经设区的市级以上地方人民政府人力资源社会保障行政部门负责人批准，有关金融机构和登记部门应当予以配合。

第四十一条 人力资源社会保障行政部门在查处拖欠农民工工资案件时，发生用人单位拒不配合调查、清偿责任主体及相关当事人无法联系等情形的，可以请求公安机关和其他有关部门协助处理。

人力资源社会保障行政部门发现拖欠农民工工资的违法行为涉嫌构成拒不支付劳动报酬罪的，应当按照有关规定及时移送公安机关审查并作出决定。

第四十二条 人力资源社会保障行政部门作出责令支付被拖欠的农民工工资的决定，相关单位不支付的，可以依法申请人民法院强制执行。

第四十三条 相关行业工程建设主管部门应当依法规范本领域建设市场秩序，对违法发包、转包、违法分包、挂靠等行为进行查处，并对导致拖欠农民工工资的违法行为及时予以制止、纠正。

第四十四条 财政部门、审计机关和相关行业工程建设主管部门按照职责，依法对政府投资项目建设单位按照工程施工合同约定向农民工工资专用账户拨付资金情况进行监督。

第四十五条 司法行政部门和法律援助机构应当将农民工列为法律援助的重点对象，并依法为请求支付工资的农民工提供便捷的法律援助。

公共法律服务相关机构应当积极参与相关诉讼、咨询、调解等活动，帮助解决拖欠农民工工资问题。

第四十六条 人力资源社会保障行政部门、相关行业工程建设主管部门和其他有关部门应当按照"谁执法谁普法"普法责任制的要求，通过以案释法等多种形式，加大对保障农民工工资支付相关法律法规的普及宣传。

第四十七条　人力资源社会保障行政部门应当建立用人单位及相关责任人劳动保障守法诚信档案，对用人单位开展守法诚信等级评价。

用人单位有严重拖欠农民工工资违法行为的，由人力资源社会保障行政部门向社会公布，必要时可以通过召开新闻发布会等形式向媒体公开曝光。

第四十八条　用人单位拖欠农民工工资，情节严重或者造成严重不良社会影响的，有关部门应当将该用人单位及其法定代表人或者主要负责人、直接负责的主管人员和其他直接责任人员列入拖欠农民工工资失信联合惩戒对象名单，在政府资金支持、政府采购、招投标、融资贷款、市场准入、税收优惠、评优评先、交通出行等方面依法依规予以限制。

拖欠农民工工资需要列入失信联合惩戒名单的具体情形，由国务院人力资源社会保障行政部门规定。

第四十九条　建设单位未依法提供工程款支付担保或者政府投资项目拖欠工程款，导致拖欠农民工工资的，县级以上地方人民政府应当限制其新建项目，并记入信用记录，纳入国家信用信息系统进行公示。

第五十条　农民工与用人单位就拖欠工资存在争议，用人单位应当提供依法由其保存的劳动合同、职工名册、工资支付台账和清单等材料；不提供的，依法承担不利后果。

第五十一条　工会依法维护农民工工资权益，对用人单位工资支付情况进行监督；发现拖欠农民工工资的，可以要求用人单位改正，拒不改正的，可以请求人力资源社会保障行政部门和其他有关部门依法处理。

第五十二条　单位或者个人编造虚假事实或者采取非法手段讨要农民工工资，或者以拖欠农民工工资为名讨要工程款的，依法予以处理。

第六章　法律责任

第五十三条　违反本条例规定拖欠农民工工资的，依照有关法律规定执行。

第五十四条　有下列情形之一的，由人力资源社会保障行政部门责令限期改正；逾期不改正的，对单位处 2 万元以上 5 万元以下的罚款，对法定代表人或者主要负责人、直接负责的主管人员和其他直接责任人员处 1 万元以上 3 万元以下的罚款：

（一）以实物、有价证券等形式代替货币支付农民工工资；

（二）未编制工资支付台账并依法保存，或者未向农民工提供工资清单；

（三）扣押或者变相扣押用于支付农民工工资的银行账户所绑定的农民工本人社会保障卡或者银行卡。

第五十五条　有下列情形之一的，由人力资源社会保障行政部门、相关行业工程建设主管部门按照职责责令限期改正；逾期不改正的，责令项目停工，并处 5 万元以上 10 万元以下的罚款；情节严重的，给予施工单位限制承接新工程、降低资质等级、吊销资质证书等处罚：

（一）施工总承包单位未按规定开设或者使用农民工工资专用账户；

（二）施工总承包单位未按规定存储工资保证金或者未提供金融机构保函；

（三）施工总承包单位、分包单位未实行劳动用工实名制管理。

第五十六条　有下列情形之一的，由人力资源社会保障行政部门、相关行业工程建设主管部门按照职责责令限期改正；逾期不改正的，处 5 万元以上 10 万元以下的罚款：

（一）分包单位未按月考核农民工工作量、编制工资支付表并经农民工本人签字确认；

（二）施工总承包单位未对分包单位劳动用工实施监督管理；

（三）分包单位未配合施工总承包单位对其劳动用工进行监督管理；

（四）施工总承包单位未实行施工现场维权信息公示制度。

第五十七条　有下列情形之一的，由人力资源社会保障行政部门、相关行业工程建设主管部门按照职责责令限期改正；逾期不改正的，责令项目停工，并处 5 万元以上 10 万元以下的罚款：

（一）建设单位未依法提供工程款支付担保；

（二）建设单位未按约定及时足额向农民工工资专用账户拨付工程款中的人工费用；

（三）建设单位或者施工总承包单位拒不提供或者无法提供工程施工合同、农民工工资专用账户有关资料。

第五十八条　不依法配合人力资源社会保障行政部门查询相关单位金融账户的，由金融监管部门责令改正；拒不改正的，处 2 万元以上 5 万元以下的罚款。

第五十九条　政府投资项目政府投资资金不到位拖欠农民工工资的，由人力资源社会保障行政部门报本级人民政府批准，责令限期足额拨付所拖欠的资金；逾期不拨付的，由上一级人民政府人力资源社会保障行政部门约谈直接责任部门和相关监管部门负责人，必要时进行通报，约谈地方人民政府负责人。情节严重的，对地方人民政府及其有关部门负责人、直接负责的主管人员和其他直接责任人员依法依规给予处分。

第六十条　政府投资项目建设单位未经批准立项建设、擅自扩大建设规模、擅自增加投资概算、未及时拨付工程款等导致拖欠农民工工资的，除依法承担责任外，由人力资源社会保障行政部门、其他有关部门按照职责约谈建设单位负责人，并作为其业绩考核、薪酬分配、评优评先、职务晋升等的重要依据。

第六十一条　对于建设资金不到位、违法违规开工建设的社会投资工程建设项目拖欠农民工工资的，由人力资源社会保障行政部门、其他有关部门按照职责依法对建设单位进行处罚；对建设单位负责人依法依规给予处分。相关部门工作人员未依法履行职责的，由有关机关依法依规给予处分。

第六十二条　县级以上地方人民政府人力资源社会保障、发展改革、财政、公安等部门和相关行业工程建设主管部门工作人员，在履行农民工工资支付监督管理职责过程中滥用职权、玩忽职守、徇私舞弊的，依法依规给予处分；构成犯罪的，依法追究刑事责任。

第七章　附　则

第六十三条　用人单位一时难以支付拖欠的农民工工资或者拖欠农民工工资逃匿的，县级以上地方人民政府可以动用应急周转金，先行垫付用人单位拖欠的农民工部分工资或者基本生活费。对已经垫付的应急周转金，应当依法向拖欠农民工工资的用人单位进行追偿。

第六十四条　本条例自 2020 年 5 月 1 日起施行。

第一章　总　则

　　总则是一部法律法规的总纲，起着统领各部分内容的作用。本章是《保障农民工工资支付条例》（以下简称《条例》）的"总则"部分，共10条，分别对《条例》的立法目的、"农民工"及"工资"的基本概念、农民工按时足额获得工资的权利和基本义务、农民工劳动用工基本规范、保障农民工工资支付的总体要求、各政府部门职责、地方政府责任、工青妇等组织职责、新闻媒体职责以及发生农民工工资拖欠的救济途径、举报投诉等作了明确规定。

1. 《条例》出台的背景是什么？

　　答： 解决拖欠农民工工资问题，事关广大农民工的切身利益，事关社会公平正义和社会和谐稳定。我国有近 3 亿农民工，他们是推动我国社会主义现代化建设的重要力量，为经济社会发展作出了重大而独特的贡献。工资是农民工的保命钱、活命钱、养命钱，是提升农民工群体获得感、幸福感、安全感的重要物质基础，必须保证他们的辛劳获得及时足额的报酬。2013 年 2 月，习近平总书记在甘肃省东乡族自治县灾后重建管网工程工地视察时，来到农民工中间，询问："冬天施工冷不冷？农民工的工资和日常生活如何保障？"习近平总书记强调："全面建成小康社会离不开农民工的辛勤劳动和奉献，全社会都要关心关爱农民工，要坚决杜绝拖欠、克扣农民工工资现象，切实保障农民工合法权益。"

近年来，农民工"讨薪难"成为社会广泛关注的热点。对此，党中央、国务院高度重视，先后出台了一系列政策措施解决拖欠农民工工资问题。2016 年 1 月，国务院办公厅印发《关于全面治理拖欠农民工工资问题的意见》，从规范企业工资支付行为、健全工资支付监控和保障制度等方面，明确了目标任务与具体的政策措施。2017 年 7 月，解决企业拖欠工资问题部际联席会议办公室颁布《治欠保支三年行动计划（2017—2019）》，提出了十项落实国务院要求的具体措施。2017 年 9 月，人力资源和社会保障部出台《拖欠农民工工资"黑名单"管理暂行办法》，建立拖欠农民工工资"黑名单"制度，将拖欠工资违法失信用人单位列入"黑名单"。

这一系列治理拖欠农民工工资的措施，发挥了重要作用，取得了积极成效。但是，现实中仍存在一些导致拖欠农民工工资的问题，需要进一步解决：一是建设项目资金不到位。除社会投资项目外，政府投资项目也存在拖欠工程款的现象，与拖欠农民工工资问题相互交织。二是工程建设领域欠薪。建设市场秩序不规范，存在违法分包、层层转包、挂靠承包等违法违规行为，增加了治理拖欠农民工工资的难度。三是施工企业劳动用工不规范。工程建设领域利益链条过长，管理不规范，加剧了处于末端环节的农民工工资拖欠问题。

拖欠农民工工资问题原因复杂，根治这一问题必须多管齐下。在深入分析农民工欠薪根源、梳理现有治理农民工欠薪政策落实情况、总结治理欠薪实践经验基础上，制定专门行政法规，以法治手段推动根治欠薪问题，是十分必要的。

2019 年初，习近平总书记对解决拖欠农民工工资问题作出重要批示。2019 年《政府工作报告》明确要求："要根治农民工欠薪问题，抓紧制定专门行政法规，确保付出辛苦和汗水的农民工按时拿到应有的报酬。"据此，人力资源和社会保障部在深入调查研究、总结实践经验的基础上，起草了《保障农民工工资支付条例（草案送审稿）》，于 2019 年

8月13日向社会公开征求意见，并报请国务院审议。司法部收到送审稿后，先后两次征求中央有关单位、地方人民政府和部分行业协会的意见，多次赴地方进行调研，召开企业座谈会和专家论证会，会同人力资源和社会保障部对送审稿进行反复研究、修改，形成了《保障农民工工资支付条例（草案）》，提请国务院常务会议审议。

2019年12月4日，国务院第73次常务会议审议通过了《保障农民工工资支付条例（草案）》。会议强调，农民工为国家建设发展作出了重大而独特贡献，必须保证他们的辛劳获得及时足额的报酬。要在前期专项整治基础上，用法治手段推动根治拖欠农民工工资问题。2019年12月30日，国务院总理李克强签署第724号国务院令，公布《保障农民工工资支付条例》，自2020年5月1日起施行。

2. 《条例》的立法目的是什么？

答：立法目的是指立法宗旨和指导思想，在法律中首先明确规定立法目的是我国立法的惯例。《保障农民工工资支付条例》的立法目的就是第一条规定的"为了规范农民工工资支付行为，保障农民工按时足额获得工资"。这就以行政法规的形式确立了保障农民工工资支付相关制度要达到的目标，确立了相关机制制度所要遵循的总的指导方针。

工资是劳动者的基本生存保障，如果劳动者付出劳动后，无法按时足额获得工资报酬，就可能对劳动者及其抚养赡养的家庭成员带来生存和生活障碍，影响社会和谐稳定，甚至导致群体性社会事件，影响经济社会秩序。当前，由于行业生产组织方式不规范、建设资金不足，部分用人单位法制观念淡薄，主体责任落实不到位，属地政府和部门监管责任落实不到位、治理欠薪制度措施刚性不够等原因，工资支付行为不规范、拖欠农民工工资、侵犯农民工劳动报酬权益的问题仍比较突出。对于以上问题，《条例》坚持问题导向，突出重点，兼顾一般，围绕根治拖欠农民工工资目标，聚焦问题突出的工程建设领域，压实用人单位主体责任，强化政府部门监管职责，综合运用多种手段，坚持源头治理、全程监管、防治结合、标本兼治，以保护广大农民工的合法权益，建立健全欠薪零容忍的制度体系、监管有效的工作格局、惩处有力的执法机制为目标，为保障农民工工资支付提供坚实的法治保障。

3.《条例》的立法依据有哪些？

答：《条例》第一条中规定："根据《中华人民共和国劳动法》及有关法律规定，制定本条例。"可见，《中华人民共和国劳动法》（以下简称《劳动法》）是《条例》最主要的上位法依据，而《中华人民共和国劳动合同法》（以下简称《劳动合同法》）、《中华人民共和国劳动争议调解仲裁法》（以下简称《劳动争议调解仲裁法》）、《中华人民共和国刑法》（以下简称《刑法》）、《劳动保障监察条例》和《工资支付暂行规定》等法律、行政法规和部门规章也是《条例》制定的重要法律依据。

（1）《劳动法》的相关规定。《劳动法》第三条规定，劳动者享有取得劳动报酬的权利；第十九条规定，劳动合同应当以书面形式订立，劳动报酬是必备条款之一；第五章专章对工资支付原则、支付形式、支付标准等进行了规定，其中第五十条规定"工资应当以货币形式按月支付给劳动者本人。不得克扣或者无故拖欠劳动者的工资"；第九十一条规定，用人单位有克扣或者无故拖欠劳动者工资的，由劳动行政部门责令支付劳动者的工资报酬、经济补偿，并可以责令支付赔偿金。

（2）《劳动合同法》的相关规定。《劳动合同法》第三十条规定，用人单位应当按照劳动合同约定和国家规定，向劳动者及时足额支付劳动报酬。用人单位拖欠或者未足额支付劳动报酬的，劳动者可以依法向当地人民法院申请支付令，人民法院应当依法发出支付令。第八十五条规定，"用人单位有下列情形之一的，由劳动行政部门责令限期支付劳动报酬、加班费或者经济补偿；劳动报酬低于当地最低工资标准的，应当支付其差额部分；逾期不支付的，责令用人单位按应付金额百分之五十以上百分之一百以下的标准向劳动者加付赔偿金：（一）未按照劳动合同的约定或者国家规定及时足额支付劳动者劳动报酬的；……"这些规定从正反两方面明确了用人单位及时足额支付劳动报酬的义务。

（3）《劳动争议调解仲裁法》的相关规定。《劳动争议调解仲裁法》第九条规定，用人单位违反国家规定，拖欠或者未足额支付劳动报酬，或者拖欠工伤医疗费、经济补偿或者赔偿金的，劳动者可以向劳动行政部门投诉，劳动行政部门应当依法处理。第十六条规定，因支付拖欠劳动报酬、工伤医疗费、经济补偿或者赔偿金事项达成调解协议，用人单位在协议约定期限内不履行的，劳动者可以持调解协议书依法向人民法院申请支付令。人民法院应当依法发出支付令。

（4）《刑法》的相关规定。于2011年5月1日起施行的《中华人民共和国刑法修正案（八）》将拒不支付劳动者报酬等严重危害群众利益的行为正式列入刑法法条，进一步强化了刑法对民生的保护。即在《刑法》第二百七十六条后增加一条，作为第二百七十六条之一："以转移财产、逃匿等方法逃避支付劳动者的劳动报酬或者有能力支付而不支付劳动者的劳动报酬，数额较大，经政府有关部门责令支付仍不支付的，处三年以下有期徒刑或者拘役，并处或者单处罚金；造成严重后果的，处三年以上七年以下有期徒刑，并处罚金。单位犯前款罪的，对单位判处罚金，并对其直接负责的主管人员和其他直接责任人员，依照前款的规定处罚。有前两款行为，尚未造成严重后果，在提起公诉前支付劳动者的劳动报酬，并依法承担相应赔偿责任的，可以减轻或者免除处罚。"

（5）《劳动保障监察条例》的相关规定。《劳动保障监察条例》第十一条规定，"劳动保障行政部门对下列事项实施劳动保障监察：（一）用人单位制定内部劳动保障规章制度的情况；（二）用人单位与劳动者订立劳动合同的情况；……（六）用人单位支付劳动者工资和执行最低工资标准的情况；……"第二十六条规定，"用人单位有下列行为之一的，由劳动保障行政部门分别责令限期支付劳动者的工资报酬、劳动者工资低于当地最低工资标准的差额或者解除劳动合同的经济补偿；逾期不支付的，责令用人单位按照应付金额 50％以上 1 倍以下的标准计算，向劳动者加付赔偿金：（一）克扣或者无故拖欠劳动者工资报酬的；……"这就从劳动保障监察事项及用人单位法律责任的角度规定了劳动行政部门对工资支付违法行为有监督检查和进行处罚的权力，是《保障农民工工资支付条例》规定依法打击拖欠农民工工资行为的重要依据。

（6）《工资支付暂行规定》的相关规定。《工资支付暂行规定》第三条规定，本规定所称工资是指用人单位依据劳动合同的规定，以各种形式支付给劳动者的工资报酬。第四条规定，工资支付主要包括：工资支付项目、工资支付水平、工资支付形式、工资支付对象、工资支付时间以及特殊情况下的工资支付。第五条规定，工资应当以法定货币支付。不得以实物及有价证券替代货币支付。

4.《条例》的适用范围是什么？

答：《条例》第二条第一款规定，保障农民工工资支付，适用本条例。"保障农民工工资支付"就是《条例》的适用范围。

法律的适用范围，即法律的效力范围，包括法律的时间效力、空间效力和对人的效力。时间效力，是指法律开始生效的时间和终止生效的时间。空间效力，是指法律生效的地域（包括领海、领空），通常全国性法律适用于全国，地方性法规仅在本地区有效。对人的效力，指法律对什么人生效，如有的法律适用于全国公民，有的法律只适用于一部分公民。本《条例》适用范围则属于对人的效力，即"保障农民工工资支付"。

在我国，《劳动法》《劳动合同法》《劳动保障监察条例》等法律法规对拖欠工资问题都作了规定，为解决多数用人单位拖欠职工工资问题提供了法律依据。而农民工由于流动性大、就业领域相对集中和行业工资支付特点等原因，欠薪问题比较突出，特别是工程建设领域欠薪成因比较复杂，需要多管齐下、综合治理。因此，《条例》坚持问题导向，聚焦突出问题，实行精准立法，对农民工欠薪问题进行专门立法，实行特殊保护，将适用范围确定为保障农民工工资支付。也就是说，实践中在处理拖欠农民工工资问题上优先适用本《条例》，《条例》未作规定的，可以适用《劳动法》《劳动合同法》《劳动保障监察条例》等法律法规的规定。

从整个《条例》来看，为了最大程度保障农民工工资支付，《条例》的适用范围除了用人单位和农民工之外，还将一些未与农民工建立劳动关系的单位（如建设单位、施工总承包单位、不具备合法经营资格的单位）也纳入《条例》的适用范围。

5. "农民工"这一概念产生的背景是什么？

答：改革开放以来，家庭联产承包责任制的实施，让农民能够自主生产、自由支配劳动时间。传统的城乡二元结构之间在经济社会等方面存在的巨大差异，为城乡劳动力资源流动提供了客观条件。社会主义市场经济体制的建立，为农民进城务工提供了越来越多的机会。在农村的推力和城市的拉力的共同作用下，一部分农民理性选择进入城镇。

农民工是指那些户籍仍在农村但已完全脱离或基本脱离传统农业生产经营活动，以在城镇各类所有制企业打工、经商以及从事其他服务行业为主的群体。这是 1983 年中国社科院小城镇研究课题组首次提出"农民工"这个概念。

从改革开放 40 多年的实践来看，农民工是我国现代化建设的重要力量，发挥了重要作用。我国改革开放以来出台的很多文件中都使用了

"农民工"这一概念。2006 年 1 月发布的《国务院关于解决农民工问题的若干意见》提出："农民工是我国改革开放和工业化、城镇化进程中涌现的一支新型劳动大军。他们户籍仍在农村，主要从事非农产业，有的在农闲季节外出务工、亦工亦农，流动性强，有的长期在城市就业，已成为产业工人的重要组成部分……农民工分布在国民经济各个行业，在加工制造业、建筑业、采掘业及环卫、家政、餐饮等服务业中已占从业人员半数以上，是推动我国经济社会发展的重要力量。"2014 年 9 月发布的《国务院关于进一步做好为农民工服务工作的意见》指出："农民工已成为我国产业工人的主体，是推动国家现代化建设的重要力量，为经济社会发展作出了巨大贡献。"为全面、及时、准确地反映农民工数量、流向、结构、就业、收支、居住、社会保障等情况，国家统计局于 2008 年底建立了农民工统计监测调查制度。在国家统计局发布的年度《农民工监测调查报告》中，从统计意义上将农民工定义为"户籍仍在农村，在本地从事非农产业或外出从业 6 个月及以上的劳动者"。根据《2018 年农民工监测调查报告》统计，2018 年农民工总量为 28836 万人，其中，在乡内就地就近就业的本地农民工 11570 万人，到乡外就业的外出农民工 17266 万人（进城农民工 13506 万人）。

可见，关于农民工的定位和其概念都是随着时代发展而不断变化的。虽然很难准确定义，但实践中由于不同目的的需要，有必要对农民工作出相应的界定。

6.《条例》是如何定义"农民工"的？

答：在《条例》的制定过程中，考虑到《条例》本身是针对农民工这个特殊群体所作的专门法规，适用范围是一部法规的基本内容，"农民工"一词应该有个定义，否则实践中有可能会产生疑义。对农民工进行定义，可以明确《条例》的适用范围，为各地执法提供指引，有助于

《条例》规定的各项制度落地实施。因此，《条例》在第二条第二款规定，本条例所称农民工，是指为用人单位提供劳动的农村居民。要准确理解"农民工"这一定义，需要把握以下三点：

（1）用人单位。我国《劳动法》《劳动合同法》《劳动合同法实施条例》《工伤保险条例》等都对用人单位的范围作了规定。综合起来看，用人单位包括企业、事业单位、社会组织、律师事务所、会计师事务所、个体经济组织等。本条例中的"用人单位"包括以上列举的所有用人单位类型。

（2）提供劳动。实践中，农民工既有获得工资的权利，也负有提供劳动的义务。农民工提供劳动，就是根据用人单位的要求，完成一定劳动任务。因此，《条例》第三条第二款明确规定："农民工应当遵守劳动纪律和职业道德，执行劳动安全卫生规程，完成劳动任务。"

（3）农村居民。农村居民是指依法登记在村民委员会，在所在村依法承包农村土地（包括田、土、山、水等）或依法具有承包农村土地资格的农村集体经济组织成员。自从"农民工"这个概念被提出来后，一直有广义和狭义的定义，一般理解为户籍为农业来城镇务工的居民。但户籍制度改革后，不再区分城镇和农业户口，都是居民，因此这里明确了一下。而本条之所以对企业影响比较大，是因为"农村居民"这个概念很宽泛，基本上用人单位的各个岗位都会有农村居民，并不能简单地理解为一线的农村来的居民，更不能误解为农民工就是搞建筑的。

7. 什么是工资？工资由哪些部分组成？

答：工资是指雇主或者法定用人单位依据法律规定、行业规定或根据与员工之间的约定，以货币形式对员工的劳动所支付的报酬。《工资支付暂行规定》第三条规定，工资是指用人单位依据劳动合同的规定，以各种形式支付给劳动者的工资报酬。根据国家统计局发布的《关于工资总额组成的规定》，工资总额指企业在一定时期内直接支付给本企业全部职工的劳动报酬的总额，由计时工资、计件工资、奖金、津贴和补贴、加班加点工资、特殊情况下支付的工资六个部分组成。

（1）计时工资，是指按计时工资标准（包括地区生活费补贴）和工作时间支付给个人的劳动报酬。包括：对已做工作按计时工资标准支付的工资；实行结构工资制的单位支付给职工的基础工资和职务（岗位）工资；新参加工作职工的见习工资（学徒的生活费）；运动员体育津贴。

（2）计件工资，是指对已做工作按计件单价支付的劳动报酬。包括：实行超额累进计件、直接无限计件、限额计件、超定额计件等工资制，按劳动部门或主管部门批准的定额和计件单价支付给个人的工资；按工作任务包干方法支付给个人的工资；按营业额提成或利润提成办法支付给个人的工资。

（3）奖金，是指支付给职工的超额劳动报酬和增收节支的劳动报酬。包括：生产奖；节约奖；劳动竞赛奖；机关、事业单位的奖励工资；其他奖金。

（4）津贴和补贴，是指为了补偿职工特殊或额外的劳动消耗和因其他特殊原因支付给职工的津贴，以及为了保证职工工资水平不受物价影响支付给职工的物价补贴。其中，津贴包括：补偿职工特殊或额外劳动消耗的津贴，保健性津贴，技术性津贴，年功性津贴及其他津贴。物价补贴包括：为保证职工工资水平不受物价上涨或变动影响而支付的各种补贴。

（5）加班加点工资，是指按规定支付的加班工资和加点工资。

（6）特殊情况下支付的工资。包括：根据国家法律、法规和政策规定，因病、工伤、产假、计划生育假、婚丧假、事假、探亲假、定期休假、停工学习、执行国家或社会义务等原因按计时工资标准或计时工资标准的一定比例支付的工资；附加工资、保留工资。

需要注意的是，在我国，由用人单位承担或者支付给员工的下列费用不属于工资：社会保险费；劳动保护费；福利费；解除劳动关系时支付的一次性补偿费；计划生育费用；其他不属于工资的费用。

8. 《条例》是如何定义"工资"的？

答：《条例》第二条第三款规定，本条例所称工资，是指农民工为用人单位提供劳动后应当获得的劳动报酬。要正确理解这一定义，需要把握以下五点：（1）工资必须是劳动报酬；（2）工资必须是农民工为用人单位提供劳动后的所得；（3）工资必须以货币形式支付，不得以实物或者有价证券等其他形式替代；（4）工资必须按照书面约定或者依法制定的规章制度的规定来支付；（5）工资必须是农民工提供劳动后应当获得的全部劳动报酬，包括基本工资、奖金、津贴、补贴、加班加点工资、特殊情况下支付的工资。

工资是劳动者给付劳动后所应得的对价，是保障劳动者本人及其家庭成员生存权益和生活质量的主要经济来源。劳有所得，天经地义。对于农民工来说，工资就是农民工本人及其家庭生活的最主要经济来源，也是其最基本的权益。尽管其他法律法规也有用人单位不得拖欠、克扣劳动者工资的规定，但《条例》的出台仍具有重要意义：一方面，贯彻实质正义的理念，更加凸显劳动法的社会法属性。劳动者相对于用人单位来说，居于相对弱势地位，而农民工是劳动者中更弱的群体。对他们予以单独立法，是国家对作为弱势群体的农民工倾斜保护的体现；另一方面，拖欠农民工工资的情形比较特殊和复杂，现行关于工资支付的立法对这些特殊情形却没有规定，《条例》针对拖欠农民工工资的不同情形作了特殊规定，能够有的放矢，特事特办。

9. 如何理解农民工有按时足额获得工资的权利？

答：实践中，农民工是劳动关系中的弱势群体，有些用人单位会通过拖欠、克扣等形式侵犯农民工的合法工资权益。为了保障农民工工资支付，《条例》第三条第一款明确规定："农民工有按时足额获得工资的权利。任何单位和个人不得拖欠农民工工资。"这就从法律上确定了用人单位支付农民工工资的两个原则。

（1）按时支付原则。《劳动法》第五十条规定"工资应当以货币形式按月支付给劳动者本人"，确立了工资的按时支付原则。按时支付，是指用人单位按照法律规定或者合同约定的日期、周期来支付工资，不得拖延支付。也就是说，工资支付的时间应相对稳定，不得无故弹性支付或随意调整，以保障农民工能够按时获取劳动报酬。《条例》第十二条规定，用人单位应当按照与农民工书面约定或者依法制定的规章制度规定的工资支付周期和具体支付日期足额支付工资。第十三条规定，实行月、周、日、小时工资制的，按照月、周、日、小时为周期支付工资；实行计件工资制的，工资支付周期由双方依法约定。此外，第十四条第二款规定，用人单位因不可抗力未能在支付日期支付工资的，应当在不可抗力消除后及时支付。

（2）足额支付原则。《劳动法》第五十条规定"不得克扣或者无故拖欠劳动者的工资"，确立了工资的足额支付原则。足额支付，是指用人单位按照法律规定或者劳动合同约定，在劳动者履行劳动义务后，应当履行工资给付义务，不得完全不支付劳动者工资或者仅支付部分工资。对于劳动者劳动后应得的计时工资、计件工资、奖金、津贴和补贴、延长工作时间的工资报酬以及特殊情况下应支付的工资等，用人单位应当全额支付，不得任意缩减工资范围。

10. 农民工的基本义务是什么？

答：权利与义务是一致的，不可分离。没有权利就无所谓义务，没有义务也就没有权利。在法律上一方有权利，他方必有相应的义务，或者互为权利义务；任何公民不能只享有权利而不承担义务，也不会只承担义务而享受不到权利。按时足额获得工资是劳动者最重要的劳动权益和经济权益，按时足额支付工资是用人单位的基本义务和主要义务。和谐的劳动关系有利于促进劳动者的工作积极性和对用人单位的归属感，有利于促进提高生产效率，提升用人单位生产效益。同时，权利义务应当相平衡。《劳动法》第三条规定："劳动者享有平等就业和选择职业的权利、取得劳动报酬的权利、休息休假的权利、获得劳动安全卫生保护的权利、接受职业技能培训的权利、享受社会保险和福利的权利、提请劳动争议处理的权利以及法律规定的其他劳动权利。劳动者应当完成劳动任务，提高职业技能，执行劳动安全卫生规程，遵守劳动纪律和职业道德。"因此，《条例》也相应规定了农民工的基本义务，即"农民工应当遵守劳动纪律和职业道德，执行劳动安全卫生规程，完成劳动任务"，从而实现了农民工和用人单位合法权益的兼顾和平衡。

11.《条例》对政府属地监管责任是如何规定的？其法律依据是什么？

答：《条例》第四条规定，县级以上地方人民政府对本行政区域内保障农民工工资支付工作负责，建立保障农民工工资支付工作协调机制，加强监管能力建设，健全保障农民工工资支付工作目标责任制，并纳入对本级人民政府有关部门和下级人民政府进行考核和监督的内容。乡镇人民政府、街道办事处应当加强对拖欠农民工工资矛盾的排查和调处工作，防范和化解矛盾，及时调解纠纷。

做好保障农民工工资支付工作，提高地方人民政府及其有关部门的思想认识，压实其监管责任是重要保障。《国务院办公厅关于全面治理拖欠农民工工资问题的意见》规定，按照属地管理、分级负责、谁主管谁负责的原则，完善并落实解决拖欠农民工工资问题省级人民政府负总责，市（地）、县级人民政府具体负责的工作体制。据此，《条例》规定，县级以上地方人民政府对本行政区域内保障农民工工资支付工作负责，县级以上地方人民政府应充分发挥组织协调、管理指导、监督检查等职责，形成用人单位负主体责任、相关部门负职能监管职责、地方人民政府负全面监管责任的共管共治局面。

农民工工资支付保障工作不是简单的专项工作，而是与经济社会很多相关领域有着千丝万缕的联系，需要加强在治理拖欠农民工工资工作中的综合协调。2019 年 8 月印发的《国务院办公厅关于成立国务院根治拖欠农民工工资工作领导小组的通知》规定，为进一步加强对根治拖欠农民工工资工作的组织领导和统筹协调，维护广大农民工合法权益，国务院决定成立国务院根治拖欠农民工工资工作领导小组，作为国务院议事协调机构。贯彻落实党中央、国务院关于根治拖欠农民工工资工作的重大决策部署；统筹协调全国根治拖欠农民工工资工作；研究审议根治拖欠农民工工资工作重大政策措施；督促检查根治拖欠农民工工资工作有关法律法规和政策措施的落实情况、各地区和各部门任务完成情况；完成党中央、国务院交办的其他事项。据此，《条例》规定，县级以上地方人民政府建立保障农民工工资支付工作协调机制。具体来说，就是要求县级以上地方人民政府成立治理拖欠农民工工资工作领导机构，作为协调机构，充分发挥监督与协调作用。

2017 年 12 月印发的《国务院办公厅关于印发保障农民工工资支付工作考核办法的通知》规定，国务院加强对保障农民工工资支付工作的组织领导、建立健全工资支付保障制度、治理欠薪特别是工程建设领域欠薪工作成效等情况进行考核。考核结果作为对各省级政府领导班子和有关领导干部进行综合考核评价的参考。据此，《条例》规定，县级以上地方人民政府健全保障农民工工资支付工作目标责任制，并纳入对本级人民政府有关部门和下级人民政府进行考核和监督的内容。

此外，乡镇人民政府、街道办事处等基层单位具有对属地用工情况、农民工权益维护情况更为了解的优势，通过矛盾的排查和调处工作，可以更好地防止农民工欠薪问题的发生。有利于促进劳动关系和谐稳定，也可以减少对劳动行政部门执法资源的浪费。因此，《条例》第四条第二款规定明确了"乡镇人民政府、街道办事处应当加强对拖欠农民工工资矛盾的排查和调处工作，防范和化解矛盾，及时调解纠纷"，将拖欠农民工工资的案件消灭在萌芽状态。

12. 保障农民工工资支付的总体要求是什么？

答：《条例》第五条对保障农民工工资支付的总体要求作出明确规定，即"保障农民工工资支付，应当坚持市场主体负责、政府依法监管、社会协同监督，按照源头治理、预防为主、防治结合、标本兼治的要求，依法根治拖欠农民工工资问题"。本条从横向上规定了保障农民工工资支付多方共治的工作体系，体现了共建共享共治的社会治理原则；从纵向上围绕治理拖欠农民工工资不同环节，突出了源头治理、预防为主、防治结合、标本兼治的治理要求。

13. 如何构建多方共治体系来保障农民工工资支付？

答：《条例》规定"保障农民工工资支付，应当坚持市场主体负责、政府依法监管、社会协同监督"。

（1）市场主体负责。明确用人单位支付农民工工资的首要责任，用人单位应当按照与农民工约定的工资支付周期和具体支付日期，通过银行转账或者现金形式支付给农民工本人，不得以实物或者有价证券等其他形式替代。用人单位拖欠农民工工资的，应当依法予以清偿。针对实践中市场主体难辨的情况，《条例》对一些特殊情况下拖欠农民工工资的清偿主体作了明确。

（2）政府依法监管。一是压实属地监管责任。县级以上地方人民政府对本行政区域内保障农民工工资支付工作负责，建立保障农民工工资支付工作协调机制，加强监管能力建设，健全保障农民工工资支付工作目标责任制，并纳入对本级人民政府有关部门和下级人民政府进行考核和监督的内容。二是明确部门责任。人力资源社会保障行政部门负责保障农民工工资支付工作的组织协调、管理指导和农民工工资支付情况的监督检查，查处有关拖欠农民工工资案件。住房城乡建设、交通运输、水利等相关行业工程建设主管部门按照职责履行行业监管责任，督办因违法发包、转包、违法分包、挂靠、拖欠工程款等导致的拖欠农民工工资案件。发展改革、财政、公安以及其他相关部门依法承担相应职责，做好与保障农民工工资支付相关的工作。

（3）社会协同监督。强化社会协同监督与媒体舆论监督，工会、共产主义青年团、妇女联合会、残疾人联合会等组织按照职责依法维护农民工获得工资的权利，发挥新闻媒体普法宣传和舆论监督作用，引导用人单位增强依法用工、按时足额支付工资的法律意识，引导农民工依法维权。同时，相关部门应当畅通举报、投诉渠道，依法接受对拖欠农民工工资行为的举报、投诉，任何单位和个人对拖欠农民工工资的行为，有权向人力资源社会保障行政部门或者其他有关部门举报。

14. 依法根治拖欠农民工工资问题应遵循哪些要求？

答：根据《条例》规定，依法根治拖欠农民工工资问题，要遵循以下四项治理要求：

（1）加强源头治理。治理欠薪顽疾，必须从源头解决问题。规范工资支付行为是治理拖欠农民工工资问题的源头。对此，《条例》从以下四方面进行了规范：一是用人单位实行农民工劳动用工实名制管理，应当按照与农民工书面约定或者依法制定的规章制度规定的工资支付周期和具体支付日期足额支付工资。二是农民工工资应当以货币形式，通过银行转账或者现金支付给农民工本人，不得以实物或者有价证券等其他形式替代。三是用人单位应当按照工资支付周期编制书面工资支付台账，并至少保存3年；向农民工支付工资时，应当提供农民工本人的工资清单。四是在工程建设领域规定农民工工资专用账户、工资保证金等制度，坚决遏制欠薪源头。

（2）坚持预防为主。近年来的农民工劳动报酬纠纷案件表明，大多数欠薪事件都"有迹可循"，凡是提前监测到位，就可以做到"早发现、早预防、早处置"。一是县级以上地方人民政府应当建立农民工工资支付监控预警平台，及时实现不同部门之间信息互通共享，人力资源社会保障行政部门根据企业生产经营相关指标的变化展开监控和预警，相关部门应当予以配合。二是加强动态监管。人力资源社会保障行政部门、相关行业工程建设主管部门和其他有关部门应当按照职责，加强对用人单位与农民工签订劳动合同、工资支付以及工程建设项目实行农民工实名制管理、农民工工资专用账户管理、施工总承包单位代发工资、工资保证金存储、维权信息公示等情况的监督检查，预防和减少拖欠农民工工资行为的发生。三是加大普法宣传。普及法律知识、提升法律意识，培养用人单位及其负责人"不愿欠"的自觉性。《条例》第四十六条规定，人力资源社会保障行政部门、相关行业工程建设主管部门和其他有关部门应当按照"谁执法谁普法"普法责任制的要求，通过以案释法等多种形式，加大对保障农民工工资支付相关法律法规的普及宣传。

（3）强化防治结合。健全监管手段，做到防治结合，是根治农民工工资问题的关键环节。《条例》第四十条、第四十一条、第四十七条、第四十八条规定，人力资源社会保障行政部门在查处拖欠农民工工资案件时，可以依法查询相关单位金融账户和相关当事人拥有房产、车辆等情况；发生用人单位拒不配合调查、清偿责任主体及相关当事人无法联系等情形的，可以请求公安机关和其他有关部门协助处理；实行用人单位守法诚信等级评价制度，建立拖欠农民工工资"黑名单"，将用人单位及相关责任人列入失信联合惩戒对象，依法依规予以限制。

（4）做到标本兼治。解决农民工欠薪问题须标本兼治，既要加大监管和惩处的执行力度，更要完善相关法律法规，切实有效保障农民工权益。实践中，处罚力度偏轻，违法成本较低，是农民工欠薪问题"久治难愈"的原因之一。为严惩欠薪行为，加大"不敢欠"的震慑力，《条例》第五十五条规定，施工总承包单位未按规定开设或者使用农民工工资专用账户、未按规定存储工资保证金或者未提供金融机构保函、未实行劳动用工实名制管理的，由人力资源社会保障行政部门、相关行业工程建设主管部门按照职责责令限期改正；逾期不改正的，责令项目停工，并处罚款；情节严重的，给予施工单位限制承接新工程、降低资质等级、吊销资质证书等处罚。第五十九条规定，政府投资项目政府投资资金不到位拖欠农民工工资的，由人力资源社会保障行政部门报本级人民政府批准，责令限期足额拨付所拖欠的资金；逾期不拨付的，由上一级人民政府人力资源社会保障行政部门约谈直接责任部门和相关监管部门负责人，必要时进行通报，约谈地方人民政府负责人。情节严重的，对地方人民政府及其有关部门负责人、直接负责的主管人员和其他直接责任人员依法依规给予处分。

15. 关于农民工劳动用工实名制管理，《条例》是如何规定的？有何意义？

答：《条例》第六条规定，用人单位实行农民工劳动用工实名制管理，与招用的农民工书面约定或者通过依法制定的规章制度规定工资支付标准、支付时间、支付方式等内容。

农民工劳动用工实名制管理，是指工程建设领域，施工企业、劳务企业等对所招用农民工的从业、培训、技能和权益保障等，以真实身份信息认证方式进行的综合管理。《劳动合同法》第七条规定"用人单位自用工之日起即与劳动者建立劳动关系。用人单位应当建立职工名册备查", 这是该制度建立的法律依据。

实践中, 农民工所从事行业分散性、流动性较大, 在劳资力量对比中处于弱势地位, 一些企业劳动用工不规范, 甚至为规避法律责任, 通过口头方式约定工作量、劳动报酬等重要事项。在发生欠薪之后, 农民工维权时往往拿不出证据证明企业欠薪, 面临证据不足、举证困难的问题。尤其是在工程建设领域, 层层分包等不规范的用工行为, 使得农民工不知道究竟谁是他的直接工作单位, 单位也不清楚自己的职工是哪些人。这些不规范的用工管理行为使得农民工工资发放经常处于一种无序状态, 甚至对工资是否发放以及发了多少都不清楚, 导致拖欠农民工工资问题屡禁不止。

为了从根源上预防和治理欠薪行为的发生, 规范农民工劳动用工管理和工资支付行为, 《条例》将治理欠薪实践中行之有效的措施上升为法律规范, 用人单位实行农民工劳动用工实名制管理, 并与招用的农民工书面约定或者通过依法制定的规章制度规定工资支付标准、支付时间、支付方式等基本事项, 解决工资"发给谁""怎样发"的基本问题。同时, 强调"书面约定"或者"通过依法制定的规章制度"规定工资支付标准、支付时间、支付方式等, 有助于解决欠薪发生后农民工取证难、证据不足的问题。

准确认定劳动者的身份是规范工资支付的前提, 因为要保证工资直接发放到农民工手中, 就必须弄清楚农民工的个人信息。用人单位对农民工劳动用工实名制管理, 应当以真实身份信息为基础, 采集记录农民工的基本信息、从业信息等。落实农民工实名制管理相关制度可以实现对农民工个人信息、务工考勤等进行动态监管, 对科学计量农民工工作量、核算工资数额具有重要意义。

16.《条例》是如何明确部门职责，实现部门协同联动的？

答：《条例》第七条、第八条对部门职责，实现部门协同联动作出明确规定，具体要求如下：

（1）人力资源社会保障行政部门负责保障农民工工资支付工作的组织协调、管理指导和农民工工资支付情况的监督检查，查处有关拖欠农民工工资案件。

（2）住房城乡建设、交通运输、水利等相关行业工程建设主管部门按照职责履行行业监管责任，督办因违法发包、转包、违法分包、挂靠、拖欠工程款等导致的拖欠农民工工资案件。

（3）发展改革等部门按照职责负责政府投资项目的审批管理，依法审查政府投资项目的资金来源和筹措方式，按规定及时安排政府投资，加强社会信用体系建设，组织对拖欠农民工工资失信联合惩戒对象依法依规予以限制和惩戒。

（4）财政部门负责政府投资资金的预算管理，根据经批准的预算按规定及时足额拨付政府投资资金。

（5）公安机关负责及时受理、侦办涉嫌拒不支付劳动报酬刑事案件，依法处置因农民工工资拖欠引发的社会治安案件。

（6）司法行政、自然资源、人民银行、审计、国有资产管理、税务、市场监管、金融监管等部门，按照职责做好与保障农民工工资支付相关的工作。

（7）工会、共产主义青年团、妇女联合会、残疾人联合会等组织按照职责依法维护农民工获得工资的权利。

17. 新闻媒体应该如何发挥其在治理拖欠农民工工资违法行为中的媒体宣传和舆论监督作用？

答：随着社会发展和科技进步，新闻媒体的范围越来越广、数量越来越多，总体上说包括报纸、广播、电视、互联网等四大类宣传媒介。我们每天的工作、生活中都要接触到新闻媒体，其影响力和重要性日益凸显。新闻媒体的舆论宣传能够发挥统一思想认识、引导推动实践等重要作用。因此，发挥新闻媒体作用在保障农民工工资支付中具有重要意义。尤其是新闻媒体的舆论监督作用更加突出，虽不具有国家强制力，却具有道德方面的强制力和约束力。《国务院办公厅关于全面治理拖欠农民工工资问题的意见》第二十一项明确要求加大普法宣传力度。据此，《条例》第九条明确规定，新闻媒体应当开展保障农民工工资支付法律法规政策的公益宣传和先进典型的报道，依法加强对拖欠农民工工资违法行为的舆论监督，引导用人单位增强依法用工、按时足额支付工资的法律意识，引导农民工依法维权。

（1）新闻媒体应当开展相关公益宣传和先进典型的报道。新闻媒体应当发挥自身优势，以群众喜闻乐见的形式开展保障农民工工资支付法律法规政策的公益宣传和先进典型的报道，因为仅仅依靠政府开展治理拖欠农民工工资行为的宣传是远远不够的。《条例》中的"公益宣传"是指为促进、维护社会公众的切身利益而制作、发布的广告，或者是由社会参加、为社会服务的宣传活动。公益宣传一般不收取费用，它面向整个社会，旨在引起整个社会的关注、共鸣、同情和响应。公益宣传是以倡导的方式进行平等交流，通过多种形式潜移默化地感染和打动人们的心灵，起到教育、启发的作用。通过加强对先进典型的宣传报道，可以树立良好目标，促进行为典范的确立，传递有利于农民工工资支付治理的正能量，让被拖欠工资的农民工看到解决问题的有效途径和成功案例。

（2）依法加强对拖欠农民工工资违法行为的舆论监督。近年来，随着新闻媒体对拖欠农民工工资违法行为的曝光力度不断加大，社会各界对此问题进一步形成了共识，切实增强了用人单位的法律意识，极大增加了用人单位拖欠农民工工资的违法经济成本，使得拖欠农民工工资违法行为真正成为一条带电的"高压线"，对治理农民工工资拖欠问题起到了积极推进作用。新闻媒体应当依照新闻宣传相关法律法规，继续加大对拖欠农民工工资违法行为的公开报道、曝光，在人力资源社会保障行政部门依法开展监督检查过程中，积极发挥舆论监督作用，使全社会形成对拖欠农民工工资违法行为"零容忍"的社会风气。

（3）引导用人单位依法用工、引导农民工依法维权。新闻媒体应当充分利用互联网、微博、微信等现代化传媒手段，不断创新宣传方式，增强宣传效果，积极宣传党和政府农民工工作的方针政策，加强对农民工工资支付法规政策及相关知识、典型案例的报道和解读，引导企业经营者增强依法用工、按时足额支付工资的法律意识；让广大农民工熟悉与自身权益息息相关的《劳动法》《劳动合同法》《劳动争议调解仲裁法》等法律法规，提高农民工的法律意识和观念，促使农民工在自身权益受到侵害时，知道自己到底有哪些权利，而且更加愿意通过行政、司法等途径主张自己的诉求，从而引导农民工理性维权、依法维权，防范恶性事件和群体性事件发生，营造农民工工资支付的良好舆论氛围。

18. 被拖欠工资的农民工的救济途径有哪些？

答： 在现实生活中拖欠劳动者工资的情形非常多，依据我国相关法律的规定，拖欠劳动者工资的，劳动者可以通过法律途径寻求救济。那么被拖欠工资的农民工有哪些救济途径？《条例》第十条第一款给出明确回答："被拖欠工资的农民工有权依法投诉，或者申请劳动争议调解仲裁和提起诉讼。"也就是说，农民工被欠薪的救济途径有三种：投诉、劳动争议调解仲裁和诉讼。

（1）投诉。投诉是指权益被侵害者本人对涉案组织侵犯其合法权益的违法犯罪事实，有权向有关部门主张自身权利和请求依法处理的行为。投诉人是权益被侵害者本人。被拖欠工资的农民工有权依法向人力资源社会保障行政部门和其他有关部门投诉。投诉人认为有管辖权的人力资源社会保障行政部门和其他有关部门拒绝履行其法定职责的，可以申请行政复议或者向人民法院提起行政诉讼。各级人力资源社会保障行政部门和其他有关部门应当公布本部门投诉受理电话、网站、受理范围、办理指南的信息，便于农民工对拖欠工资行为的投诉。投诉应当事实清楚、实事求是。投诉应当递交投诉文书，投诉文书应当载明投诉人和被投诉用人单位的基本信息、劳动保障合法权益受到侵害的事实和投诉请求事项等，对符合条件的投诉，人力资源社会保障行政部门应当依法受理并立案查处。

（2）劳动争议调解仲裁。劳动争议调解仲裁是基于劳动当事人的申请，由法定专门机构居中作出调解意见或仲裁裁决的一项司法制度，具有快捷、灵活、低成本的特点。被拖欠工资的农民工可以依法申请劳动争议调解仲裁，主张自身的合法权益。劳动争议调解仲裁是劳动争议诉讼的前置程序，不经仲裁，当事人不能直接向人民法院提起诉讼。仲裁裁决书生效后，即具有既判力和执行力，当事人不能就同一事项再向仲裁机构申请仲裁或向人民法院提起诉讼，并应当按照裁决书规定的期限履行裁决。一方当事人逾期不履行的，另一方当事人可以向人民法院申请强制执行。

（3）诉讼。诉讼是指人民法院在当事人和全体诉讼参与人的参加下，依法审理和解决刑事、民事和行政案件的活动，以及由这些活动所发生的诉讼关系。《条例》所规定的诉讼，具体指因农民工工资支付问题引起的劳动争议诉讼。根据《劳动争议调解仲裁法》的规定，追索劳动报酬、工伤医疗费、经济补偿或者赔偿金，不超过当地月最低工资标准12个月金额的争议，除本法另有规定的外，仲裁裁决为终局裁决，裁决书自作出之日起发生法律效力；劳动者对仲裁裁决不服的，可以自收到仲裁裁决书之日起15日内向人民法院提起诉讼；用人单位有证据证明仲裁裁决有适用法律法规确有错误、劳动争议仲裁委员会无管辖权等法定情形的，可以自收到仲裁裁决书之日起 30 日内向劳动争议仲裁委员会所在地的中级人民法院申请撤销裁决，人民法院经审查核实裁定撤销的，当事人可以自收到裁定书之日起 15 日内就该劳动争议事项向人民法院提起诉讼；当事人对终局裁决以外的其他劳动争议案件的仲裁裁决不服的，可以自收到仲裁裁决书之日起 15 日内向人民法院提起诉讼。人民法院依法受理后，依法对劳动争议案件进行审理。

19. 任何单位和个人都有权对拖欠农民工工资的行为进行举报吗？举报应遵循哪些原则？

答：举报是指任何组织和个人向有关部门申诉、控告或者检举违法行为的行为。《条例》第十条第二款规定，任何单位和个人对拖欠农民工工资的行为，有权向人力资源社会保障行政部门或者其他有关部门举报。举报应遵循以下三项原则：

（1）便民原则。举报工作机构的设置、受理、查处程序的规定，不仅要有利于专门机关提高工作效率，还要便于群众了解和操作。因此，人力资源社会保障行政部门和其他有关部门应当公开举报工作机构的名称、地址、电话及其他联系方式等，使人民群众对举报工作的基本内容有较清楚的认识。

（2）保密原则。为了鼓励公众对不法行为进行举报，应当保护举报人的合法权益，任何单位和个人不得以任何借口阻拦、压制或者打击报复举报人。接受举报的有关部门及其工作人员不得私自摘抄、复制、扣押、销毁举报材料，严禁泄露举报人的姓名、单位、住址等情况，不得向被举报单位和被举报人出示举报材料，对匿名的举报材料不得鉴定笔迹；宣传报道和奖励举报有功的人员，除征得举报人同意外，不得公开举报人的姓名和单位等内容。

（3）实事求是原则。举报要有明确的举报单位或个人，如实提供被举报人的姓名或名称、住址和具体的违法犯罪事实，不得捏造事实，伪造证据，诬告陷害他人。

20. 《条例》对接受和处理举报、投诉是如何规定的?

答：《条例》第十条第三款明确规定了人力资源社会保障行政部门和其他有关部门对于接受和处理举报投诉的有关要求，具体包括以下方面：

（1）畅通举报投诉渠道。人力资源社会保障行政部门和其他有关部门应当公开本部门本机构的举报投诉电话、通讯地址、受理范围、网站等，为举报、投诉农民工工资拖欠行为提供便利，依法接受对拖欠农民工工资行为的举报、投诉。

（2）实行首问负责制。人力资源社会保障行政部门和其他有关部门对于各自职责范围内的问题，应当受理，不得推诿，对于举报、投诉的处理实行首问负责制。首问负责制是指第一位接受来访、来电、来信的工作人员，负责处理或引导办理有关事宜，使之得以及时、有效办理的责任制度。第一位接受来访、来电、来信的工作人员受理后，应当及时处理，对举报、投诉进行核实，经核实属于本部门受理的，应当依法及时处理；对于举报、投诉事项不属于本部门受理的，应当及时转送有权处理的部门、机构处理。相关部门、机构在接到其他部门移交的举报、投诉后，应当依法受理，并立即进行处理，不得推诿，并将处理结果告知举报、投诉人。

第二章　工资支付形式与周期

本章明确了农民工工资支付形式与周期，体现了坚持源头治理、预防为主，夯实了农民工工资支付的基础制度规范。本章共5条，明确规定了用人单位向农民工支付工资的形式、法律依据、支付周期，同时要求用人单位按照工资支付周期编制书面工资支付台账，提供农民工本人的工资清单。

21. 为什么要用法规明确规范农民工工资支付形式与周期？

答：实践中拖欠农民工工资，一个很重要的原因，就是农民工工资支付不规范。主要体现在以下三个方面：一是施工单位普遍采用平时只发基本生活费、待项目结束或年终结算时再向农民工支付大部分工资；二是用人单位向农民工支付工资既不编制工资台账，也不提供工资清单；三是一些单位以为农民工保管工资为由变相扣押农民工工资；等等。这些工资支付不规范行为，增加了农民工工资被克扣或拖欠的可能性，也提高了农民工维护自身合法劳动报酬权益的成本。

针对这些情况，《条例》在第二章明确规定，工资应通过银行转账或者现金支付给农民工本人，应当按照书面约定或依法制定的规章制度规定的支付周期和具体支付日期足额支付工资。用人单位应当编制书面工资支付台账，提供农民工本人的工资清单。用人单位或者其他人员不得以任何理由扣押或者变相扣押用于支付工资的农民工本人社会保障卡或者银行卡。所有这些都是用人单位向农民工支付工资的基础规范，对于防止用人单位延期支付导致拖欠农民工工资具有重要意义。

22. 用人单位应该以什么形式支付农民工工资？为什么要这样规定？

答：《条例》第十一条规定，农民工工资应当以货币形式，通过银行转账或者现金支付给农民工本人，不得以实物或者有价证券等其他形式替代。这就为用人单位究竟该以何种形式支付农民工工资立下规矩，否则将承担相应法律责任。

（1）关于"应当以货币形式"。明确规定农民工工资应当以货币形式支付，主要基于以下四个方面原因：一是以货币形式支付农民工工资，有助于劳动者对工资绝对支配权的实现。货币是购买货物、保存财富的媒介，是一般等价物，是衡量和表现所有商品和劳务的统一价值尺度。如果用人单位以实物代替货币支付工资，会影响到劳动者对工资绝对支配权的行使，就是对劳动者工资权益的一种侵害。二是符合相关法律规定。《劳动法》第五十条规定，工资应当以货币形式按月支付给劳动者本人。《工资支付暂行规定》第五条规定，工资应当以法定货币支付。不得以实物及有价证券替代货币支付。也就是说，用人单位必须按劳动合同约定以货币形式支付农民工工资，不得以实物、有价证券等形式替代工资，不得规定农民工在指定地点、场合消费，不得以支付生活费方式拒绝执行按月支付工资的规定。三是以货币作为工资支付的基本形式，符合国际通行做法，可以更好地反映劳动者个人实际支付的劳动量与劳动报酬之间的关系，有利于贯彻同工同酬原则，实现按劳分配。四是以货币形式进行分配，有助于对工资分配情况的统计比较分析，有助于财务监督管理，有助于收入分配宏观调控。

一般情况下，我国境内的用人单位向劳动者支付工资应当采用人民币。因为人民币是我国的法定货币。但是，如果与劳动者协商，取得劳动者同意，也可以采用其他国家的法定货币支付。同时，本条明确要求通过银行转账或者现金支付，有利于农民工工资支付的管理和监督。

（2）关于"支付给农民工本人"。实践中存在的将农民工工资发放给不具备用工主体资格的组织和个人，使得农民工工资支付层层"转手"，一些单位和个人以为农民工保管工资为由变相扣押农民工工资。针对这些情况，《条例》强调了工资支付的对象必须是农民工本人。这样规定是为了保证劳动者对工资绝对支配权的实现，保证农民工获得劳动报酬权益的重要内容。同时，也是防止以各种借口克扣农民工工资的必要措施之一。

工资支付给农民工本人，并不是说在任何情况下都必须由农民工本人亲自领取。如果因为农民工领取工资不方便，以致影响工资的直接支付，可由农民工亲属或其委托的人员代领。受托人代领时要出具由农民工亲自签署的委托书，方可代为领取。这一理解与《工资支付暂行规定》第六条相关规定的精神相一致，"用人单位应将工资支付给劳动者本人。劳动者本人因故不能领取工资时，可由其亲属或委托他人代领。用人单位可委托银行代发工资"。

23. 用人单位支付农民工工资的支付周期和支付日期总的要求是什么？其法律依据是什么？

答：《条例》第十二条规定，用人单位应当按照与农民工书面约定或者依法制定的规章制度规定的工资支付周期和具体支付日期足额支付工资。

（1）与农民工书面约定，是指农民工与用人单位应当以书面形式约定工资支付周期和具体支付日期。根据《劳动合同法》的规定，用人单位自用工之日起即与劳动者建立劳动关系。用人单位招用劳动者时，应当如实告知劳动者工作内容、工作条件、工作地点、职业危害、安全生产状况、劳动报酬，以及劳动者要求了解的其他情况。建立劳动关系，应当订立书面劳动合同。已建立劳动关系，未同时订立书面劳动合同的，应当自用工之日起一个月内订立书面劳动合同。用人单位未在用工的同时订立书面劳动合同，与劳动者约定的劳动报酬不明确的，新招用的劳动者的劳动报酬按照集体合同规定的标准执行；没有集体合同或者集体合同未规定的，实行同工同酬。这里的"书面约定"既包括纸质形式，也包括符合要求的电子形式。2020年3月发布的《人力资源社会保障部办公厅关于订立电子劳动合同有关问题的函》明确，用人单位与劳动者协商一致，可以采用电子形式订立书面劳动合同。采用电子形式订立劳动合同，应当使用符合电子签名法等法律法规规定的可视为书面形式的数据电文和可靠的电子签名。用人单位应保证电子劳动合同的生成、传递、储存等满足电子签名法等法律法规规定的要求，确保其完整、准确、不被篡改。符合劳动合同法规定和上述要求的电子劳动合同一经订立即具有法律效力，用人单位与劳动者应当按照电子劳动合同的约定，全面履行各自的义务。

（2）依法制定的规章制度，是指用人单位依照《劳动法》《劳动合同法》等法律法规，履行规定的集体协商民主程序，制定的关于工资分配相关的制度规定，其中包括工资支付的周期和日期的相关内容。《劳动合同法》第四条规定，用人单位应当依法建立和完善劳动规章制度，保障劳动者享有劳动权利、履行劳动义务。用人单位在制定、修改或者决定有关劳动报酬、工作时间、休息休假、劳动安全卫生、保险福利、职工培训、劳动纪律以及劳动定额管理等直接涉及劳动者切身利益的规章制度或者重大事项时，应当经职工代表大会或者全体职工讨论，提出方案和意见，与工会或者职工代表平等协商确定。

（3）足额支付，是指不存在"克扣"或者"无故拖欠"。"克扣"是指用人单位对履行了劳动合同规定的义务和责任，保质保量完成生产任务的劳动者，不支付或未足额支付其工资，依法依规代扣和依法减发不视为"克扣"。"无故拖欠"是指用人单位无正当理由超过规定付薪时间未支付劳动者工资。但不包括：用人单位遇到非人力所能抗拒的自然灾害、战争等因素，无法按时支付工资；用人单位确因生产经营困难、资金周转受到影响，在征得本单位工会同意后，可暂时延期支付劳动者工资，延期时间的最长限制可由各省、自治区、直辖市劳动行政部门根据各地情况确定。其他情况下拖欠工资均属无故拖欠。用人单位克扣或者无故拖欠农民工工资应承担法律责任，包括支付劳动者工资、经济补偿和赔偿金等。《劳动法》第五十条规定："工资应当以货币形式按月支付给劳动者本人。不得克扣或者无故拖欠劳动者的工资。"第九十一条规定："用人单位有下列侵害劳动者合法权益情形之一的，由劳动行政部门责令支付劳动者的工资报酬、经济补偿，并可以责令支付赔偿金：（一）克扣或者无故拖欠劳动者工资的；（二）拒不支付劳动者延长工作时间工资报酬的；（三）低于当地最低工资标准支付劳动者工资的；（四）解除劳动合同后，未依照本法规定给予劳动者经济补偿的。"《劳动合同法》第三十条规定："用人单位拖欠或者未足额支付劳动报酬的，劳动者可以依法向当地人民法院申请支付令，人民法院应当依法发出支付令。"基于劳动者尤其是农民工的弱势地位，为了保护劳动者特别是农民工的合法权益，《劳动合同法》将支付令制度引入了欠薪案件当中，赋予劳动者快捷进入司法救济程序的途径。

24. 农民工工资支付的周期具体有哪些？

答：工资支付根据劳动量计量方法的不同，分为计时工资和计件工资两种。因此，《条例》第十三条明确规定，实行月、周、日、小时工资制的，按照月、周、日、小时为周期支付工资；实行计件工资制的，工资支付周期由双方依法约定。

（1）关于计时工资及其工资支付周期

计时工资是最基本的工资形式，主要依据劳动者本人的技术、业务等级水平，或者劳动者所在岗位、职务的劳动等级，预先规定相应的工资标准，按劳动者实际有效工作时间计付工资的形式。《关于工资总额组成的规定》第五条规定，计时工资包括：①对已做工作按计时工资标准支付的工资；②实行结构工资制的单位支付给职工的基础工资和职务（岗位）工资；③新参加工作职工的见习工资（学徒的生活费）；④运动员体育津贴。计时工资主要取决于劳动者本人技术业务水平或者本人所在岗位（职务）相应的工资标准。在相同的技术业务级别和工作标准下，职工的计时工资收入就取决于个人实际有效劳动时间的长短。计时工资的内容和形式简便明确，有较大的稳定性，便于计算。根据计时工资对劳动报酬计算时间单位不同，可以区分为月、周、日、小时工资制等。

全日制用工工资应当每月至少支付一次。《劳动法》第五十条规定："工资应当以货币形式按月支付给劳动者本人。不得克扣或者无故拖欠劳动者的工资。"《工资支付暂行规定》第七条规定，工资至少每月支付一次，实行周、日、小时工资制的可按周、日、小时支付工资。

非全日制用工工资支付周期不得超过十五日。《劳动合同法》第七十二条规定："非全日制用工劳动报酬结算支付周期最长不得超过十五日。"

（2）关于计件工资及其工资支付周期

计件工资是根据劳动者在规定的时间内完成的合格产品量或工作量，以预先确定的计件单价计算与支付工资的形式。《关于工资总额组成的规定》第六条规定，计件工资包括：①实行超额累进计件、直接无限计件、限额计件、超定额计件等工资制，按劳动部门或主管部门批准的定额和计件单价支付给个人的工资；②按工作任务包干方法支付给个人的工资；③按营业额提成或利润提成办法支付给个人的工资。计件工资的计算与分配事先都有详细明确的规定，在企业内部分配上有很高的透明度，使得劳动者对增加所付出的劳动和能够获得的劳动报酬心中有数，具有很强的激励作用，促进劳动者不断提高技术水平和劳动熟练程度，提高工时利用率。

实行计件工资制的，工资支付周期由双方依法约定。这里的"依法约定"是指农民工与用人单位不违背法律规定的约定。《劳动法》第五十条规定："工资应当以货币形式按月支付给劳动者本人。不得克扣或者无故拖欠劳动者的工资。"对于"按月支付"的理解，《关于〈劳动法〉若干条文的说明》明确，"应理解为每月至少发放一次工资，实行月薪制的单位，工资必须每月发放，超过企业与职工约定或劳动合同规定的每月支付工资的时间发放工资即为不按月支付"。《劳动合同法》第七十二条规定："非全日制用工劳动报酬结算支付周期最长不得超过十五日。"

实行计件工资制的，工资支付周期由双方按照上述法律规定进行约定。其中，根据《工资支付暂行规定》第八条规定，对完成一次性临时劳动或某项具体工作的劳动者，用人单位应按有关协议或合同规定在其完成劳动任务后即支付工资。实行计件工资制的农民工，未就工资支付周期与用人单位进行约定的，依照《工资支付暂行规定》第七条的规定执行，即"工资至少每月支付一次"。

25. 用人单位应该在什么时间支付农民工工资？其法律依据是什么？

答：《条例》第十四条规定，用人单位与农民工书面约定或者依法制定的规章制度规定的具体支付日期，可以在农民工提供劳动的当期或者次期。具体支付日期遇法定节假日或者休息日的，应当在法定节假日或者休息日前支付。用人单位因不可抗力未能在支付日期支付工资的，应当在不可抗力消除后及时支付。

（1）关于工资支付时间的现行规定。包括以下四种情况：①按用人单位与劳动者约定的日期支付。《工资支付暂行规定》第七条规定，工资必须在用人单位与劳动者约定的日期支付。如遇节假日或休息日，则应提前在最近的工作日支付。②按照依法签订的集体合同或劳动合同约定的日期支付。《建设领域农民工工资支付管理暂行办法》第六条规定，企业应当根据劳动合同约定的农民工工资标准等内容，按照依法签订的集体合同或劳动合同约定的日期按月支付工资，并不得低于当地最低工资标准。具体支付方式可由企业结合建筑行业特点在内部工资支付办法中规定。③完成劳动任务后即支付工资。《工资支付暂行规定》第八条规定，对完成一次性临时劳动或某项具体工作的劳动者，用人单位应按有关协议或合同规定在其完成劳动任务后即支付工资。④应在解除或终止劳动合同时一次付清劳动者工资。《工资支付暂行规定》第九条规定，劳动关系双方依法解除或终止劳动合同时，用人单位应在解除或终止劳动合同时一次付清劳动者工资。

（2）可以在农民工提供劳动的当期或者次期支付。"当期"和"次期"是指提供劳动的本个支付周期和下一个支付周期。实践中，企业工资支付根据具体支付日期是否在提供劳动的本个周期之内，分为上发薪制和下发薪制。以月薪制为例，上发薪制是指上月月底或当月月初支付；下发薪制是指当月支付上月工资，这样的发薪机制有利于企业核算出勤情况和绩效后计发工资。考虑到企业发薪时间存在以上两种情况，《条例》规定，工资的具体支付日期，可以在农民工提供劳动的当期或者次期。也就是说，农民工工资支付日期，最晚不能晚于其提供劳动后的下一个工资支付周期结束。

（3）具体支付日期遇法定节假日或者休息日的，应当在法定节假日或者休息日前支付。《工资支付暂行规定》第七条规定，工资必须在用人单位与劳动者约定的日期支付。如遇节假日或休息日，则应提前在最近的工作日支付。《国务院关于职工工作时间的规定》第七条规定，国家机关、事业单位实行统一的工作时间，星期六和星期日为周休息日。企业和不能实行前款规定的统一工作时间的事业单位，可以根据实际情况灵活安排周休息日。

（4）用人单位因不可抗力未能在支付日期支付工资的，应当在不可抗力消除后及时支付。不可抗力是指人力不可抗拒的自然灾害或社会事件，如地震、洪涝灾害、瘟疫、战争、社会动乱等。《中华人民共和国民法总则》（以下简称《民法总则》）第一百八十条规定，不可抗力是指不能预见、不能避免且不能克服的客观情况。"不能预见""不能避免""不能克服"这三个条件缺一不可。因此，《条例》明确规定了用人单位在不可抗力情况下应如何把握支付农民工工资的时间。

26. 用人单位应如何编制书面工资支付台账，并至少保存几年？

答：《条例》第十五条第一款明确规定，用人单位应当按照工资支付周期编制书面工资支付台账，并至少保存 3 年。

《条例》将记录的保存时间从至少保存 2 年改为 3 年，是对农民工的特殊保护。用人单位应当按照工资支付周期编制书面工资支付台账，并至少保存 3 年。《民法总则》第一百八十八条规定，向人民法院请求保护民事权利的诉讼时效期间为 3 年。法律另有规定的，依照其规定。诉讼时效期间自权利人知道或者应当知道权利受到损害以及义务人之日起计算。但是自权利受到损害之日起超过 20 年的，人民法院不予保护；有特殊情况的，人民法院可以根据权利人的申请决定延长。《劳动合同法》第五十条规定，用人单位对已经解除或者终止的劳动合同的文本，至少保存 2 年备查。《工资支付暂行规定》第六条规定，用人单位必须书面记录支付劳动者工资的数额、时间、领取者的姓名以及签字，并保存两年以上备查。《国务院办公厅关于全面治理拖欠农民工工资问题的意见》要求，施工总承包企业和分包企业应将经农民工本人签字确认的工资支付书面记录保存两年以上备查。为加强对农民工合法劳动报酬权益的保护，最大限度地保护农民工能够在法定的诉讼时效内行使权利，规定记录至少保存 3 年。

27. 书面工资支付台账应当包括哪些内容？

答：《条例》第十五条第二款规定，书面工资支付台账应当包括用人单位名称，支付周期，支付日期，支付对象姓名、身份证号码、联系方式，工作时间，应发工资项目及数额，代扣、代缴、扣除项目和数额，实发工资数额，银行代发工资凭证或者农民工签字等内容。与《工资支付暂行规定》相比，关于书面工资支付台账包括的项目，本《条例》主要增加了以下三方面内容：

（1）增加了实名制用工信息。《工资支付暂行规定》第六条规定，用人单位必须书面记录支付劳动者工资的数额、时间、领取者的姓名以及签字，并保存两年以上备查。在此基础上，《条例》则增加了"用人单位名称，支付周期，支付日期，支付对象姓名、身份证号码、联系方式，工作时间"等实名制身份信息。台账包含工资支付的详细信息和农民工实名制身份信息，是考虑到如果发生欠薪，便于执法监督部门计算欠薪数额，保障相关农民工的报酬权益。这也是对《条例》第六条"用人单位实行农民工劳动用工实名制管理，与招用的农民工书面约定或者通过依法制定的规章制度规定工资支付标准、支付时间、支付方式等内容"的具体落实。实行农民工实名制管理，有利于从源头上规范农民工用工管理，切实保障农民工合法工资报酬权益，同时实名制信息还可以作为有关部门处理农民工劳动纠纷的依据。《劳动合同法》第七条也规定，用人单位应当建立职工名册备查。《劳动合同法实施条例》第八条规定，职工名册应当包括劳动者姓名、性别、公民身份号码、户籍地址及现住址、联系方式、用工形式、用工起始时间、劳动合同期限等内容。

（2）增加了代扣、代缴、扣除项目。《条例》将《工资支付暂行规定》中的"支付劳动者工资的数额"细化为"应发工资项目及数额，代扣、代缴、扣除项目和数额，实发工资数额"，体现了规范的工资记录凭证所应包含的要素，也反映了个税改革不断深化、社保体系不断完善的要求。2018 年修改的《中华人民共和国个人所得税法》（以下简称《个人所得税法》）第二条规定，"下列各项个人所得，应当缴纳个人所得税：（一）工资、薪金所得；（二）劳动报酬所得；……"第九条规定，个人所得税以所得人为纳税人，以支付所得的单位或个人为扣缴义务人。《中华人民共和国社会保险法》（以下简称《社会保险法》）第四条规定，中华人民共和国境内的用人单位和个人依法缴纳社会保险费。

（3）工资支付凭证。将工资支付凭证细化为"银行代发工资凭证或者农民工签字"，对应的是《条例》第十一条中"农民工工资应当以货币形式，通过银行转账或者现金支付给农民工本人"两种支付方式，以更好地督促农民工工资发放到本人。

28. 用人单位向农民工支付工资时，是否应当提供农民工本人的工资清单？

答：关于用人单位是否应当向农民工本人提供工资清单，《条例》第十五条第三款给出了明确答案，即"用人单位向农民工支付工资时，应当提供农民工本人的工资清单"。工资清单不仅是用人单位支付农民工工资的书面凭证，也是保障农民工对于自身工资收入、社保、福利、个税扣缴等情况的知情权的实现方式，在劳动纠纷中可以作为依法维权的依据。

提供工资清单是用人单位的义务。《劳动合同法》第三十条规定，用人单位应当按照劳动合同约定和国家规定，向劳动者及时足额支付劳动报酬。《工资支付暂行规定》第六条规定，用人单位必须书面记录支付劳动者工资的数额、时间、领取者的姓名以及签字，并保存两年以上备查。用人单位在支付工资时应向劳动者提供一份其个人的工资清单。同时，《个人所得税法》第十条规定，扣缴义务人应当按照国家规定办理全员全额扣缴申报，并向纳税人提供其个人所得和已扣缴税款等信息。《社会保险法》第四条也规定，个人依法享受社会保险待遇，有权监督本单位为其缴费情况。也就是说，劳动者享有工资支付（含社保、个税等）知情权。用人单位拒绝提供劳动者工资清单的做法违反法律法规的规定。《条例》第五十四条规定，未编制工资支付台账并依法保存，或者未向农民工提供工资清单的，由人力资源社会保障行政部门责令限期改正；逾期不改正的，对单位处 2 万元以上 5 万元以下的罚款，对法定代表人或者主要负责人、直接负责的主管人员和其他直接责任人员处 1 万元以上 3 万元以下的罚款。

实践中，如果用人单位拒绝向农民工提供工资清单，农民工可以通过工会、职工代表等与用人单位协商处理纠纷。如果用人单位仍然拒绝依法提供工资清单，农民工可以依法向人力资源社会保障行政部门投诉，由人力资源社会保障行政部门责令改正，给予警告。农民工因此受到损害的，有权要求用人单位依法承担赔偿责任。

对于用人单位来讲，则应当妥善留存工资发放相关记录，以便将来发生劳动争议时，作为解决问题的有效证据。《最高人民法院关于审理劳动争议案件适用法律若干问题的解释（一）》第十三条规定："因用人单位作出的开除、除名、辞退、解除劳动合同、减少劳动报酬、计算劳动者工作年限等决定而发生的劳动争议，用人单位负举证责任。"根据法律规定，当劳动者与用人单位就劳动报酬事项发生争议，劳动者有证据证明用人单位没有依法提供个人工资清单的，可以要求用人单位在解决劳动纠纷时提供。用人单位拒不提供或提供不能的，应当承担举证不能的不利后果。

第三章　工资清偿

本章共 7 条，主要对一些特殊情形下的清偿责任作了明确规定，旨在厘清工资清偿责任，明确拖欠农民工工资发生后的清偿主体，以快速解决工资拖欠问题。这些特殊情形包括：不具备合法经营资格的单位招用农民工；使用个人、不具备合法经营资格的单位或者未依法取得劳务派遣许可证的单位派遣的农民工；将工作任务发包给个人或者不具备合法经营资格的单位；允许个人、不具备合法经营资格或者未取得相应资质的单位以用人单位的名义对外经营；合伙企业、个人独资企业、个体经济组织等用人单位拖欠农民工工资；用人单位合并或者分立时；用人单位被依法吊销营业执照或者登记证书、被责令关闭、被撤销或者依法解散等。

29. 为什么说明确清偿主体是治理拖欠农民工工资问题的关键?

答： 实践中拖欠农民工工资，一个很重要的原因是工资支付责任不明确。究其根源，主要是企业生产组织方式和用工方式日趋复杂，有些情形下发生农民工工资拖欠后清偿主体难以及时确定，严重影响拖欠农民工工资问题的快速解决。农民工的劳动组织方式十分复杂，人力资源社会保障行政部门或司法机关在处理农民工欠薪案件时，常常难以区分谁是用工主体或者谁应当承担欠薪清偿责任。因此，针对实践中市场主体难辨的情况，《条例》做好了与相关民商事法律法规的衔接，用第三章专章明确规定市场主体负责。只要发生拖欠农民工工资事实，法律就一定会追根溯源，还农民工以公道。

30.《条例》对清偿责任的原则性规定是什么？

答：《条例》第十六条明确规定："用人单位拖欠农民工工资的，应当依法予以清偿。"本条是对清偿责任最基本的情形进行概括，体现"谁用人谁付薪、谁欠薪谁清偿"的原则。

本条中的"用人单位"与《条例》"总则"第二条中的"用人单位"范围一致，即用人单位范围既包括与农民工建立劳动关系的用人单位，也包括"总则"第二条"用人单位"涉及的其他用人主体。《劳动合同法》第七条规定，用人单位自用工之日起即与劳动者建立劳动关系。也就是说，建立劳动关系的唯一标准是实际提供劳动。只要劳动者实际提供劳动，用人单位实际用工，就建立了劳动关系。不论劳动者是否签订了书面劳动合同，都将受到同等的保护。同时，《劳动合同法》第二十八条规定，劳动合同被确认无效，劳动者已付出劳动的，用人单位应当向劳动者支付劳动报酬。劳动报酬的数额，参照本单位相同或者相近岗位劳动者的劳动报酬确定。据此可见，无论用人单位订立劳动合同是否有效，只要农民工为用人单位提供了劳动，拖欠工资的，用人单位就应当依法予以清偿。

"清偿"即付清欠款，指的是已经发生工资拖欠后，依法确定清偿责任主体偿还拖欠的工资。《劳动合同法》第九十一条、《劳动保障监察条例》第二十六条和《工资支付暂行规定》第十八条都对"清偿"作了规定，用人单位有下列侵害劳动者合法权益情形之一的，由劳动行政部门责令支付劳动者的工资报酬、经济补偿，并可以责令其支付赔偿金：(1) 克扣或者无故拖欠劳动者工资的；(2) 拒不支付劳动者延长工作时间工资报酬的；(3) 低于当地最低工资标准支付劳动者工资的；(4) 解除劳动合同后，未依照本法规定给予劳动者经济补偿的。因此，用人单位拖欠农民工工资的，应当依法予以清偿。

这里需要说明的是，清偿责任不等同于支付责任。清偿责任不排除民事法律责任的适用，不改变相关方的民事权利和义务。如果用人单位未清偿拖欠工资，劳动者可以依法申请支付令。《劳动合同法》第三十条规定，用人单位拖欠或者未足额支付劳动报酬的，劳动者可以依法向当地人民法院申请支付令。

31. 不具备合法经营资格的单位招用农民工并拖欠工资的，该如何处理？

答：《条例》第十七条规定，不具备合法经营资格的单位招用农民工，农民工已经付出劳动而未获得工资的，依照有关法律规定执行。本条针对不具备合法经营资格的单位被市场监督管理部门依法处理，特别是依法取缔后，招用的农民工工资无人支付的问题作出明确规定，旨在保护不具备合法经营资格的单位招用的农民工的劳动报酬权益。

（1）"不具备合法经营资格的单位"，主要是指该单位没有依照相关法律的规定获得相应的营业执照、具备相应的经营资质。根据 2017 年 10 月 1 日起开始施行的《无证无照经营查处办法》的规定，无证无照经营行为主要有以下几种：① 经营者未依法取得许可从事经营活动的；②经营者未依法取得营业执照从事经营活动的；③经营者未依法取得许可且未依法取得营业执照从事经营活动的。同时，以下这两种情况也属于不具备合法经营资格的行为：① 已经办理注销登记或者被吊销营业执照，以及营业执照有效期届满后未按照规定重新办理登记手续，擅自继续从事经营活动的无照经营行为；②超出核准登记的经营范围、擅自从事应当取得许可证或者其他批准文件方可从事的经营活动的违法经营行为。

（2）"依照有关法律规定执行"，是指依照《劳动合同法》第九十三条的规定，即"对不具备合法经营资格的用人单位的违法犯罪行为，依法追究法律责任；劳动者已经付出劳动的，该单位或者其出资人应当依照本法有关规定向劳动者支付劳动报酬、经济补偿、赔偿金；给劳动者造成损害的，应当承担赔偿责任"。

因此，不具备合法经营资格的单位招用农民工，农民工已经付出劳动的，该单位或者其出资人应当依照《劳动合同法》有关规定清偿农民工工资。被取缔的单位不能因其被取缔、不存在为由，拒绝清偿农民工工资。对被处理单位或其出资人拒绝清偿的，农民工可以其出资人为被告提起诉讼。

32. 什么是劳务派遣？经营劳务派遣业务需要具备哪些条件？

答：劳务派遣又称人才派遣、人才租赁、劳动派遣、劳动力租赁，是指由劳务派遣机构与派遣劳工订立劳动合同，由要派企业（实际用工单位）向派遣劳工给付劳务报酬，劳动合同关系存在于劳务派遣机构与派遣劳工之间，但劳动力给付的事实则发生于派遣劳工与要派企业（实际用工单位）之间。

我国《劳动合同法》第五十七条规定："经营劳务派遣业务应当具备下列条件：（一）注册资本不得少于人民币二百万元；（二）有与开展业务相适应的固定的经营场所和设施；（三）有符合法律、行政法规规定的劳务派遣管理制度；（四）法律、行政法规规定的其他条件。经营劳务派遣业务，应当向劳动行政部门依法申请行政许可；经许可的，依法办理相应的公司登记。未经许可，任何单位和个人不得经营劳务派遣业务。"据此可知，任何个人、不具备合法经营资格的单位或者未依法取得劳务派遣许可证的单位是不能从事劳务派遣业务的，否则就要承担相应的法律责任。

33. 《条例》是如何明确劳务派遣用工的清偿责任的？

答：《条例》第十八条规定，用工单位使用个人、不具备合法经营资格的单位或者未依法取得劳务派遣许可证的单位派遣的农民工，拖欠农民工工资的，由用工单位清偿，并可以依法进行追偿。本条明确了不规范劳务派遣用工赔偿的责任主体，类似以前使用"假外包、真派遣"等规避方式的企业，此后将不再可行。

与一般劳动用工中存在劳动者、用人单位双方当事人不同，劳务派遣用工中存在劳动者、用人单位和被派遣劳动者三方当事人，被派遣劳动者与劳务派遣单位之间是法律上的劳动关系，而与用工单位不存在法律上的劳动关系。由于"用人"和"用工"相分离，使得劳动用工关系复杂化，导致劳务派遣实践中普遍存在同工不同酬，责任分担不清，被派遣劳动者福利待遇、社会保险、民主权利得不到保障等问题。为保障被派遣农民工的合法权益，特设置本条规定。

因用工单位使用个人、不具备合法经营资格的单位或者未依法取得劳务派遣许可证的单位派遣的农民工，属于不规范用工，应当承担一定过错责任，所以《条例》规定，此时发生工资拖欠的，由用工单位先清偿。同时，劳务派遣关系中，劳务派遣单位承担劳动关系中用人单位对劳动者的全部义务，包括支付工资的义务。因此，用人单位在清偿农民工工资后，有权向劳务派遣单位追偿。

《劳动合同法》第九十二条规定了"未经许可，擅自经营劳务派遣业务的"违法行为的法律责任，同时规定了"用工单位给被派遣劳动者造成损害的，劳务派遣单位与用工单位承担连带赔偿责任"。为防止出现用工单位给被派遣劳动者造成损害后，用工单位以没有"劳动关系"为由逃避责任，或者用工单位没有能力赔偿损害责任等现象，同时也为了促使劳务派遣单位监督用工单位履行法律和协议确定的义务，规定用工单位给被派遣劳动者造成损害的，劳务派遣单位与用工单位承担连带赔偿责任。

34. 为什么说劳务派遣单位应履行用人单位对劳动者的全部义务？

答：《劳动合同法》第五十八条规定："劳务派遣单位是本法所称用人单位，应当履行用人单位对劳动者的义务。劳务派遣单位与被派遣劳动者订立的劳动合同，除应当载明本法第十七条规定的事项外，还应当载明被派遣劳动者的用工单位以及派遣期限、工作岗位等情况。劳务派遣单位应当与被派遣劳动者订立二年以上的固定期限劳动合同，按月支付劳动报酬；被派遣劳动者在无工作期间，劳务派遣单位应当按照所在地人民政府规定的最低工资标准，向其按月支付报酬。"第六十条规定："劳务派遣单位应当将劳务派遣协议的内容告知被派遣劳动者。劳务派遣单位不得克扣用工单位按照劳务派遣协议支付给被派遣劳动者的劳动报酬。劳务派遣单位和用工单位不得向被派遣劳动者收取费用。"可见，劳务派遣单位作为被派遣劳动者的用人单位，应当履行法律法规规定的一般劳动关系中用人单位对劳动者的全部义务。实践中，用工单位往往以劳务费的形式将劳动者的劳动报酬、社会保险费、劳务派遣单位的管理费等先支付给劳务派遣单位，再由劳务派遣单位向劳动者发放工资。如果用工单位违反劳务派遣协议约定，没有及时向劳务派遣单位支付被派遣者的劳动报酬，不能构成劳务派遣单位拒绝向被派遣劳动者支付工资报酬的正当理由。在此种情况下，劳务派遣单位应先向被派遣劳动者支付工资，其后再向用工单位追偿。

35. 遇到"假外包、真派遣"应如何处理？

答：所谓"假外包、真派遣"，是指用人单位把业务发包给承包单位，但仍然对承包单位的劳动者的劳动直接进行管理，只是改变合同名称，而没有改变合同内容，实际操作流程也与劳务派遣一致，即以外包之名行劳务派遣之实。

劳务派遣是一种补充用工形式，其优势在于能够满足用工单位在用工方面的灵活性和季节性等需求。自这种形式进入我国后，劳务派遣逐渐被某些用人单位大规模采用，甚至遭到滥用。2012 年修订后的《劳动合同法》对劳务派遣进行了严格限制。2014 年施行的《劳务派遣暂行规定》又进一步明确用工单位使用的被派遣劳动者数量不得超过其用工总量的 10%。

一些企业达不到使用派遣工的条件，无法继续大规模使用劳务派遣工，一旦用工单位违反法律规定的范围使用劳务派遣工，就属于无效的劳务派遣。这样一来，对承担劳动者工资、福利待遇、社保费等的用工单位来说"并不划算"。所以，很多企业想到用外包的形式规避劳务派遣的用工主体责任。我国法律对于外包用工没有规定，用工单位认为一旦发生劳动争议时，可以将责任推给外包公司。

《劳务派遣暂行规定》第二十七条规定，用人单位以承揽、外包等名义，按劳务派遣用工形式使用劳动者的，按照本规定处理。劳务派遣与服务外包、承揽在一定程度上具有相似性，《劳动合同法（修正案）》出台之后，很多劳务派遣公司就开始酝酿如何将劳务派遣用工变换一种形式以规避法律规定，首当其冲的就是采用服务外包或承揽的方式。因此，为了避免劳务派遣单位假借服务外包或承揽之名行劳务派遣之实，本条规定，用人单位以承揽、外包等名义，按劳务派遣用工形式使用劳动者的，按照劳务派遣处理，从而防止劳务派遣的非法变种。

那么，又该如何规避"假外包、真派遣"的用工风险呢？首先，用人单位应明晰"劳务派遣"与"劳务外包"的区别。"劳务派遣"是指用人单位以经营方式将招用的劳动者派遣至其他单位使用，由后者直接对劳动者的劳动过程进行管理的一种用工形式。在"劳务派遣"法律关系中，劳动者派出单位系"用人单位"，劳动者接收单位系"用工单位"，劳动者由用工单位实际管理。这与"劳务外包"中的由劳务单位自行管理劳动者是不同的。其次，在"劳务外包"关系中，要尽量避免对承包单位派遣的劳动者的直接管理。虽然现对"假外包、真派遣"的形式、概念尚无明确的法律规定，但有观点认为，"用人单位将业务发包给承包单位，但对从事该业务的承包单位劳动者的劳动过程直接进行管理的，属于劳务派遣用工"。因此，在"劳务外包"关系中，应注意避免对承包单位派遣的劳动者的直接管理，包括考勤、评估、工作成果的认定等，更要避免直接向该等劳动者支付人工费，以避免被认定为"假外包、真派遣"。再次，如因对外包服务或产品质量控制的客观需要，而需介入外包服务或产品生产过程，要注意此种介入实质是承包单位将对劳动者的管理控制权部分让渡给了发包单位。因此，在该种情况下，应注意通过协议将这种让渡作出一定程度的限制，如仅为临时的、辅助性质的管理。否则，同样存在被认定为是"假外包、真派遣"。

综上所述，用人单位在选择"劳务外包"管理模式，尤其是在招用农民工时，需谨慎对待，严格区分"劳务派遣"和"劳务外包"，通过合法、规范的手段进行人力资源管理，以规避"假外包、真派遣"的法律风险。

36. 用人单位将工作任务发包给个人或者不具备合法经营资格的单位，导致拖欠农民工工资的，该如何处理？

答：《条例》第十九条第一款规定，用人单位将工作任务发包给个人或者不具备合法经营资格的单位，导致拖欠所招用农民工工资的，依照有关法律规定执行。本款旨在保护不合法发包情况下农民工的劳动报酬权益。

（1）不合法发包

实践中，承发包经营模式涉及三方主体：发包方、承包方和劳动者。承包方要完成发包方下达的任务，就要招用劳动者，而很多承包方都是个人承包经营者或者不具备合法经营资格的单位，不具备用工主体资格，因此劳动者的工资权益容易受到侵害，很难得到保障。为此，《劳动和社会保障部关于确立劳动关系有关事项的通知》第四条规定："建筑施工、矿山企业等用人单位将工程（业务）或经营权发包给不具备用工主体资格的组织或自然人，对该组织或自然人招用的劳动者，由具备用工主体资格的发包方承担用工主体责任。"该规定明确了作为承包方的组织或者自然人，如果不具备用工主体资格，则由具备用工主体资格的发包方承担用工主体责任。

对于不合法发包，建设行业已明确工程总承包单位即发包单位承担清偿拖欠工资连带责任。《建设领域农民工工资支付管理暂行办法》第十二条规定："工程总承包企业不得将工程违反规定发包、分包给不具备用工主体资格的组织或个人，否则应承担清偿拖欠工资连带责任。"据此可知，清偿拖欠工资连带责任主体是工程总承包企业。清偿拖欠工资连带责任产生的前提有两个：一是工程总承包企业违反规定发包、分包给不具备用工主体资格的组织或个人；二是分包的组织或个人拖欠劳动者工资。

（2）依照有关法律规定执行

本款中的"依照有关法律规定执行"，是指依照《劳动合同法》第九十三条和第九十四条的规定。

《劳动合同法》第九十三条对无营业执照经营单位的法律责任进行了明确，"对不具备合法经营资格的用人单位的违法犯罪行为，依法追究法律责任；劳动者已经付出劳动的，该单位或者其出资人应当依照本法有关规定向劳动者支付劳动报酬、经济补偿、赔偿金；给劳动者造成损害的，应当承担赔偿责任"。《条例》中，"不具备合法经营资格的单位"不是劳动合同法上合法的用人单位,其与劳动者订立的劳动合同因主体违反法律规定属于无效合同。但根据公平原则,不具备合法经营资格单位被依法处理的,农民工付出劳动后的相关权益应该得到保障。依据《条例》第十七条相关规定,由该单位或者出资人清偿。

《劳动合同法》第九十四条明确规定:"个人承包经营违反本法规定招用劳动者,给劳动者造成损害的,发包的组织与个人承包经营者承担连带赔偿责任。"这里的损害包括人身损害,也包括侵犯劳动者报酬权益。《条例》第十九条的规定则体现了与《劳动合同法》的衔接,在此种情况下,发包单位和承包者应承担连带清偿责任,发包单位和承包者双方均可作为清偿主体清偿拖欠的农民工工资,且不得以自己的过错程度等为由只承担自己的责任。因此,用人单位将工作任务发包给个人或者不具备合法经营资格的单位,个人或者不具备合法经营资格的承包单位拖欠工资的,发包单位先行清偿后,可依法向承包方追偿。

37. 用人单位允许挂名对外经营导致拖欠农民工工资的,该如何处理?

答:《条例》第十九条第二款规定,用人单位允许个人、不具备合法经营资格或者未取得相应资质的单位以用人单位的名义对外经营,导致拖欠所招用农民工工资的,由用人单位清偿,并可以依法进行追偿。这样规定旨在保护允许挂名对外经营情况下农民工的劳动报酬权益。

当前,招用农民工的行业大量存在挂靠经营的情形。所谓挂靠,是指企业允许其他个人或企业在一定时间内使用自己企业的名义对外承接项目的行为。允许他人使用自己名义的企业称为被挂靠企业。相应的,使用被挂靠企业名义从事经营活动的企业或者个人(个体工商户和其他有经营行为的自然人)为挂靠人。实践中,与"挂靠"相似的还有"借用"。《最高人民法院关于审理建设工程施工合同纠纷案件适用法律问题的解释》中就提到了"没有资质的实际施工人借用有资质的建筑施工企业名义"的情形。2019 年修正的《中华人民共和国建筑法》（以下简称《建筑法》）第二十六条对挂靠行为作出了明确的禁止性规定，即"禁止建筑施工企业超越本企业资质等级许可的业务范围或者以任何形式用其他建筑施工企业的名义承揽工程。禁止建筑施工企业以任何形式允许其他单位或者个人使用本企业的资质证书、营业执照，以本企业的名义承揽工程"。

此外，实践中挂靠和转包在很多情况下也较难界定，许多挂靠都是以转包或分包形式实现的。目前国内很多企业采取挂靠方式承接工程时，一般都会在投标前事先和挂靠方签订一份内部协议，约定挂靠方和被挂靠方在投标过程中的各自分工，一旦工程中标，则挂靠方和被挂靠方私下再签订一个正式的转包合同或分包合同。因此，往往在施工合同履行过程中发生纠纷后，才会发现其中的挂靠行为。针对此种情况，为保障其中农民工的合法报酬权益，便于发生拖欠农民工工资时及时确定清偿主体，《条例》规定用人单位允许个人或者不具备合法经营资格的单位以本单位名义对外经营导致拖欠农民工工资的，由该用人单位清偿；同时考虑到清偿责任未排除民事法律关系的适用，未改变相关方的民事权利和义务，可以依法追偿。

38. 轻信包工头的承诺书，在拖欠农民工工资纠纷中挂靠公司是否要承担法律责任？

答："我承诺发放到每一名农民工手中，承诺工人不到政府、甲方单位和发包公司滋事，否则一切后果由我负责。"这是某建筑劳务有限公司总经理拿出的一张"农民工工资支付承诺书"。这是 5 年前包工头叶某某写下的，本以为是撇清责任的"王牌"，然而 2019 年叶某某不知所踪，讨工钱的农民工将劳务公司告上法庭，人民法院判决劳务公司承担连带清偿责任。

"自然人包工头承诺书""农民工工资支付承诺书""不拖欠农民工工资承诺书"……近年来，为保障农民工工资按时支付，一些包工头挂靠的劳务公司要求包工头签下承诺支付农民工工资的承诺书。然而，本应当是治理拖欠农民工工资的良方，却因承诺书内容模糊、违约责任约定不清、没有第三方担保人，致使许多欠薪包工头肆意失信违约，甚至跑路，劳务公司受牵连，纠纷不断。

根据《建设领域农民工工资支付管理暂行办法》第十二条的规定，工程总承包企业不得将工程违反规定发包、分包给不具备用工主体资格的组织和个人，否则应承担清偿拖欠工资连带责任。据此，由于本案例中的包工头叶某某失踪，则劳务公司应当支付被拖欠农民工的劳务费。

实践中，建设企业向政府写承诺书，承包单位向建设企业写承诺书，包工头再向承包单位写承诺书，以签承诺书的方式来保障农民工工资发放的方式确实起到了一定的震慑作用。但这是有前提的，承诺书必须是当事人真实意愿的表达，且没有违反法律相关规定和侵犯他人利益的情况下，承诺书才有法律效力。然而，因承诺书内容模糊、违约责任约定不清、没有第三方担保人，致使很多包工头违约后很难被追责。

承诺书在某种意义上是一种协议，违约就要交违约金。很多劳务公司并不理解让包工头签下承诺书的真正意义，没有约定清楚一旦出现失信行为该承担哪些具体后果。比如一旦拖欠农民工工资须缴纳多少违约金，比如可否将剩余工程款用作农民工工资支付保证金，再比如欠薪包工头在法院强制执行程序时可否优先选择支付农民工工资等。事实上，承诺书中往往只有一句"自行承担不良后果"，这样的承诺书到了法庭上，很难明确承诺人应当履行的责任。《建设领域农民工工资支付管理暂行办法》第七条规定，企业应将工资直接支付给农民工本人，严禁发放给包工头或其他不具备用人主体资格的组织和个人。

39. 合伙企业、个人独资企业、个体经济组织等用人单位拖欠农民工工资的，该如何清偿？

答： 为保护在合伙企业、个人独资企业、个体经济组织等用人单位提供劳动的农民工的劳动报酬权益，《条例》第二十条规定，合伙企业、个人独资企业、个体经济组织等用人单位拖欠农民工工资的，应当依法予以清偿；不清偿的，由出资人依法清偿。本条更加明确了赔偿责任主体，使那些想利用皮包公司、个体工商户等方式逃避责任的企业，无法逃避责任。

（1）合伙企业对拖欠农民工工资的清偿

合伙企业，是指自然人、法人和其他组织依照《中华人民共和国合伙企业法》（以下简称《合伙企业法》）在中国境内设立的普通合伙企业和有限合伙企业。普通合伙企业由普通合伙人组成，合伙人对合伙企业债务承担无限连带责任。有限合伙企业由普通合伙人和有限合伙人组成，普通合伙人对合伙企业债务承担无限连带责任，有限合伙人以其认缴的出资额为限对合伙企业债务承担责任。《合伙企业法》第三十九条规定："合伙企业不能清偿到期债务的，合伙人承担无限连带责任。"其中合伙企业不能清偿到期债务，也包括不能清偿拖欠劳动者的工资。也就是说，被拖欠工资的劳动者可以向合伙人中的任何一人提出清偿要求，合伙人中的任何一人都有义务清偿劳动者被拖欠的全部工资。《合伙企业法》第三十八条规定："合伙企业对其债务，应先以其全部财产进行清偿。"合伙人清偿劳动者工资首先应以合伙企业的财产来清偿，合伙企业的财产不足以清偿的，劳动者也可以要求合伙人以其个人全部财产来清偿。《合伙企业法》第四十条规定，合伙人由于承担无限连带责任，清偿数额超过其亏损分担比例的，有权向其他合伙人追偿。《民法总则》第一百七十八条规定："二人以上依法承担连带责任的，权利人有权请求部分或者全部连带责任人承担责任。连带责任人的责任份额根据各自责任大小确定；难以确定责任大小的，平均承担责任。实际承担责任超过自己责任份额的连带责任人，有权向其他连带责任人追偿。连带责任，由法律规定或者当事人约定。"

（2）个人独资企业对拖欠农民工工资的清偿

个人独资企业，是指依照《中华人民共和国个人独资企业法》（以下简称《个人独资企业法》）在中国境内设立，由一个自然人投资，财产为投资人个人所有，投资人以其个人财产对企业债务承担无限责任的经营实体。《个人独资企业法》第十七条规定："个人独资企业投资人对本企业的财产依法享有所有权，其有关权利可以依法进行转让或继承。"第十八条规定："个人独资企业投资人在申请企业设立登记时明确以其家庭共有财产作为个人出资的，应当依法以家庭共有财产对企业债务承担无限责任。"第二十八条规定："个人独资企业解散后，原投资人对个人独资企业存续期间的债务仍应承担偿还责任，但债权人在五年内未向债务人提出偿债请求的，该责任消灭。"第二十九条规定："个人独资企业解散的，财产应当按照下列顺序清偿：（一）所欠职工工资和社会保险费用；（二）所欠税款；（三）其他债务。"第三十一条规定："个人独资企业财产不足以清偿债务的，投资人应当以其个人的其他财产予以清偿。"因此，个人独资企业拖欠农民工工资的，应当依法予以清偿；不清偿的，由出资人依法清偿。

（3）个体经济组织对拖欠农民工工资的清偿

个体经济组织，是指经工商部门批准登记注册，并领取营业执照的个体工商户，是非法人营利性组织。依据《关于贯彻执行〈中华人民共和国劳动法〉若干问题的意见》第一条规定，个体经济组织是指一般雇工在七人以下的个体工商户。

《个体工商户条例》第二十一条规定："个体工商户可以根据经营需要招用从业人员。个体工商户应当依法与招用的从业人员订立劳动合同，履行法律、行政法规规定和合同约定的义务，不得侵害从业人员的合法权益。"按照此规定，个体经济组织应承担用人单位未及时足额支付农民工劳动报酬的相关法律责任。

《民法总则》第五十六条规定，个体工商户的债务，个人经营的，以个人财产承担；家庭经营的，以家庭财产承担。因此，按照"谁用人谁付酬、谁欠薪谁清偿"的原则，个体经济组织拖欠农民工工资的，应当依法予以清偿；不清偿的，由出资人依法清偿。

40. 什么是无限连带责任？哪些用人单位未依法支付农民工工资的，出资人要承担无限连带责任进行清偿？

答：无限连带责任，是指投资人除承担企业债务分到自己名下的份额外，还需对企业其他投资人名下的债务份额承担连带性义务，即其他投资人名下的债务份额自己有义务代其偿还债务份额。根据《中华人民共和国侵权责任法》（以下简称《侵权责任法》）第十四条的规定，连带责任人根据各自责任大小确定相应的赔偿数额；难以确定责任大小的，平均承担赔偿责任。支付超出自己赔偿数额的连带责任人，有权向其他连带责任人追偿。

合伙企业、个人独资企业、个体经济组织等属于《劳动合同法》规定的用人单位使用农民工的，是农民工工资支付的直接责任主体，承担用人单位的农民工工资支付主体责任。根据《合伙企业法》《个人独资企业法》《个体工商户条例》的规定，合伙企业、个人独资企业、个体经济组织等属于对债务承担无限连带责任的组织。基于此，《条例》规定了合伙企业、个人独资企业、个体经济组织等用人单位拖欠农民工工资的，出资人依法承担农民工工资清偿责任。同时，明确合伙企业、个人独资企业、个体经济组织等出资人对农民工工资支付承担无限连带责任，主要解决实践中以个体工商户等用工形式逃避工资支付责任的问题，解决即使用人单位不能支付农民工工资，也有用人单位的出资人承担农民工工资清偿责任，从而保障农民工的劳动报酬权得到实现。

合伙企业、个人独资企业、个体经济组织等用人单位拖欠农民工工资的，根据《劳动合同法》《劳动保障监察条例》规定，存在向农民工承担应付工资金额50％以上100％以下标准的加付赔偿金行政赔偿责任风险；用人单位未足额支付或拖欠农民工工资，拒不支付1名农民工3个月以上的劳动报酬且数额在1万元以上或者拒不支付10名以上劳动者的劳动报酬且数额累计在6万元以上的，存在承担拒不支付劳动报酬罪的刑事责任风险。

综上所述，用人单位的出资人要履行好出资人的监管责任，监督用人单位依法支付农民工工资，用人单位未依法支付农民工工资的，出资人要承担清偿责任。

41. 用人单位合并或者分立时，应如何清偿拖欠的农民工工资？

答：市场经济条件下，企业合并分立的现象越来越普遍。为了更好地保障农民工在用人单位合并或分立时的劳动报酬权益，《条例》第二十一条明确规定，用人单位合并或者分立时，应当在实施合并或者分立前依法清偿拖欠的农民工工资；经与农民工书面协商一致的，可以由合并或者分立后承继其权利和义务的用人单位清偿。

《劳动合同法》第三十四条规定，用人单位发生合并或者分立等情况，原劳动合同继续有效，劳动合同由承继其权利和义务的用人单位继续履行。《条例》在劳动合同法规定的基础上，增加了"应当在实施合并或者分立前依法清偿拖欠的农民工工资"，并规定"经与农民工书面协商一致的，可以由合并或者分立后承继其权利和义务的用人单位清偿"。可见，将依法清偿拖欠的农民工工资作为前置条款，最大限度地体现了对保障农民工工资权益的考虑。

42. 用人单位被依法吊销营业执照或者登记证书、被责令关闭、被撤销或者依法解散的，应如何清偿拖欠的农民工工资？

答：《条例》第二十二条规定，用人单位被依法吊销营业执照或者登记证书、被责令关闭、被撤销或者依法解散的，应当在申请注销登记前依法清偿拖欠的农民工工资。未依据前款规定清偿农民工工资的用人单位主要出资人，应当在注册新用人单位前清偿拖欠的农民工工资。本条旨在保护农民工在用人单位注销登记、丧失主体资格情形下的劳动报酬权益，规定用人单位在申请注销登记前依法清偿拖欠的农民工工资。本条和第二十一条都是针对近年来经常出现的企业通过合并、分立、解散等方式逃避清偿责任的现象，对相应情形下的清偿责任予以明确。

2018 年修正的《中华人民共和国公司法》（以下简称《公司法》）对用人单位解散前后债权债务的承担责任作了较为明确的规定。《公司法》第一百八十条规定："公司因下列原因解散：（一）公司章程规定的营业期限届满或者公司章程规定的其他解散事由出现；（二）股东会或者股东大会决议解散；（三）因公司合并或者分立需要解散；（四）依法被吊销营业执照、责令关闭或者被撤销；（五）人民法院依照本法第一百八十二条的规定予以解散。"第一百八十二条规定："公司经营管理发生严重困难，继续存续会使股东利益受到重大损失，通过其他途径不能解决的，持有公司全部股东表决权百分之十以上的股东，可以请求人民法院解散公司。"第一百八十三条规定："公司因本法第一百八十条第（一）项、第（二）项、第（四）项、第（五）项规定而解散的，应当在解散事由出现之日起十五日内成立清算组，开始清算。有限责任公司的清算组由股东组成，股份有限公司的清算组由董事或者股东大会确定的人员组成。逾期不成立清算组进行清算的，债权人可以申请人民法院指定有关人员组成清算组进行清算。人民法院应当受理该申请，并及时组织清算组进行清算。"第一百八十六条规定："清算组在清理公司财产、编制资产负债表和财产清单后，应当制定清算方案，并报股东会、股东大会或者人民法院确认。公司财产在分别支付清算费用、职工的工资、社会保险费用和法定补偿金，缴纳所欠税款，清偿公司债务后的剩余财产，有限责任公司按照股东的出资比例分配，股份有限公司按照股东持有的股份比例分配。"第一百八十七条规定："清算组在清理公司财产、编制资产负债表和财产清单后，发现公司财产不足清偿债务的，应当依法向人民法院申请宣告破产。公司经人民法院裁定宣告破产后，清算组应当将清算事务移交给人民法院。"

另外，《工资支付暂行规定》第十四条规定："用人单位依法破产时，劳动者有权获得其工资。在破产清偿中用人单位应按《中华人民共和国企业破产法》规定的清偿顺序，首先支付欠付本单位劳动者的工资。"

《条例》第二十二条第二款规定，未依据前款规定清偿农民工工资的用人单位主要出资人，应当在注册新用人单位前清偿拖欠的农民工工资。该条款就是所谓的让这些法定代表人、出资人上"黑名单"，在未按规定清偿农民工工资前无法成立新企业。这会大大降低强制执行的难度，也是为了最大限度保护农民工劳动报酬权益。

第四章　工程建设领域特别规定

长期以来，工程建设领域是欠薪问题的重灾区，也是治理拖欠农民工工资问题的重点。为此，《条例》第四章用专章（共15条）对工程建设领域农民工工资支付的要求、程序、做法等作了详细具体的规定。这些规定构成了保障工程建设领域农民工工资支付制度体系，主要包括五个方面的内容，即分账管理、工资专户、总包代发、农民工实名制、维权告示。这五项制度，从保障工资来源、确保工资安全、明确发放主体、保障发放到人、加强监督等工资支付全环节进行制度设计，形成了一套适合工程建设领域的系统的工资支付保障体系，对解决工程建设领域中市场秩序和劳动用工不规范导致的欠薪问题有很强的针对性。

43. 为什么说工程建设领域是治理拖欠农民工工资的重点？

答：随着我国经济社会的快速发展和改革开放的不断推进，农民工作为城市建设和发展的主力军，已成为城市社会群体的重要组成部分。尤其是在工程建设领域，农民工数量多、流动性强，因工程款拖欠、私招滥雇、违法用工、层层转包等造成的问题尤为突出，产生大量拖欠农民工工资案件，严重侵害了农民工的合法权益。造成工程建设领域农民工工资拖欠的原因主要有以下五个方面：

（1）宏观经济形势趋紧。当前，宏观经济仍处于深度调控期，房地产行业短期内不会有大的改变，市场信贷风险增大，因金融风险点爆发、资金链断裂而引发的"跑路"公司、烂尾楼等现象时有发生，由此导致的农民工维权隐患危害极大。

（2）工程款问题是造成农民工工资拖欠的主要原因。工程建设领域农民工工资款是工程款的一部分，一旦工程款出现问题，必然会引发农民工工资问题。分析其原因，主要是合同双方缺少公平诚信意识，不能合理订立合同，更不能切实履行合同，转嫁经营风险，克扣、拖欠劳务工资款，或煽动农民工违法恶意讨薪等现象依然存在。

（3）企业管理不善，施工企业资金不足，融资受限制，是造成农民工工资拖欠的内在原因。部分建筑业企业内部管理制度不健全，缺少风险管理意识，项目管理混乱，缺乏必要的防范措施和监督约束机制，造成经营性亏损，形成农民工工资拖欠。尤其是中小型建筑业企业，管理粗放混乱、"三包一挂"现象屡禁不止，一旦发生融资困难出现资金不足情况、项目负责人无力承担风险时，极易发生大额工资拖欠，引发过激讨薪和群体恶性事件等同时发生。

（4）企业涉诉及专户资金被法院冻结划转，是造成农民工工资拖欠的新原因。企业因涉诉、账户被冻结或法院函告项目业主或建设项目资金监管部门协助执行等多种原因，造成企业资金账户被法院冻结，项目工程款或农民工工资无法到位，形成拖欠。

（5）陈年积案成为工程建设领域农民工维权维稳工作的难点。应该看到，欠薪讨薪事件主要集中在连续多年未彻底解决的陈年积案，造成了极为不良的社会影响。这些陈年积案往往涉及拖欠农民工工资数额巨大，且拖欠原因复杂，成为当前工程建设领域农民工维权维稳工作的重点和难点。

近年来，国家层面先后出台了《关于全面治理拖欠农民工工资问题的意见》《建设领域农民工工资支付办法》《拖欠农民工工资"黑名单"管理暂行办法》《建筑工人实名制管理办法（试行）》等文件，建立了制度保障，为解决工程经济纠纷问题以及拖欠农民工工资责任主体单位的处理提供了依据，实现了以制度规范市场的根本目的，农民工维权形势平稳，劳资纠纷案件数量总体呈下降趋势。

目前，虽然农民工工资拖欠事件有所减少，但其带来的负面影响似乎却越来越大。尤其值得注意的是，在形形色色的讨薪事件中，"掺水"率越来越高，工程建设领域农民工工资问题，已由以往单一的工资问题，逐步演变为以讨要农民工工资为由讨要工程款，甚至以此来转嫁因经营不善造成的利润亏损。此外，个别农民工由于受维权意识所限，采取诸如堵路、游行、自残、绑架等极端方式讨薪，由此造成的社会影响非常恶劣。因此，解决好工程建设领域拖欠农民工工资问题仍是保护农民工合法权益、维护社会稳定的大事。各级政府、人力资源社会保障行政部门和住房城乡建设行政主管部门，要充分认识解决工程建设领域拖欠农民工工资问题的重要意义，将其作为当前的一项重要工作，采取切实有效的措施抓紧抓好。

44. 《条例》对治理工程建设领域拖欠农民工工资问题细化了哪些特别措施？

答：因为工程建设领域是治理拖欠农民工工资的重点，所以《条例》第四章针对这一问题作出以下特别措施：

（1）针对建设资金不到位问题，规定建设单位未满足施工所需资金安排的，不得开工建设或者颁发施工许可证；建设单位应当向施工单位提供工程款支付担保；建设项目的人工费用与工程款实行分账管理，建设单位按照约定将人工费用及时足额拨付至施工总承包单位的农民工工资专用账户。

（2）针对工程建设领域欠薪问题，规定建设单位有权督促施工总承包单位加强劳动用工管理，施工总承包单位对分包单位工资发放等进行监督，分包单位直接负责对所招用农民工的管理；将建设工程发包或者分包给个人或者不具备合法经营资格的单位，导致拖欠农民工工资的，由建设单位或者施工总承包单位清偿；施工总承包单位应当在施工现场设立维权信息告示牌。

（3）针对施工企业劳动用工不规范问题，规定施工总承包单位或者分包单位对所招用的农民工进行实名登记管理；农民工工资推行由分包单位委托施工总承包单位代发；施工总承包单位应当按照规定开设农民工工资专用账户，并按照规定存储工资保证金或者以金融机构保函替代，专项用于支付农民工被拖欠的工资。

45.《条例》对建设单位应当怎样落实建设资金是如何规定的？

答：在工程建设领域，确保农民工按时足额拿到工资的首要条件，就是确保工程建设项目具有满足施工需要的建设资金，否则农民工工资将成为无源之水。当前，由于建设单位未及时拨付工程款导致的欠薪问题还比较突出，一些政府投资项目资金不落实就开工建设，施工单位垫资施工，由此导致的欠薪问题严重损害了政府公信力。因此，《条例》专设一条（第二十三条），对落实建设资金责任加以重申和强调："建设单位应当有满足施工所需要的资金安排。没有满足施工所需要的资金安排的，工程建设项目不得开工建设；依法需要办理施工许可证的，相关行业工程建设主管部门不予颁发施工许可证。政府投资项目所需资金，应当按照国家有关规定落实到位，不得由施工单位垫资建设。"

46. 什么是建设单位？建设单位为什么应在开工前做好相应施工所需要的资金安排？

答：建设单位，是指在工程建设领域执行国家基本建设计划，组织、督促基本建设工作，支配、使用基本建设投资的单位。其特征表现为：行政上有独立的组织形式，经济上实行独立核算，编有独立的总体设计和基本建设计划，是基本建设法律关系的主体。一般来说，建设单位是工程建设领域施工活动的甲方，总承包单位是施工活动的乙方。建设单位是工程项目的业主，各类承包单位是工程项目的作业承包方。根据《建筑法》等工程建设领域专门法的规定，工程项目在开工前，应当取得工程建设主管部门的行政许可（施工许可证或其他批准文件）。

具备满足施工所需要的资金安排，是确保工程建设顺利进行的必要条件，也是保证农民工按时足额拿到工资的必要条件。因此，《条例》明确规定了建设单位做好施工所需要资金安排的法定义务，即"建设单位应当有满足施工所需要的资金安排。没有满足施工所需要的资金安排的，工程建设项目不得开工建设；依法需要办理施工许可证的，相关行业工程建设主管部门不予颁发施工许可证"。

《建筑法》第八条中明确要求，建设单位申请施工许可证，应当落实建设资金。目前，在房屋市政类建设项目中，对建设资金落实情况已经实行承诺制。《建筑工程施工许可管理办法》第四条规定："建设单位申请领取施工许可证，应当具备下列条件，并提交相应的证明文件：……（七）建设资金已经落实。建设单位应当提供建设资金已经落实承诺书。"对没有满足施工需要的资金安排的、拒绝提供建设资金已经落实承诺或提供虚假承诺的，属于《建筑工程施工许可管理办法》第十四条规定的建设单位隐瞒有关情况或者提供虚假材料申请施工许可证的情形，发证机关应当不予受理或者不予许可，并处 1 万元以上 3 万元以下罚款；构成犯罪的，依法追究刑事责任。

47. 什么是政府投资项目？政府投资项目的建设资金可以由施工单位垫资吗？

答：政府投资项目，一般是指使用预算安排的资金进行固定资产投资的建设活动，其投资领域主要涉及市场不能有效配置资源的社会公益服务、公共基础设施、农业农村、生态环境保护、重大科技进步、社会管理、国家安全等公共领域，一般以非经营项目为主。从政府投资工程的范围和资金属性看，政府运用公共资金从事建设活动，直接参与工程建设活动，在这个层面与其他社会投资主体并无显著区别。但是，政府投资活动也代表了国家公信力，其从事的建设活动更应该严格并带头遵守国家有关落实建设资金的规定，否则将破坏统一平等的市场竞争环境，迫使施工单位垫资施工，一旦由此引发欠薪问题，直接侵害劳动者工资权益，还会进一步损害政府形象和信誉。因此，《条例》专款规定，"政府投资项目所需资金，应当按照国家有关规定落实到位，不得由施工单位垫资建设"。

48. 《条例》对建设单位与施工总承包单位签订合同、约定工程款支付及人工费用拨付周期是如何规定的？

答：《条例》第二十四条规定，建设单位应当向施工单位提供工程款支付担保。建设单位与施工总承包单位依法订立书面工程施工合同，应当约定工程款计量周期、工程款进度结算办法以及人工费用拨付周期，并按照保障农民工工资按时足额支付的要求约定人工费用。人工费用拨付周期不得超过 1 个月。建设单位与施工总承包单位应当将工程施工合同保存备查。

49. 建设单位为什么要向施工单位提供工程款支付担保？

答：《中华人民共和国担保法》（以下简称《担保法》）规定，保证是指保证人和债权人约定，当债务人不履行债务时，保证人按照约定履行债务或者承担责任的行为。具有代为清偿债务能力的法人、其他组织或者公民，可以作保证人。业主工程款支付担保，是指为保证业主履行工程合同约定的工程款支付义务，由担保人为业主向承包商提供的、保证业主支付工程款的担保。承包人与建设单位签订施工合同、承建发包人发包工程的目的在于获得发包人支付的工程价款，而承包人获得的工程价款，是其支付农民工工资的来源。建设单位向施工单位提供工程款支付担保，意在要求建设单位为其支付工程款行为进行保证，约束建设单位履约行为。避免造成因建设单位资金未落实或支付不及时影响工程款拖欠，导致拖欠农民工工资。

《国务院办公厅转发〈住房城乡建设部关于完善质量保障体系提升建筑工程品质指导意见〉的通知》规定，招标人要求中标人提供履约担保的，招标人应当同时向中标人提供工程款支付担保。《工程建设项目施工招标投标办法》第六十二条第二款规定，招标人要求中标人提供履约保证金或其他形式履约担保的，招标人应当同时向中标人提供工程款支付担保。但是在实践中，发包人（建设单位）往往利用其优势地位，要求承包人提供履约担保而不向承包人提供工程款支付担保，从而导致发生工程款拖欠行为时，缺失对发包人（建设单位）的约束，增加了解决由此导致的拖欠农民工工资的难度。此次《条例》将建设单位向施工单位提供工程款支付担保作为建设单位的义务予以明确，是维护建筑市场公平、强化对建设单位经济约束的有力措施，是保障工程款支付的有效手段，为保障农民工工资支付提供了坚实基础。

建设单位未依法提供工程款支付担保的，将按照《条例》第四十九条和第五十七条的规定承担相应法律责任，特别是可能影响其信用记录，进而影响其融资、贷款、服务准入、金融交易等活动。

50. 建设单位为什么要与承包单位订立书面工程施工合同，并约定工程款拨付和人工费用拨付周期？

答：《中华人民共和国合同法》（以下简称《合同法》）第二百七十

条规定，建设工程合同应当采用书面形式。《建筑法》第十五条规定，建筑工程的发包单位与承包单位应当依法订立书面合同，明确双方的权利和义务。《建设工程施工合同（示范文本）》（GF-2017-0201）第十二条"合同价格、计量与支付"同样对工程量计量、工程进度款支付进行了规范约定。因此，《条例》要求建设单位与施工总承包单位依法订立书面工程施工合同与《合同法》和《建筑法》的规定相衔接，强调订立书面施工合同，强制要求在合同中明确工程款计量周期、工程款进度结算办法以及人工费用拨付周期，为农民工工资支付提供合同保障。

《住房城乡建设部 财政部关于印发〈建筑安装工程费用项目组成〉的通知》明确规定，建筑安装工程费用项目按费用构成要素组成划分为人工费、材料费、施工机具使用费、企业管理费、利润、规费和税金。其中，人工费是指按工资总额构成规定，支付给从事建筑安装工程施工的生产工人和附属生产单位工人的各项费用。具体内容包括：计时工资或计件工资、奖金、津贴补贴、加班加点工资。

《条例》将人工费从工程款支付中单独规范和强调，要求建设单位按照保障农民工工资按时足额支付的要求约定人工费用。确保人工费拨付到位，防止人工费与材料费、管理费等资金混同或者被挤占，同时避免拖欠工程款和拖欠农民工工资问题相互交织，增加执法难度。同时，人工费作为工程建设领域农民工工资的主要来源，按时足额支付人工费的要求，应考虑用人单位与农民工的工资支付周期及金额约定。故《条例》规定，"人工费用拨付周期不得超过1个月"。

51. 建设单位与施工总承包单位为什么要将工程施工合同保存备查？

答：工程施工合同是核查工程款和农民工工资结算的基础资料，要求存档备查是为了维护各方利益，便于在发生拖欠的情况下尽快查明有关情况。因此,《条例》规定:"建设单位与施工总承包单位应当将工程施工合同保存备查。"如果在监管过程中无正当理由拒不提供或者无法提供施工合同的,应当按照《条例》第五十七条的规定承担相应法律责任,即"由人力资源社会保障行政部门、相关行业工程建设主管部门按照职责责令限期改正;逾期不改正的,责令项目停工,并处 5 万元以上10 万元以下的罚款"。

52. 施工总承包单位与分包单位订立的书面分包合同应当约定哪些内容?

答:《条例》第二十五条明确规定,施工总承包单位与分包单位依法订立书面分包合同,应当约定工程款计量周期、工程款进度结算办法。

施工总承包单位与分包单位之间权利义务关系明确,是确保施工管理规范、计量支付及时、农民工工资得到有效保证的基础条件之一。实践中由于各种原因,部分项目施工总承包单位与分包单位之间可能存在未订立合同的情况,或者合同内容过于简单,口头约定或不完整的简易合同可能会导致经济纠纷,无法有效保障双方合法权益。例如,分包单位不能及时获得分包款或劳务费,缺少索赔凭据;而施工总承包单位也可能因为分包单位或个体劳务承包人超出实际的索赔、恶意举报、恶意敲诈等蒙受损失。无论出现哪种情况,都有可能涉及农民工工资问题。因此,《条例》首次以行政法规形式明确施工总承包单位与分包单位依法订立书面分包合同,分包合同应当约定工程款计量周期、工程款进度结算办法。旨在通过对工程款计量、结算办法的具体约定,明确分包合同进度结算依据,提升分包合同进度结算效率,从而有效保障农民工工资按时足额发放。

分包工程款计量周期为分包商付款各期工作量计算的间隔期间,可以由分包当事人自由协商约定，如未专门约定，则可以按照通常工程实践的惯例，可按月进行计量。分包工程款计量周期内应计量的内容则包括了计量周期内已完工程款、合同约定的变更价款、预付款的扣减和返还、质量保证金的扣减、应增加或扣减的索赔金额、计日工和零星用工的结算等方面内容。

工程款进度结算方式通常有两种：按月或季度结算与支付和分段结算与支付。关于分包工程结算办法，《房屋建筑和市政基础设施工程施工分包管理办法》第十条规定："分包工程发包人和分包工程承包人应当依法签订分包合同，并按照合同履行约定的义务。分包合同必须明确约定支付工程款和劳务工资的时间、结算方式以及保证按期支付的相应措施，确保工程款和劳务工资的支付。"

53. 施工总承包单位应该如何开设农民工工资专用账户？

答：《条例》第二十六条第一款规定，施工总承包单位应当按照有关规定开设农民工工资专用账户，专项用于支付该工程建设项目农民工工资。

（1）施工总承包单位应当按照有关规定开设农民工工资专用账户

农民工工资专用账户，是指施工总承包单位在工程建设项目所在地银行开设的专项用于支付本项目农民工工资的账户。近年来，一些地方探索建立农民工工资专用账户制度，将工资从工程款拨付的源头即行分离，从而最大限度上保证农民工工资款项独立运行，减少发生拖欠的风险。《国务院办公厅关于全面治理拖欠农民工工资问题的意见》中首次提出了"施工总承包企业应分解工程价款中的人工费用，在工程项目所在地银行开设农民工工资（劳务费）专用账户，专项用于支付农民工工资"。

农民工工资专用账户的具体形式，可以是本单位的基本存款账户、基本存款账户之外的一般存款账户和异地临时存款账户。施工总承包单位选择一般存款账户还是异地临时存款账户，取决于其是否在基本存款账户开立所在地之外异地经营。根据《人民币银行结算账户管理办法》第十二条、第十四条、第十八条、第二十一条的规定，一个单位只能在银行开立一个基本存款账户，单位设立临时机构或者异地开展临时经营活动的，可以开立临时存款账户，且无数量限制。具体到工程建设领域，施工总承包单位异地从事工程建设活动，应出具其营业执照正本或其隶属单位的营业执照正本，以及施工及安装地建设主管部门核发的许可证或建筑施工及安装合同。

（2）农民工工资专用账户专项用于支付该工程建设项目农民工工资

建设单位应当按照与施工总承包企业依法订立的工程施工合同约定的比例，或者与施工总承包企业按照双方约定据实提供的农民工工资数额，定期并最长不超过 1 个月的周期内，将资金拨付到施工总承包单位开立的农民工工资专用账户。施工总承包单位委托开户银行对账户进行日常监管，确保账户及资金专门用于支付该工程款项的农民工工资。施工总承包单位开立账户后，应当向人力资源社会保障行政部门和相关行业工程建设主管部门备案。而且专用账户只设在总承包单位一层，无论涉及几个分包单位，所有项目招用农民工的工资，均由总承包单位受分包单位委托代发，这样就会大大减少工资支付链条，最大限度减少因为工程款结算问题造成的拖欠工资风险。

54. 开设、使用农民工工资专用账户有关资料应当由谁妥善保存备查？

答：《条例》第二十六条第二款规定，开设、使用农民工工资专用账户有关资料应当由施工总承包单位妥善保存备查。

保存农民工工资专用账户相关资料既是总承包单位的法定义务，也是证明其履行了法定义务的重要方式。这是因为本款要求妥善保存相关资料备查，创设了施工总承包单位的相应义务。这也就要求相关主管部门在履行监管责任时，要检查施工总承包单位是否履行了该义务，施工总承包单位如果要证明其履行了义务，就必然要保存开户和使用账户过程中形成的各类凭证资料。

对于施工总承包单位未按照有关规定开设农民工工资专用账户的，应按照《条例》第五十五条第一项的规定进行处理，即"施工总承包单位未按规定开设或者使用农民工工资专用账户的"，由人力资源社会保障行政部门、相关行业工程建设主管部门按照职责责令限期改正；逾期不改正的，责令项目停工，并处5万元以上10万元以下的罚款；情节严重的，给予施工单位限制承接新工程、降低资质等级、吊销资质证书等处罚。

55. 农民工工资专用账户应当怎样进行日常管理？

答：《条例》第二十七条第一款规定，金融机构应当优化农民工工资专用账户开设服务流程，做好农民工工资专用账户的日常管理工作；发现资金未按约定拨付等情况的，及时通知施工总承包单位，由施工总承包单位报告人力资源社会保障行政部门和相关行业工程建设主管部门，并纳入欠薪预警系统。

本条所称金融机构，是指在中华人民共和国境内依法经批准设立，可以经营人民币支付结算业务的银行业金融机构，具体范围按照人民银行分类标准确定。施工总承包单位开设农民工工资专用账户后，金融机构对账户的管理和监管就变成了非常重要的环节。一是要监控资金的拨付进账情况，确保建设单位按照约定拨付人工费用；二是要按照施工总承包单位的指令向农民工银行卡及时划转工资，确保账户正常运转。

实践中，早在《国务院办公厅关于全面治理拖欠农民工工资问题的意见》中就已经对农民工工资专用账户的建立和监管作出了原则性规定。结合本条例和《国务院办公厅关于全面治理拖欠农民工工资问题的意见》的规定，金融机构对农民工工资专用账户的监管责任和义务主要体现在以下三个方面：

（1）优化账户开设流程。《条例》颁布后，人力资源和社会保障部即将会同有关主管部门对农民工工资专用账户制定专门的管理办法。金融机构应当按照条例和有关管理办法的规定，依法优化账户开设服务流程，并提供必要的便利。

（2）对人工费用拨付情况的监管。金融机构在日常管理过程中，发现建设单位未拨付人工费用、拨付不足等情况的，及时通知施工总承包单位。

（3）向主管部门报告账户异常情况。根据《国务院办公厅关于全面治理拖欠农民工工资问题的意见》的规定，开户银行发现账户资金不足、被挪用等情况，应及时向人力资源社会保障部门和交通、水利等工程建设项目主管部门报告。此外，本条还规定了金融机构发现资金未按约定拨付等情况的，也要向上述主管部门报告，有关情况要纳入欠薪预警系统，相关主管部门要督促建设单位履行资金拨付义务，并及时排查化解欠薪隐患。

56. 农民工工资专用账户在什么情况下可以销户？

答：《条例》第二十七条第二款规定，工程完工且未拖欠农民工工资的，施工总承包单位公示 30 日后，可以申请注销农民工工资专用账户，账户内余额归施工总承包单位所有。

施工总承包单位对农民工工资账户内资金具有所有权，工程完工后，在履行必要的法定程序后，可以注销账户并自行处理账户内剩余金额。本条中的"工程完工"，是指工程项目在建设意义上的完工，即施工总承包单位已经完成工程设计与合同约定的各项内容，而不是指建设单位依照工程建设领域有关专门法律法规对符合条件的完工项目进行核验，并形成竣工验收报告的状态。

施工总承包单位在工程完工且不存在拖欠农民工工资的，应在工程项目显著位置张贴账户即将注销的公示，经过法定的 30 个自然日公示期后，即可以向金融机构申请注销账户。根据《国务院办公厅关于全面治理拖欠农民工工资问题的意见》的规定，施工总承包单位注销农民工工资专用账户情况也要向人力资源社会保障部门和相应的行业工程建设主管部门及时备案。

57. 施工总承包单位或者分包单位是否必须与所招用的农民工订立劳动合同并进行用工实名登记？

答：是。《条例》第二十八条第一款明确规定，施工总承包单位或者分包单位应当依法与所招用的农民工订立劳动合同并进行用工实名登记，具备条件的行业应当通过相应的管理服务信息平台进行用工实名登记、管理。未与施工总承包单位或者分包单位订立劳动合同并进行用工实名登记的人员，不得进入项目现场施工。

《劳动法》第十六条规定："劳动合同是劳动者与用人单位确立劳动关系、明确双方权利和义务的协议。建立劳动关系应当订立劳动合同。"《劳动合同法》第十条规定："建立劳动关系，应当订立书面劳动合同。已建立劳动关系，未同时订立书面劳动合同的，应当自用工之日起一个月内订立书面劳动合同。用人单位与劳动者在用工前订立劳动合同的，劳动关系自用工之日起建立。"可见，施工总承包单位或者分包单位依法与所招用的农民工订立劳动合同，是用工实名制管理的前提。

工程建设领域分包的情况比较常见，用工也以劳务分包为主，因此多数时候需要劳务公司与招用的个人签订书面合同。这里需要注意的是，施工总承包单位或者分包单位有两项硬性管理要求：一是与招用的工人签订劳动合同；二是进行用工实名登记。两个要求任何一项不满足，均不允许相关人员进入施工现场。

本条中还规定，"具备条件的行业应当通过相应的管理服务信息平台进行用工实名登记、管理"。2018年10月26日，住房和城乡建设部办公厅印发《关于启用全国建筑工人管理服务信息平台的通知》，决定于2018年11月12日启用全国建筑工人管理服务信息平台，并公布了数据标准和数据接口标准，在房屋建筑和市政基础设施工程领域推行建筑工人实名制信息化管理。2019年2月发布的《建筑工人实名制管理办法（试行）》第五条规定："省（自治区、直辖市）级以下住房和城乡建设部门、人力资源社会保障部门负责本行政区域建筑工人实名制管理工作，制定建筑工人实名制管理制度，督促建筑企业在施工现场全面落实建筑工人实名制管理工作的各项要求；负责建立完善本行政区域建筑工人实名制管理平台，确保各项数据的完整、及时、准确，实现与全国建筑工人管理服务信息平台联通、共享。"第七条规定："建筑企业应承担施工现场建筑工人实名制管理职责，制定本企业建筑工人实名制管理制度，配备专（兼）职建筑工人实名制管理人员，通过信息化手段将相关数据实时、准确、完整上传至相关部门的建筑工人实名制管理平台。"

58. 施工总承包单位是否要在工程项目部配备劳资专管员？分包单位应如何履行自己的义务？

答：是。《条例》第二十八条第二款明确规定，施工总承包单位应当在工程项目部配备劳资专管员，对分包单位劳动用工实施监督管理，掌握施工现场用工、考勤、工资支付等情况，审核分包单位编制的农民工工资支付表，分包单位应当予以配合。

《国务院办公厅关于全面治理拖欠农民工工资问题的意见》明确提

出："施工总承包企业要加强对分包企业劳动用工和工资发放的监督管理，在工程项目部配备劳资专管员，建立施工人员进出场登记制度和考勤计量、工资支付等管理台账，实时掌握施工现场用工及其工资支付情况，不得以包代管。"《建筑工人实名制管理办法（试行）》第七条第一款规定："建筑企业应承担施工现场建筑工人实名制管理职责，制定本企业建筑工人实名制管理制度，配备专（兼）职建筑工人实名制管理人员，通过信息化手段将相关数据实时、准确、完整上传至相关部门的建筑工人实名制管理平台。"本条明确施工总承包单位应当在工程项目部配备劳资专管员，并规定了劳资专管员的主要职责：对分包单位劳动用工实施监督管理，掌握施工现场用工、考勤、工资支付等情况，审核分包单位编制的农民工工资支付表等。

《建筑工人实名制管理办法（试行）》第七条第二款规定："总承包企业（包括施工总承包、工程总承包以及依法与建设单位直接签订合同的专业承包企业，下同）对所承接工程项目的建筑工人实名制管理负总责，分包企业对其招用的建筑工人实名制管理负直接责任，配合总承包企业做好相关工作。"据此可见，分包企业按照总承包企业的要求，做好其招用的农民工的管理，是其应尽的义务。

59. 施工总承包单位、分包单位是否应当建立用工管理台账？

答：是。《条例》第二十八条第三款明确规定，施工总承包单位、分包单位应当建立用工管理台账，并保存至工程完工且工资全部结清后至少3年。

我国建筑业农民工数量较大，约占全国农民工总数的五分之一，是我国产业工人队伍的重要组成部分，为城乡建设作出了巨大贡献。但是由于工程项目建设的特点，建筑业农民工流动性大，农民工在不同领域、不同公司、不同地域、不同行业间无序流动。同时，还存在现场管理方式粗放、进出场管理无序、对农民工用工情况底账不清、用工关系不明等突出问题，导致在解决农民工工资案件中，经常出现用工单位与农民工各执一词，为保障农民工工资支付带来很大困难。为解决这些问题，近年来我国逐步对农民工进行实名制管理，建立农民工用工台账，有效管控人员进出施工现场，对保障农民工合法权益起到了积极作用。

《国务院办公厅关于全面治理拖欠农民工工资问题的意见》明确提出："全面实行农民工实名制管理制度，建立劳动计酬手册，记录施工现场作业农民工的身份信息、劳动考勤、工资结算等信息，逐步实现信息化实名制管理。"《国务院办公厅关于促进建筑业持续健康发展的意见》要求："建立全国建筑工人管理服务信息平台，开展建筑工人实名制管理，记录建筑工人的身份信息、培训情况、职业技能、从业记录等信息，逐步实现全覆盖。"《建筑工人实名制管理办法（试行）》对房屋建筑和市政基础设施工程领域建筑工人的实名制管理工作进行了系统规定，明确"建筑工人实名制是指对建筑企业所招用建筑工人的从业、培训、技能和权益保障等以真实身份信息认证方式进行综合管理的制度"。同时明确规定，建筑工人实名制信息由基本信息、从业信息、诚信信息等内容组成。基本信息应包括建筑工人和项目管理人员的身份证信息、文化程度、工种（专业）、技能（职称或岗位证书）等级和基本安全培训等信息；从业信息应包括工作岗位、劳动合同签订、考勤、工资支付和从业记录等信息；诚信信息应包括诚信评价、举报投诉、良好及不良行为记录等信息。

《条例》第十五条明确规定，用人单位应当按照工资支付周期编制书面工资支付台账，并至少保存 3 年。为了保持和前面一致，达到保障农民工工资支付的用工管理台账也要保存至工程完工且工资全部结清后至少 3 年。

60. 建设单位在保障农民工工资支付方面的义务和责任有哪些？

答：《条例》第二十九条明确规定了建设单位保障农民工工资支付

的义务和责任。具体包括以下三点：

（1）建设单位拨付工程款的义务和对施工总承包单位按时足额支付农民工工资的监督责任

《条例》第二十九条第一款规定，建设单位应当按照合同约定及时拨付工程款，并将人工费用及时足额拨付至农民工工资专用账户，加强对施工总承包单位按时足额支付农民工工资的监督。

建设单位作为项目的业主（即所有人），其对项目的权利义务在合同法的意义上，主要是通过与施工总承包单位订立的施工合同来具体实现，对项目各类施工单位招用的农民工以及支付工资并没有直接的义务。但另一方面，由于建设领域特殊的生产组织方式，各类施工单位能否切实履行其工资支付责任，很大程度上取决于建设单位能否按约定及时拨付工程款。从这个意义上说，建设单位对保障本项目的农民工工资支付起到了源头性的保障作用。《条例》为此专设一条，对建设单位的相关责任作出了具体规定。

对建设单位拨付工程款和人工费用的义务，《条例》第二十四条已作规定，第二十九条第一款在此基础上，明确了建设单位对施工总承包单位按时足额支付农民工工资的监督责任。按照本条例第三十一条和第三十五条的规定，建设单位的监督责任主要内容是，督促施工总承包单位依法支付直接招用农民工的工资和代发本项目分包单位招用农民工工资的情况。结合第二十九条第三款，还包括督促施工总承包单位加强劳动用工管理、预防和处理本项目的欠薪问题。

（2）建设单位在拖欠工程款情况下的工资垫付责任

《条例》第二十九条第二款规定，因建设单位未按照合同约定及时拨付工程款导致农民工工资拖欠的，建设单位应当以未结清的工程款为限先行垫付被拖欠的农民工工资。这里讲的工程款，是指已经与其他工程款分账的人工费用或未实现分账运行的工程款，建设单位未按照合同约定拨付人工费或工程款的，导致工程项目农民工欠薪的，建设单位应当以未结清的数额为限承担垫付责任。其中,未结清的数额是指按照合同的约定应付而未付的工程款或人工费,而非全部尚未支付的部分。产生建设单位垫付责任的原因仅限于其未按施工合同的约定按期拨付工程款而导致的欠薪,如果欠薪原因并非工程款拨付不足导致,则适用《条例》第三十条和第三十六条的规定。

(3)建设单位的工资拖欠预防、处置和报告义务

《条例》第二十九条第三款规定,建设单位应当以项目为单位建立保障农民工工资支付协调机制和工资拖欠预防机制,督促施工总承包单位加强劳动用工管理,妥善处理与农民工工资支付相关的矛盾纠纷。发生农民工集体讨薪事件的,建设单位应当会同施工总承包单位及时处理,并向项目所在地人力资源社会保障行政部门和相关行业工程建设主管部门报告有关情况。也就是说,建设单位除按照合同约定履行及时拨付工程款及监督施工总承包单位按时足额支付农民工工资的责任外,还应当对工程项目保障农民工工资支付起到牵头和组织作用,协同工程项目有关施工单位切实履行用工主体责任,发生拖欠农民工工资问题特别是集体讨薪事件时,主动会同施工总承包单位及时处理,并有义务报告有关主管部门。

61. 工程建设领域中的分包单位应如何落实实名制管理和工资支付的直接责任?

答:《条例》第三十条第一款明确规定,分包单位对所招用农民工的实名制管理和工资支付负直接责任。

工程建设领域涉及多层数个用人单位,关系复杂。仅施工过程来说,就涉及施工总承包单位、分包单位、劳务分包单位等。从劳动关系上讲,分包单位对其招用的农民工负有直接责任。本条中的分包有两层含义:一方面包括从施工总承包单位和分包单位合法直接承包工程的分

包；另一方面还包括从施工总承包单位和分包单位合法承接劳务作业的劳务分包。需要注意的是，这里并未排除施工总承包单位直接招用农民工情况下的落实实名制管理和工资支付直接责任。

实名制管理，是指施工单位对其所招用的农民工的从业、培训、技能和权益保障等以真实身份信息认证方式进行综合管理的制度。工资支付责任，是用人单位基于与招用的劳动者建立劳动关系的基本义务之一。《劳动法》第三条规定，劳动者享有取得劳动报酬的权利。因此，对直接招用农民工的分包单位而言，其作为农民工的用人单位，是实行实名制管理和工资支付的直接责任人，依法承担用工主体责任。如果分包单位未实行劳动用工实名制管理的，应按照《条例》第五十五条第三项的规定处理；对分包单位未履行工资支付义务导致欠薪的，由建设单位或施工总承包单位依照本条例的规定进行清偿。

62. 施工总承包单位应该怎样对分包单位劳动用工和工资发放等情况进行监督？

答：《条例》第三十条第二款规定，施工总承包单位对分包单位劳动用工和工资发放等情况进行监督。这就明确了总承包单位对分包单位劳动用工和工资发放的监督责任。

在合同法范畴内，施工总承包单位和分包单位都是平等民事主体，各自根据合同约定承担相应的权利义务。但由于工程建设领域生产组织方式和经营方式的特殊性，施工总承包单位对其承担的工程项目负总责，并在法律法规规定的特定情况下与分包单位承担连带责任。

《建筑法》规定，施工总承包单位负责施工现场安全，分包单位向总承包单位负责，施工总承包单位对工程质量负责，分包单位就其分包工程的质量与施工总承包单位承担连带责任。在劳动用工和工资支付环节，《条例》也按照施工总承包单位负总责的原则，对施工总承包单位对其承包的项目分包单位劳动用工和工资发放情况设定了相应的监督责任。对劳动用工和工资支付的监督，施工总承包单位应当以实名制管理为基础，对分包单位用工全过程进行监督，督促分包单位履行用工主体责任，发现分包单位的违法行为，应及时指出并督促改正。

63. 施工总承包单位需要对分包单位欠薪、转包欠薪履行先行清偿责任吗？

答：需要。《条例》第三十条第三款、第四款明确规定，分包单位拖欠农民工工资的，由施工总承包单位先行清偿，再依法进行追偿。工程建设项目转包，拖欠农民工工资的，由施工总承包单位先行清偿，再依法进行追偿。

（1）施工总承包单位对分包单位欠薪的先行清偿责任

分包单位对其招用的农民工依法承担用工主体责任，是支付工资的法定义务主体，为了更好地解决工程建设领域欠薪问题，《条例》在明确分包单位支付义务的前提下，规定施工总承包单位在工程项目分包单位发生欠薪时，由其承担清偿责任。施工总承包单位清偿后，可以向拖欠农民工工资的分包单位依法追偿。这里需要强调的是，施工总承包单位清偿后并未免除分包单位的法律责任。施工总承包单位可以依法提起民事诉讼或依照施工合同约定提起商事仲裁，以维护自身合法权益。但是，本条中的分包若涉及总承包单位分包给个人或不具备合法经营资格单位的，应当适用《条例》第三十六条的规定，"由建设单位或者施工总承包单位清偿"。

（2）施工总承包单位对转包情况下发生欠薪的先行清偿责任

转包，一般是指承包单位承包工程后，不履行合同约定的责任和义务，将其承包的全部工程或者将全部过程肢解后以分包的名义分别转给其他单位或个人施工的行为。自2019年1月1日起施行的《建筑工程施工发包与承包违法行为认定查处管理办法》中第八条对转包行为进行了详细的列举。对工程项目转包情况下发生的欠薪，由总承包单位先行清偿，对清偿的部分可以向有关的转包单位或者个人进行追偿。

在实际执法实践中，工程项目中的分包单位发生拖欠农民工工资的或因项目施工过程中发生转包，导致拖欠农民工工资的，人力资源社会保障部门责令拖欠农民工工资的单位或者个人限期支付欠薪而逾期未支付的，应当向施工总承包单位作出行政处理决定，责令其限期先行清偿，施工总承包单位到期拒不履行的，可以动用该项目的工资保证金予以清偿，不足额部分，可以依照《条例》第四十二条的规定，申请人民法院强制执行。

64. 工程建设领域总承包单位为什么实行代发工资制度？

答：工程建设领域发生拖欠农民工工资的一个重要原因是工资支付链条长，上游企业有支付能力但不承担工资支付责任，下游企业特别是劳务企业乃至包工头支付能力薄弱且完全依赖上游企业能否及时拨付工程款及人工费。在落实农民工实名制管理和农民工专用账户设立的前提下，就有必要明确推行分包单位委托总承包单位通过专用账户代发工资的制度。

《国务院办公厅关于全面治理拖欠农民工工资问题的意见》明确提出，在工程建设领域要鼓励实行分包企业农民工工资委托施工总承包企业直接代发的办法。因此，《条例》第三十一条第一款则明确规定："工程建设领域推行分包单位农民工工资委托施工总承包单位代发制度。"也就是说，落实此项制度，既是工程建设领域各类施工单位的法定义务，也是人力资源社会保障行政部门和相关行业工程建设主管部门的法定职责。按照《条例》第三十一条和《国务院办公厅关于全面治理拖欠农民工工资问题的意见》的要求，对分包单位来说，要做到以下两点：

一是要为招用的农民工申办实名制的用于支付工资的银行卡或其他支付工资的银行账户；二是要按月考核农民工工作量并编制工资支付表，经农民工本人签字确认后，与当月工程进度等情况一并交施工总承包单位。对施工总承包单位来说，也要做到以下两点：一是要根据分包单位编制的工资表，通过农民工工资专用账户直接将应付的农民工工资支付给农民工本人的银行账户；二是要将农民工工资专用账户代发农民工工资的凭证提供给分包单位。

65. 实际操作中，用人单位或者其他人员可以扣押或变相扣押农民工社会保障卡或者银行卡吗？

答：不可以。社会保障卡，是指由人力资源和社会保障部统一规划，由各地人力资源和社会保障部门面向社会发行，用于人力资源和社会保障各项业务领域的集成电路（IC）卡。社会保障卡作用十分广泛，持卡人不仅可以凭卡就医，进行医疗保险个人账户实时结算，还可以办理养老保险事务等。《条例》第三十一条第四款规定："用于支付农民工工资的银行账户所绑定的农民工本人社会保障卡或者银行卡，用人单位或者其他人员不得以任何理由扣押或者变相扣押。"实践中，一些工程项目的劳务分包单位或班组长将农民工的工资银行卡收归其集中保管，掌握其银行卡密码，从形式上看，农民工已经在其个人银行账户中获得了工资，但实质上却丧失了对相关款项的支配权利。因此，针对以各种方式扣押或者变相扣押农民工本人的银行卡的问题，《条例》作出了明确的禁止性规定，并在第五十四条规定了违反此项规定应承担的法律责任，即"扣押或者变相扣押用于支付农民工工资的银行账户所绑定的农民工本人社会保障卡或者银行卡"的，由人力资源社会保障行政部门责令限期改正；逾期不改正的，对单位处 2 万元以上 5 万元以下的罚款，对法定代表人或者主要负责人、直接负责的主管人员和其他直接责任人员处 1 万元以上 3 万元以下的罚款。

66. 工程建设领域施工总承包单位为什么应当按照有关规定存储工资保证金，并专款专用？

答：工资保证金是工程建设领域预防和解决企业发生欠薪的一种保证性资金。工资保证金制度是保障农民工工资支付的一项基本制度，是指施工总承包企业在商业银行设立专用账户，按照工程项目造价的一定比例存储资金，专项用于预防和解决拖欠农民工工资问题的行政管理措施。《国务院办公厅关于全面治理拖欠农民工工资问题的意见》明确要求，在建筑市政、交通、水利等工程建设领域全面实行工资保证金制度，并逐步将实施范围扩大到其他易发欠薪行业。推行工资保证金制度，有利于从源头上预防拖欠农民工工资问题，也有利于及时妥善解决拖欠农民工工资问题，是维护农民工工资权益的有效措施。

（1）工资保证金的存储主体和用途

《条例》第三十二条第一款对工资保证金的存储主体作出了统一规定，即由施工总承包企业作为存储工资保证金的主体。对工资保证金的用途，明确规定用于支付为所承包工程提供劳动的农民工被拖欠的工资。其中，关于工程项目，是指总承包企业承包的整体项目，涵盖了由其总承包后分包给其他分包单位的部分；关于农民工范围，是指为施工总承包企业承包的工程项目提供劳动的所有农民工，不局限于其直接招用的农民工，还包括分包单位招用以及通过其他方式招用的为该项目提供劳动的农民工；关于支付项目，仅限于解决工资保证金所覆盖的工程项目发生的拖欠农民工工资问题，而不能用于解决缴存单位非该笔保证金覆盖的其他承建工程项目欠薪。

（2）保证金差异化存储和保函替代

保证金在一般民事领域并非普遍设立，通常仅在涉及较大数额交易或为保证一方或双方诚实信用履行合同时，通过设立违约责任难以有效保证合同履行的情况下，才会另行约定设立保证金。与之相类似的是，在工资支付权利义务关系中，并非所有工资支付都存在拖欠的问题。相反，绝大多数工资支付都能够按照劳动合同的约定履行，对发生拖欠的，也可以依法或依照劳动合同的约定寻求相应的权利救济，只有对特定的易发多发拖欠工资行业企业，才需要设立工资保证金制度，对工资支付义务加以强化和保证。可见，具体到工资保证金的实施过程中，如果对工程建设领域所有施工总承包单位都要求其存储工资保证金，既无必要也不合理，同时对屡发欠薪的施工总承包单位也应采取措施适当增加其存储数额以示惩戒，并提高发生欠薪后工资保证金的偿付能力。因此，《条例》第三十二条第二款规定，工资保证金实行差异化存储办法，对在一定时期内没有发生欠薪的单位实行减免措施，对发生工资拖欠的单位适当提高存储比例。

同时，为切实减轻企业缴存工资保证金的压力，《条例》第三十二条第二款还规定，工资保证金可以用金融机构保函替代。金融机构保函，一般是指银行等金融机构应申请人的申请，向第三方开立的书面信用担保凭证。在工程建设领域，《关于加快推进房屋建筑和市政基础设施工程实行工程担保制度的指导意见》明确要求，农民工工资支付保函全部采用具有见索即付性质的独立保函，并实行差别化管理。并强调以银行保函替代工程质量保证金的，银行保函金额不得超过工程价款结算总额的 3％。在工程项目竣工前，已经缴纳履约保证金的，建设单位不得同时预留工程质量保证金。建设单位到期未退还保证金的，应作为不良行为记入信用记录。

为进一步统一全国工资保证金制度，为施工企业创造平等竞争的市场环境，《条例》第三十二条第三款规定，工资保证金的存储比例、存储形式、减免措施等具体办法，由国务院人力资源社会保障行政部门会同有关部门制定。

67. 对农民工工资专用账户资金和工资保证金的查封冻结或划拨措施应予以哪些限制？

答：农民工工资专用账户资金和工资保证金本质上都是用人单位财产，但其用途和功能具有特殊性。农民工工资专用账户的资金只能用于对应的工程项目农民工工资支付，工资保证金只能用于其所保证的工程项目发生拖欠工资以后，经行政部门责令支付未支付情况下的工资清偿。为了保证两类资金安全，确保专款专用，不被随意查封、冻结或者划拨，《条例》第三十三条专门作出规定，"除法律另有规定外，农民工工资专用账户资金和工资保证金不得因支付为本项目提供劳动的农民工工资之外的原因被查封、冻结或者划拨"。

（1）查封、冻结和划拨。按照三种措施的不同阶段，可以分为两类：一是强制措施，即查封和冻结；二是强制执行，即划拨。按照三种措施的权力来源，可以分为行政行为和司法行为两类。其中，行政行为主要受行政强制法和有关的专门性法律、法规调整；司法行为主要受《中华人民共和国民事诉讼法》《中华人民共和国刑事诉讼法》《中华人民共和国行政诉讼法》的调整，除诉讼保全、诉前保全外，一般处于判决或裁定的执行阶段。

（2）对查封、冻结或者划拨限制的两个例外。一是法律明确规定可以查封、冻结或者划拨的。这里排除了法律的一般性授权或规定（其他行政法规的规定当然排除），如实施查封、冻结或者划拨。二是基于支付为本项目提供劳动的农民工工资的原因，人民法院或行政机关依法采取的查封、冻结或者划拨措施。需要注意的是，此类意外不含为其他项目农民工支付工资而作出的查封、冻结或者划拨。

68. 《条例》对施工现场维权信息公示制度有哪些规定？

答：农民工与用人单位通过订立劳动合同明确双方权利义务关系，

但在实践中，由于主客观等多方面的原因，工程建设领域农民工劳动合同签订率偏低，已订立的合同对工资支付的条款特别是工资支付日期等往往约定不明确，对合同履行过程中的争端解决机制、投诉渠道等也较少作规定。同时，多数农民工直接受雇于劳务分包等作业单位，对项目整体情况和建设单位、施工总承包单位（包括项目部）也不了解，在维权时甚至不清楚项目的具体名称，在一定程度上造成了维权难的问题。针对这些问题，《条例》第三十四条对施工总承包单位落实维权信息公示的义务作出专门规定。

（1）维权信息告示牌的设立主体。《条例》明确规定，设立维权信息告示牌的义务主体是施工总承包单位，不包含建设单位或分包单位。需要明确的是，本规定并没有排除施工总承包单位以外的施工单位或建设单位自愿在相关的工程项目设立类似的维权信息告示设施。

（2）维权信息告示牌的位置。《条例》规定，施工总承包单位应当在施工现场醒目位置设立维权信息告示牌。这样方便农民工知晓查询，也就是相关信息的明示义务。实际上，如果施工总承包单位设立了维权信息告示牌，但并没有设立在施工现场的显著位置，农民工难以知晓其存在并查看，实质上并没有完整地履行施工现场维权信息公示制度，应当承担相应的法律责任。

（3）维权信息告示牌的内容。《条例》规定，维权信息告示牌应当包括以下三类具体内容：一是建设单位、施工总承包单位及所在项目部、分包单位、相关行业工程建设主管部门、劳资专管员等基本信息；二是工程项目所在地当地最低工资标准、工资支付日期等基本信息；三是农民工的权益救济渠道，包括相关行业工程建设主管部门和劳动保障监察投诉举报电话、劳动争议调解仲裁申请渠道、法律援助申请渠道、公共法律服务热线等信息。

综上所述，施工总承包单位应当在施工现场醒目位置设立维权信息告示牌，明确相关信息，以便建筑工人能及时进行法律咨询，发生争议后能维护自己的合法权益。

69. 建设单位拨付人工费用和总承包单位代发工资的强制义务有哪些?

答：实践中，建设单位与施工总承包单位以及承包单位和分包单位在履行合同过程中发生争议，往往会引发工程款结算纠纷，出现施工总承包或分包企业以上游工程款拨付不及时为由，拖欠农民工工资。针对这些问题，《条例》在第二十四条设立建设单位定期拨付人工费义务和第三十一条设立施工总承包单位代发义务的基础上，专设第三十五条，禁止建设单位与施工总承包单位以工程项目计量计价争议为由，拒绝履行定期拨付人工费用和代发工资的义务。

《条例》第三十五条明确了建设单位和施工单位不能因争议影响农民工工资发放，将农民工工资与工程争议隔离开。针对分包单位农民工工资发放问题，实行委托施工总承包单位代发制度。同时，需注意的是，建设单位、施工总承包单位与分包单位因工程数量、质量、造价等产生争议的，建设单位不得因争议不拨付工程款中的人工费用，施工总承包单位也不得因争议不按照规定代发工资。

实际上，虽然《条例》对相关行为作了禁止性规定，但并不妨碍建设单位或施工总承包单位依照合同法等有关法律规定及合同相关争议解决问题，通过协商、商事仲裁或民事诉讼等方式实现自身的权益救济。

对建设单位或施工总承包单位违反《条例》第三十五条规定的，人力资源社会保障行政部门和相关行业工程建设主管部门应当按照《条例》第五十七条和《劳动保障监察条例》有关规定，责令其限期改正。

70. 建设单位或者总承包单位违法发包、分包及挂靠情况下拖欠农民工工资的清偿责任有哪些?

答：在工程建设领域，转包、违法分包、挂靠屡禁不止，严重扰乱了工程建设领域的正常秩序，国家曾三令五申禁止转包、违法分包、挂靠，但是因工程建设领域长期的不规范，现在部分项目、部分施工单位仍然采用转包、违法分包、挂靠进行施工。

为治理工程建设领域挂靠承包和建设单位、施工总承包单位违法发包、违法分包问题造成的欠薪问题，《条例》第三十六条专门对清偿责任主体予以明确，"建设单位或者施工总承包单位将建设工程发包或者分包给个人或者不具备合法经营资格的单位，导致拖欠农民工工资的，由建设单位或者施工总承包单位清偿。施工单位允许其他单位和个人以施工单位的名义对外承揽建设工程，导致拖欠农民工工资的，由施工单位清偿"。旨在倒逼施工单位合法合规地进行项目建设，拒绝挂靠转包违法分包，否则将对农民工工资支付承担直接清偿责任。

根据《建筑法》等有关工程建设领域法规规定，建设单位或总承包单位不得将工程建设项目违法发包或违法分包给个人或者不具备合法经营资格的单位，对此情况下发生的拖欠工资问题，《条例》规定由违法发包或违法分包的建设单位、施工总承包单位承担清偿责任。

对施工单位出借资质和营业执照，允许其他单位或个人以施工单位名义对外承揽工程项目的，发生拖欠工资问题，由出借资质和营业执照的施工单位承担清偿责任。

这里需要明确的是，《条例》第三十六条规定中具有相应违法情形的建设单位、施工总承包单位或其他施工单位对发生的拖欠农民工工资承担清偿责任，发生拖欠农民工工资时，行政部门应当直接责令其清偿工资，不必要求有关个人或不具备合法经营资格的单位承担支付责任。相应的建设单位、施工总承包单位或其他施工单位清偿拖欠的农民工工资后，可依法向有关个人或单位追偿。

71. 违法建设项目的拖欠工资清偿责任有哪些？

答：《条例》第三十七条明确规定，工程建设项目违反国土空间规划、工程建设等法律法规，导致拖欠农民工工资的，由建设单位清偿。

根据《中华人民共和国土地管理法》（以下简称《土地管理法》）和《中华人民共和国城乡规划法》（以下简称《城乡规划法》）等相关法律法规，工程建设项目在立项前，应当取得用地许可和规划许可。根据工程建设领域相关法律法规，除法定免除审批手续的小型项目或特殊领域的工程项目外，工程建设项目开工建设前，应当取得该建设项目的用地审批手续和规划许可，并依照相应程序申请取得开工许可证或经有关主管部门批准的开工报告。未按照上述规定即开工建设的项目，属于《条例》第三十七条所规定的违法建设项目，此类项目发生拖欠工资的，则由建设单位进行清偿。本条实际上是将建设单位作为农民工工资支付的最终保障主体，在一定程度上也加重了建设单位的责任，倒逼建设单位在人工费用的支付上更加谨慎。

实践中，对此类违法建设项目发生的欠薪，人力资源社会保障部门或相关行业主管部门在处理时，应当直接责令建设单位清偿，不必再追究施工单位等其他主体的责任，建设单位清偿后，依法可以寻求权益救济。此外，对工程建设项目是否违反国土空间规划、工程建设等法律法规，应当以主管部门的认定为准。

第五章　监督检查

　　监督检查是保障法律法规有效贯彻实施的重要制度。本章是《条例》的"监督检查"部分，共15条，细化了人力资源社会保障行政部门、相关行业工程建设主管部门和其他有关部门的监管职责。一是突出过程监管，分别规定了农民工工资支付监控预警，监督检查主体和监督检查事项，相关行业工程建设主管部门依法规范建设市场秩序，查处违法发包、转包、违法分包及挂靠等行为，政府投资项目建设单位向农民工工资专用账户拨付资金的监督、法律援助和公共法律服务、"谁执法谁普法"责任制落实。二是强化执法手段，分别规定了查询系统、请求公安机关协助、移送涉嫌拒不支付劳动报酬犯罪案件、申请法院强制执行。三是加强信用监管，规定用人单位守法诚信等级评价、严重拖欠农民工工资违法行为社会公布、拖欠农民工工资失信联合惩戒，对未依法提供工程款支付担保或者政府投资项目拖欠工程款导致拖欠工资的建设单位予以信用约束；规定用人单位不提供证据材料的不利后果、工会法律监督和对"非法讨薪"的依法处理等内容。

72. 为什么规定县级以上地方人民政府应当建立农民工工资支付监控预警平台？

　　答：保障农民工工资支付是个系统工程，特别是在工程建设领域，需要工程建设项目审批部门、政府投资项目的资金预算管理部门、工程建设项目开工许可或开工备案管理部门，负责《条例》监督检查的人力资源社会保障行政部门、相关行业工程建设主管部门等有关部门在各自职责范围内加强监管，协同联动。建立农民工工资支付监控预警平台，运用信息化手段将工程建设项目农民工工资支付监管相关信息及时互通共享，促使相关职能部门各司其职、密切协同、通力合作，从而实现在线查询各部门监管信息、在线追溯各环节监管过程、在线监测违法违规问题。

《条例》第四条规定，县级以上地方人民政府对本行政区域内保障农民工工资支付工作负责，建立保障农民工工资支付工作协调机制，加强监管能力建设。农民工工资支付监控预警平台涉及多个监管部门信息的归集，为推进形成在各地政府领导下各司其职、各负其责、相互配合、齐抓共管的根治欠薪工作机制，《条例》第三十八条第一款明确规定，县级以上地方人民政府应当建立农民工工资支付监控预警平台，实现人力资源社会保障、发展改革、司法行政、财政、住房城乡建设、交通运输、水利等部门的工程项目审批、资金落实、施工许可、劳动用工、工资支付等信息及时共享。人力资源社会保障行政部门根据水电燃气供应、物业管理、信贷、税收等反映企业生产经营相关指标的变化情况，及时监控和预警工资支付隐患并做好防范工作，市场监管、金融监管、税务等部门应当予以配合。

《国务院办公厅关于全面治理拖欠农民工工资问题的意见》要求："建立和完善欠薪预警系统，根据工商、税务、银行、水电供应等单位反映的企业生产经营状况相关指标变化情况，定期对重点行业企业进行综合分析研判，发现欠薪隐患要及时预警并做好防范工作。"信息归集到平台上，负责《条例》监督检查的部门，通过平台就可以及时掌握辖区内工程建设项目前端审批、资金安排、开工建设情况，及早深入工地开展预防和检查工作，对存在违法违规建设、建设资金不到位、违法发包、转包、违法分包、挂靠等欠薪隐患的项目重点监控，防患于未然。

建立企业欠薪监控预警机制是通过信息化大数据管理手段积极应对企业欠薪的一项重要举措，是变被动处理欠薪案件为主动预防的一项重要手段。《国务院关于加强和规范事中事后监管的指导意见》指出，要"充分运用大数据等技术，加强对风险的跟踪预警。探索推行以远程监管、移动监管、预警防控为特征的非现场监管，提升监管精准化、智能化水平"。实践表明，在非工程建设领域，绝大多数欠薪事件也是"有迹可循"的，如果运用信息化手段，提前检测到位，可以"早发现、早预防、早处置"。在总结近年来地方成功经验的基础上，《条例》第三十八条第二款规定，人力资源社会保障行政部门根据水电燃气供应、物业管理、信贷、税收等反映企业生产经营相关指标的变化情况，及时监控和预警工资支付隐患并做好防范工作，市场监管、金融监管、税务等部门应当予以配合。企业生产经营指标，主要是水电燃气供应、物业管理、信贷、税收等相关指标，这些指标发生变化，能在一定程度上反映该企业经营状况发生变化，人力资源社会保障行政部门应通过市场监管、金融监管、税务等部门提供的数据进行分析比对，将欠薪隐患企业纳入重点监测范围，特别要对重点行业、企业进行综合研判预警，对可能导致拖欠工资数额较大并引发群体性事件的苗头性问题，及时预警、及早干预，指导督促企业采取措施尽快解决拖欠问题。

73. 为预防和减少拖欠农民工工资行为的发生，农民工工资支付监管中涉及的各个部门要做好哪些监督检查工作？

答：《条例》第三十九条规定，人力资源社会保障行政部门、相关行业工程建设主管部门和其他有关部门应当按照职责，加强对用人单位与农民工签订劳动合同、工资支付以及工程建设项目实行农民工实名制管理、农民工工资专用账户管理、施工总承包单位代发工资、工资保证金存储、维权信息公示等情况的监督检查，预防和减少拖欠农民工工资行为的发生。这就明确了监督检查的主体和监督检查事项。

（1）对劳动合同签订和工资支付情况的监督检查

《劳动法》第八十五条规定："县级以上各级人民政府劳动行政部门依法对用人单位遵守劳动法律、法规的情况进行监督检查，对违反劳动法律、法规的行为有权制止，并责令改正。"第八十七条规定："县级以上各级人民政府有关部门在各自职责范围内，对用人单位遵守劳动法律、法规的情况进行监督。"因此，县级以上各级人民政府人力资源社会保障行政部门负责劳动法律、法规的监督检查和对违法行为的纠正处理，县级以上各级人民政府有关部门在各自职责范围内，对用人单位遵守劳动法律、法规的情况进行监督。

劳动合同是用人单位与劳动者建立劳动关系、明确双方权利义务关系的协议。劳动合同对确立和维系合同双方的权利和义务，保护劳动关系双方当事人的合法权益具有重要作用。《劳动合同法》第七十四条规定，县级以上地方人民政府劳动行政部门依法对用人单位与劳动者订立和解除劳动合同的情况、对用人单位支付劳动合同约定的劳动报酬和执行最低工资标准的情况进行监督检查。因此，用人单位与劳动者签订劳动合同、支付工资情况，由人力资源社会保障行政部门负责监督检查。同时，《劳动保障监察条例》第三条规定："县级以上各级人民政府有关部门根据各自职责，支持、协助劳动保障行政部门的劳动保障监察工作。"因此，住房城乡建设、交通、水利等工程建设行业主管部门和有关部门应当通过行政监督和管理手段监督行业内用人单位落实劳动合同签订、工资支付义务，加强劳动用工管理，形成监管合力。

（2）对工程建设项目实行农民工实名制管理、农民工工资专用账户管理、施工总承包单位代发工资、工资保证金存储、维权信息公示等情况的监督检查

《国务院办公厅关于全面治理拖欠农民工工资问题的意见》对工程建设项目实行农民工实名制管理、农民工工资专用账户管理、施工总承

包单位代发工资、工资保证金存储、维权信息公示等制度建立和落实提出了明确要求。各地在贯彻落实这些要求过程中，既有发挥行业主管部门行业监管优势，由行业主管部门牵头落实的，也有由人力资源社会保障行政部门牵头落实的。在明确分工的前提下，人力资源社会保障行政部门、相关行业工程建设主管部门应加强执法合作，农民工实名制管理、农民工工资专用账户管理、施工总承包单位代发工资、工资保证金存储、维权信息公示等制度得到了很好的推进。考虑到现行法律法规和相关部委"三定"方案中尚未明确这些制度建立和落实的主管部门，《条例》则以行政法规形式第一次将上述制度情况列为执法事项，在执法主体上作出原则性规定。

74. 人力资源社会保障行政部门在查处拖欠农民工工资案件时可以查询相关单位金融账户和相关当事人拥有房产、车辆等情况吗？

答：《条例》第四十条规定，人力资源社会保障行政部门在查处拖欠农民工工资案件时，需要依法查询相关单位金融账户和相关当事人拥有房产、车辆等情况的，应当经设区的市级以上地方人民政府人力资源社会保障行政部门负责人批准，有关金融机构和登记部门应当予以配合。本条赋予了人力资源社会保障行政部门在查处拖欠农民工工资案件时，对企业账户及资产的查询权。这不但增加了劳动者的维权渠道，同时也对一些金融机构、登记部门提高了要求。

（1）规定财产查询的必要性

《刑法》第二百七十六条之一规定，"以转移财产、逃匿等方法逃避支付劳动者的劳动报酬或者有能力支付而不支付劳动者的劳动报酬，数额较大，经政府有关部门责令支付仍不支付的"构成拒不支付劳动报酬罪，从该罪的构成要件来看，"有能力支付而不支付劳动者的劳动报酬"是其要件之一。实践中,在一些用人单位和个人有能力支付却找各种理由试图逃避工资支付义务或者不支付农民工工资等情形下,由于人力资源社会保障行政部门没有财产查询的措施,在查处这类案件过程中,无法通过现有的调查检查措施,了解用人单位金融账户和相关当事人拥有房产、车辆等情况,无法获取用人单位和相关当事人是否有能力支付工资的情况。更无从掌握有能力支付而不支付的证据,影响到拖欠农民工工资案件的解决,导致涉嫌拒不支付劳动报酬罪案件止步于行政处理环节。对被执行人财产进行查询,是人力资源社会保障行政部门获取被执行对象财产线索的最有效途径。根据《最高人民法院关于人民法院执行工作若干问题的规定》,申请执行应向人民法院提交申请执行书。申请执行书中应当写明申请执行的理由、事项、执行标的,以及申请执行人所了解的被执行人的财产情况。在实践中,农民工工资报酬是农民工养家的"活命钱",被拖欠后急于讨回。人力资源社会保障行政部门在申请法院强制执行时,提供详细明确的执行线索,有利于人民法院尽快将拖欠的农民工工资报酬执行到位,维护农民工工资报酬权益。

(2)查询资产的范围

查询资产的范围包括查询相关单位金融账户和相关当事人拥有房产、车辆等情况。关于查询相关单位金融账户,《中华人民共和国商业银行法》第三十条规定,"对单位存款,商业银行有权拒绝任何单位或者个人查询,但法律、行政法规另有规定的除外"。《条例》属于行政法规,可以设定对单位存款的查询权。关于查询相关当事人拥有房产、车辆等情况,《不动产登记暂行条例》第二十七条第二款规定,"有关国家机关可以依照法律、行政法规的规定查询、复制与调查处理事项有关的不动产登记资料"。《中华人民共和国机动车登记办法》第五十八条规定,"人民法院、人民检察院、公安机关或者其他行政执法部门、纪检监察部门以及公证机构、仲裁机构、律师事务机构因办案需要,到车辆管理所查阅机动车档案的，应当出具公函和经办人工作证"。据此，《条例》根据查处拖欠农民工工资案件的实际需要，规定了对相关当事人拥有房产、车辆等情况的查询权，相关当事人既包括相关单位，也包括个人。

（3）查询的情形和程序

《条例》的立法宗旨是规范农民工工资支付行为，保障农民工按时足额获得工资，查询措施的行使只限于拖欠农民工工资案件。劳动保障监察事项包括订立劳动合同、禁止使用童工、遵守女职工和未成年工特殊劳动保护规定、遵守工作时间和休息休假规定等情况，除拖欠农民工工资案件外，其他类别案件不能使用查询权。

查询当事人财产情况，事关当事人财产权益和正常生产经营。为严禁、慎重行使查询措施，《条例》规定，查询需经设区的市级以上地方人民政府人力资源社会保障行政部门负责人批准，未经批准不得查询。

（4）有关金融机构和登记部门应当予以配合

各商业银行等金融机构、不动产登记部门、车辆登记部门在收到人力资源社会保障行政部门的查询函后，应积极配合开展查询工作，并出具书面查询结果，加盖部门公章。对于未经设区的市级以上地方人民政府人力资源社会保障行政部门负责人批准的查询，可依法拒绝查询。

75. 人力资源社会保障行政部门在什么情况下可以请求公安机关和其他有关部门协助处理拖欠农民工工资案件？

答：《条例》第四十一条第一款规定，人力资源社会保障行政部门在查处拖欠农民工工资案件时，发生用人单位拒不配合调查、清偿责任主体及相关当事人无法联系等情形的，可以请求公安机关和其他有关部门协助处理。

在执法实践中，用人单位拒不配合调查或者清偿责任主体及相关当事人无法联系等情形时有发生，人力资源社会保障行政部门难以收集用工、工资支付等相关证据，无法认定拖欠的数额，也无法判断是否构成拒不支付劳动报酬罪，致使农民工拖欠案件查处特别是涉嫌拒不支付劳动报酬罪案件移送非常困难，不能及时维护农民工的工资报酬权益。公安机关的介入协助处理，可以指导、协助人力资源社会保障行政部门做好证据收集和固定工作，也有利于公安机关提前掌握案件情况及当事人涉嫌拒不支付劳动报酬罪线索，及时接收人力资源社会保障行政部门移送的案件资料，开展立案调查。对恶意欠薪的当事人还可以起到教育、震慑作用，促使当事人尽快支付农民工工资。

用人单位拒不配合调查、清偿责任主体及相关当事人无法联系等情形包括拒绝、阻挠劳动保障监察员进行调查、监察的；无正当理由，不按照劳动保障监察询问通知书要求在指定时间和地点接受调查询问的；不提供用工情况等相关资料的；出具伪证或者隐匿证据、毁灭证据的；对人力资源社会保障行政部门采取登记保存措施的证据材料擅自处理的；清偿责任主体及相关当事人逃匿或者无法取得联系等情形。

人力资源社会保障行政部门请求公安机关和其他有关部门协助处理一般应该采用书面形式，写明协助原因、协助事项，但遇到欠薪数额较大、受害人数较多的群体性事件或者突发事件等紧急情形下，可以通过口头请求公安机关介入协助处理。公安机关一般应当予以配合。

76. 人力资源社会保障行政部门在什么情况下要及时移送公安机关审查拖欠农民工工资案件？

答：《条例》第四十一条第二款规定，人力资源社会保障行政部门发现拖欠农民工工资的违法行为涉嫌构成拒不支付劳动报酬罪的，应当按照有关规定及时移送公安机关审查并作出决定。

《刑法》规定了拒不支付劳动报酬罪，强化了刑法对劳动者劳动报酬权益的保护。查处拒不支付劳动报酬罪行为需要人力资源社会保障行政部门、人民法院、人民检察院、公安机关四个部门既履行好各自的职责，又要相互配合，人力资源社会保障行政部门负责拖欠工资违法案件的调查处理和涉嫌犯罪案件的移送，公安机关负责移送案件的受理、立案和案件侦查，人民法院负责案件的审理和判决。

人力资源社会保障行政部门依法对农民工工资支付情况进行监督检查，对经调查核实，违法事实清楚、证据确凿的、数额较大的，依法责令支付工资，并及时下达责令支付文书。对于行为人逃匿，无法将责令支付文书送交其同住成年家属或所在单位负责收件人的，人力资源社会保障部门可以在行为人住所地、办公地、生产经营场所、建筑施工项目所在地等地张贴责令支付文书，并采用拍照、录像等方式予以记录，相关影像资料应当纳入案卷。

对涉嫌拒不支付劳动报酬罪案件的，应按照《行政执法机关移送涉嫌犯罪案件的规定》的要求，履行相关手续，并制作《涉嫌犯罪案件移送书》，在规定的期限内将案件移送公安机关。移送的案件卷宗中应当附有以下材料：涉嫌犯罪案件移送书；涉嫌拒不支付劳动报酬犯罪案件调查报告；限期整改指令书或行政处理决定书等执法文书及送达证明材料；劳动者本人或者劳动者委托代理人调查询问笔录；拖欠劳动者劳动报酬的单位或个人的基本信息；涉案的书证、物证等有关涉嫌拒不支付劳动报酬的证据材料。人力资源社会保障行政部门向公安机关移送涉嫌犯罪案件应当移送与案件相关的全部材料，同时应将案件移送书及有关材料目录抄送同级人民检察院。在移送涉嫌犯罪案件时已作出行政处罚决定的，应当将行政处罚决定书一并抄送公安机关、人民检察院。

公安机关收到人力资源社会保障行政部门移送的涉嫌犯罪案件，应当在涉嫌犯罪案件移送书回执上签字，对移送材料不全的，可通报人力资源社会保障行政部门按上述规定补充移送。受理后认为不属于本机关管辖的，应当及时转送有管辖权的机关，并书面通知移送案件的人力资源社会保障行政部门，同时抄送人民检察院。公安机关立案后决定撤销案件的，应当书面通知人力资源社会保障行政部门，同时抄送人民检察院。公安机关作出不立案决定或者撤销案件的，应当同时将案卷材料退回人力资源社会保障行政部门，并书面说明理由。

77. 人力资源社会保障行政部门在什么情形下向人民法院申请强制执行？

答：《条例》第四十二条规定，人力资源社会保障行政部门作出责令支付被拖欠的农民工工资的决定，相关单位不支付的，可以依法申请人民法院强制执行。

《中华人民共和国行政强制法》（以下简称《行政强制法》）第十三条规定："行政强制执行由法律设定。法律没有规定行政机关强制执行的，作出行政决定的行政机关应当申请人民法院强制执行。"人力资源社会保障行政部门对拖欠农民工工资违法行为没有查封、划拨、扣押等强制执行措施，责令支付农民工工资的法律文书送达给相关单位后，相关单位在规定期限内不履行的，农民工依然拿不到自己的工资。为此，《条例》规定，相关单位不支付的，可以依法申请人民法院强制执行。这样既可以在执法过程中向当事人宣传申请人民法院强制执行的相关规定，教育、引导当事人按期自觉履行，也可以督促人力资源社会保障行政部门在相关单位不支付的情况下，依法及时申请人民法院强制执行，将农民工工资落实到位。

78. 人力资源社会保障行政部门应该按照哪些要求申请人民法院强制执行？

答：人力资源社会保障行政部门申请人民法院强制执行，要按照

《行政强制法》规定的条件、时限、步骤等要求进行。一是当事人在法定期限内不申请行政复议或者提起行政诉讼，又不履行行政决定的，人力资源社会保障行政部门可以自责令支付决定的文书规定的期限届满之日起 3 个月内，申请人民法院强制执行。二是行政机关申请人民法院强制执行前，应当催告当事人履行义务。催告书送达 10 日后当事人仍未履行义务的，行政机关可以向所在地有管辖权的人民法院申请强制执行；执行对象是不动产的，向不动产所在地有管辖权的人民法院申请强制执行。三是向人民法院申请强制执行，应当提供下列材料：强制执行申请书，行政决定书及作出决定的事实、理由和依据，当事人的意见及行政机关催告情况，申请强制执行标的情况，法律、行政法规规定的其他材料。强制执行申请书应当由人力资源社会保障行政部门负责人签名，加盖行政机关的印章，并注明日期。

人民法院接到行政机关强制执行的申请，应当在 5 日内受理。行政机关对人民法院不予受理的裁定有异议的，人力资源社会保障行政部门可以在 15 日内向上一级人民法院申请复议，上一级人民法院应当自收到复议申请之日起 15 日内作出是否受理的裁定。人民法院对行政机关强制执行的申请进行书面审查，对符合规定，且行政决定具备法定执行效力的，人民法院应当自受理之日起 7 日内作出执行裁定。

79. 相关行业工程建设主管部门应当如何规范本领域建设市场秩序、查处有关违法行为？

答：《条例》第四十三条规定，相关行业工程建设主管部门应当依法规范本领域建设市场秩序，对违法发包、转包、违法分包、挂靠等行为进行查处，并对导致拖欠农民工工资的违法行为及时予以制止、纠正。

工程建设领域市场秩序不规范，违法分包、转包、违法发包、挂靠等行为普遍存在，是该领域欠薪多发的重要原因。《国务院办公厅关于全面治理拖欠农民工工资问题的意见》要求："住房城乡建设、交通运输、水利等部门要切实履行行业监管责任，规范工程建设市场秩序，督促企业落实劳务用工实名制管理等制度规定，负责督办因挂靠承包、违法分包、转包、拖欠工程款等造成的欠薪案件。"实际施工中，很多建设项目层层转包，以包代管，由自然人（俗称包工头）组织农民工进场施工，容易造成欠薪和薪款纠纷。发生欠薪后，总承包单位、劳务公司都很难拿出证据证明是否真实欠薪及欠薪的具体数额，难以查证欠薪事实和确定责任主体。因此，要有效遏制这类违法行为，必须加强行业监管，按照"谁主管谁负责"的原则，由住房城乡建设、交通运输、水利等行业工程建设主管部门加强对发包、转包、违法分包、挂靠等行为的查处，做到标本兼治、综合治理。

国家立法对发包、转包、违法分包、挂靠等行为，一直有严格的禁止性规定，并且明确认定标准、具体情形、处理方式和监管部门。《合同法》第二百七十二条第二款规定："承包人不得将其承包的全部建设工程转包给第三人或者将其承包的全部建设工程肢解以后以分包的名义分别转包给第三人。"《建设工程质量管理条例》规定，禁止承包人将工程分包给不具备相应资质条件的单位；禁止分包单位将其承包的工程再分包；建设工程主体结构的施工必须由承包人自行完成；禁止施工单位超越本单位资质等级许可的业务范围或者以其他施工单位的名义承揽工程；禁止施工单位允许其他单位或者个人以本单位的名义承揽工程；施工单位不得转包或者违法分包工程。因此，对有关违法发包、转包、违法分包、挂靠等行为的认定，应当以《建设工程质量管理条例》为依据，相关行业有其他补充规定的，还应满足其他相关规定。主管工程建设的住房城乡建设、交通运输、水利等部门，应当按照国务院和各级地方政府明确规定的职责，依法规范本领域建设市场秩序。具体包括：完善建设市场监管政策，规范招标投标行为，严格从业单位资质、从业人员资格管理，组织相关行业业务培训，开展市场主体的信用评价，加强合同履约监管和监督检查，依法受理投诉举报，查处扰乱市场秩序的违法违规行为。

同时，住房城乡建设、交通运输、水利等行业主管部门应当发挥其行业监管优势，对违法发包、转包、违法分包、挂靠等行为予以制止、纠正。

80. 对政府投资项目建设单位向农民工工资专用账户拨付资金情况应该怎样进行监督？

答：《条例》第四十四条规定，财政部门、审计机关和相关行业工程建设主管部门按照职责，依法对政府投资项目建设单位按照工程施工合同约定向农民工工资专用账户拨付资金情况进行监督。

（1）政府投资项目建设单位向农民工工资专用账户拨付资金

政府投资项目，一般是指使用预算安排的资金进行固定资产投资的建设活动，其投资领域主要涉及市场不能有效配置资源的社会公益服务、公共基础设施、农业农村、生态环境保护、重大科技进步、社会管理、国家安全等公共领域，一般以非经营项目为主。农民工工资专用账户制度的核心是，工程款中的人工费用单独拨付、专户储存、专项支付，确保农民工工资按时足额支付，这是从源头上依法治理建设领域欠薪的有效措施。为此，《条例》在第二十九条将其设定为建设单位的法定义务，在法律责任中的第五十七条规定了相应的行政处罚，在第四十四条规定了过程监管。为确保政府投资项目在签约后的实施过程中，建设单位依法依约向农民工工资专用账户按时足额拨付资金，发挥政府投资项目在保障农民工工资支付的带头、示范作用，《条例》明确规定财政部门、审计机关和相关行业工程建设主管部门按照职责依法开展监督。

（2）各监督主体按照职责开展监督

《条例》第四十四条首先明确了监督主体，主要包括财政部门、审计机关和相关行业工程建设主管部门。同时规定这些监督主体要按照职责、依法对政府投资项目建设单位向农民工工资专用账户拨付资金的情况进行监督。

首先，财政部门负责政府投资资金的预算管理，根据经批准的预算，按照法律、行政法规和国库管理的有关规定，及时、足额办理政府投资资金拨付。《中华人民共和国预算法》（以下简称《预算法》）第五十七条规定："各级政府财政部门必须依照法律、行政法规和国务院财政部门的规定，及时、足额地拨付预算支出资金，加强对预算支出的管理和监督。"第八十八条规定："各级政府财政部门负责监督本级各部门及其所属各单位预算管理有关工作，并向本级政府和上一级政府财政部门报告预算执行情况。"《国务院办公厅关于全面治理拖欠农民工工资问题的意见》要求："财政部门要加强对政府投资项目建设全过程的资金监管，按规定及时拨付财政资金。"

其次，审计机关依照《中华人民共和国审计法》（以下简称《审计法》）规定，对政府投资项目建设单位的财政收支、财务收支、经营管理活动及其相关资料的真实性、正确性、合规性、合法性、效益性进行审查和监督。《审计法》第二十二条规定："审计机关对政府投资和以政府投资为主的建设项目的预算执行情况和决算，进行审计监督。"《预算法》第八十九条规定："县级以上政府审计部门依法对预算执行、决算实行审计监督。"

再次，相关行业工程建设主管部门也要依法对政府投资项目建设单位按照工程施工合同约定向农民工工资专用账户拨付资金情况进行监督。2019年4月发布的《政府投资条例》第二十七条第一款规定："投资主管部门和依法对政府投资项目负有监督管理职责的其他部门应当采取在线监测、现场核查等方式，加强对政府投资项目实施情况的监督检查。"

（3）明确监督内容

《条例》第四十四条规定的监督内容为，建设单位是否按照法律规定及工程施工合同约定向农民工工资专用账户拨付资金。监督的重点应包括以下三个方面：一是资金拨付的周期、时间是否与合同一致；二是资金拨付的金额是否符合合同约定要求以及计量支付的人工费数额；三是相关凭据是否规范等其他内容。

建设单位应积极配合上述部门开展监管工作，并及时提供工程施工合同、农民工工资专用账户等有关资料。同时，各部门依据各自职责，监督的内容和方式也有所不同，各有侧重。依照财政部 2018 年颁布的《基本建设财务规则》第五十七条规定，"财政部门和项目主管部门应当加强项目的监督管理，采取事前、事中、事后相结合，日常监督与专项监督相结合的方式，对项目财务行为实施全过程监督管理"。《政府投资项目审计规定》第六条规定，审计机关对政府投资项目重点审计履行基本建设程序情况、投资控制和资金管理使用等情况。

同时，财政部门、审计机关和相关行业工程建设主管部门在依法履行建设资金监管职责时，均由可能获得建设单位未按照工程施工合同约定向农民工工资专用账户拨付资金的违法线索，在监督过程中应当协同配合，全过程、全方位监管建设单位向农民工工资专用账户拨付资金情况，确保政府投资项目农民工工资专用账户制度切实发挥作用。

81. 司法行政部门、法律援助机构及公共法律服务相关机构在保障农民工工资支付中的相关职责有哪些？

答：《条例》第四十五条规定，司法行政部门和法律援助机构应当将农民工列为法律援助的重点对象，并依法为请求支付工资的农民工提供便捷的法律援助。公共法律服务相关机构应当积极参与相关诉讼、咨询、调解等活动，帮助解决拖欠农民工工资问题。为广大农民工提供便捷、高效的公共法律服务，是一项重要的民生工程，也是保障农民工工资支付制度体系不可或缺的重要组成部分。本条对司法行政部门、法律援助机构及公共法律服务相关机构在保障农民工工资支付中的相关职责加以明确规定，旨在发挥公共法律服务在保障农民工工资支付中的重要作用，解决农民工维权的实际困难，确保农民工能够依法、及时、充分地维护自身工资权益。

（1）为依法请求支付工资的农民工提供便捷的法律援助

近年来，农民工等特殊群体能否切实享有法律援助等基本公共法律服务权益，受到越来越多的关注。《国务院关于解决农民工问题的若干意见》规定，对申请支付劳动报酬和工伤赔偿法律援助的，不再审查其经济困难条件。《关于完善法律援助制度的意见》《关于加快推进公共法律服务体系建设的意见》均将农民工等特殊群体作为法律援助的重点对象，并要求进一步放宽经济困难标准，使法律援助覆盖人群逐步拓展至低收入群体。

现实中，工资收入往往占据农民工乃至其家庭收入的主要部分，大多数被欠薪农民工经济困难，亟须通过便捷的法律援助维护自身合法权益。因此，《条例》规定将农民工群体作为法律援助的重点对象，明确其在请求支付工资过程中依法拥有获得法律援助的资格，并要求施工总承包单位应当在施工现场醒目位置设立维权信息告示牌，明确法律援助申请渠道、公共法律服务热线等信息。这体现了以人民为中心，维护社会公平正义的立法理念，对提高农民工获得感、幸福感、安全感具有现实意义。实践中，法律援助对解决农民工维权实际困难，引导其依法、有效保护工资权益，具有不可替代的作用。

（2）公共法律服务相关机构帮助解决拖欠农民工工资问题

实践中，公共法律服务相关机构提供的法律服务可以有效降低农民工维权成本、满足其多元化的权益保障需求，对更好解决拖欠农民工工资问题具有积极意义。农民工可以通过设在各地的公共法律服务中心（工作站、工作室）、"12348"公共法律服务热线、法律服务网获取相关法律服务。《条例》第四十五条第二款明确要求公共法律服务相关机构应当积极参与相关诉讼、咨询、调解等活动，目的在于为广大农民工构建更为全面、有效的工资权益保障网络，推动形成全社会关注根治拖欠农民工工资问题的良好氛围。

82. 人力资源社会保障行政部门、相关行业工程建设主管部门和其他有关部门应该如何强化落实"谁执法谁普法"的普法责任制？

答：《条例》第四十六条规定，人力资源社会保障行政部门、相关行业工程建设主管部门和其他有关部门应当按照"谁执法谁普法"普法责任制的要求，通过以案释法等多种形式，加大对保障农民工工资支付相关法律法规的普及宣传。

2014 年 10 月，党的十八届四中全会明确提出实行国家机关"谁执法谁普法"的普法责任制。2016 年 4 月，《全国人大常委会关于开展第七个五年法治宣传教育的决议》提出健全普法责任制，要求国家机关建立普法责任清单。2017 年 5 月，中共中央办公厅、国务院办公厅印发《关于实行国家机关"谁执法谁普法"普法责任制的意见》，将普法责任制进一步细化、实化，提出了更加明确、具体的要求。人力资源社会保障行政部门、相关行业工程建设主管部门和其他有关部门在保障农民工工资支付工作中，既是实施法律法规的主体，同时也是普及宣传法律法规的主体。《条例》明确规定上述部门的普法责任，目的在于强化落实"谁执法谁普法"普法责任制的行动自觉，通过加大普法引导农民工合法、理性维权，督促用人单位切实规范农民工工资支付，为保障农民工工资权益营造良好的法治环境。

《国务院办公厅关于全面治理拖欠农民工工资问题的意见》明确提出，加大普法宣传力度。发挥新闻媒体宣传引导和舆论监督作用，大力宣传劳动保障法律法规，依法公布典型违法案件，引导企业经营者增强依法用工、按时足额支付工资的法律意识，引导农民工依法理性维权。对重点行业企业，定期开展送法上门宣讲、组织法律培训等活动。充分利用互联网、微博、微信等现代传媒手段，不断创新宣传方式，增强宣传效果，营造保障农民工工资支付的良好舆论氛围。根据"谁执法谁普法"的普法责任制要求，人力资源社会保障行政部门、相关行业工程建设主管部门和其他有关部门肩负着普及宣传保障农民工工资支付相关法律法规的职责。

《人力资源社会保障部关于贯彻"谁执法谁普法"普法责任制的实施意见》提出注重在依法履行职责过程中开展普法，明确要求在组织开展用人单位遵守劳动用工和社会保险法律法规情况、农民工工资支付等专项检查活动时要对普法内容、普法形式、普法责任等作出具体部署。实践中，一些用人单位之所以违反劳动保障法律、法规或者规章，除了片面追求经济效益、明知故犯以外，有很多情况是因不了解相关规定内容造成的。同时，一些劳动者特别是部分农民工，由于不知法、不懂法，在合法权益受到用人单位侵害时，很难有效地维护和争取自身权益。劳动保障监察机构在执法过程中，要切实履行宣传劳动法律、法规、规章的职责，使用人单位明确违法后果，主动认识到尊法、守法与自身利益的一致性，同时要向农民工普及宣传法律和维权知识，提高其法治意识，在工资权益受到侵害时，能够依法维护自身权益。

相关行业工程建设主管部门和其他有关部门也要切实履行普法职责，把普及宣传保障农民工工资支付相关法律法规纳入部门工作总体安排，做到与其他业务工作同部署、同检查、同落实；围绕保障农民工工资支付具体实践，制定并完善普法规划、普法计划和普法责任清单，明确有针对性的普法任务和工作要求。要将实施法律与普法工作紧密联系在一起，把普法融入保障农民工工资支付相关法律法规实施的全过程、各环节。

做好保障农民工工资支付相关法律法规的普及宣传，需要根据农民工群体及相关领域用人单位的特点，以形式新颖、灵活多样的方式，推动形成知法、尊法、守法的良好法治氛围。《人力资源社会保障部关于贯彻"谁执法谁普法"普法责任制的实施意见》指出，通过以案释法开展普法。建立并落实工作人员以案释法制度。人力资源社会保障行政部门、相关行业工程建设主管部门和其他有关部门在普及宣传保障农民工工资支付相关法律法规工作中，要做到日常与集中结合、普遍与重点结合、广度与深度结合、教育与监督结合，增强工作的针对性、实效性。同时，积极创新普法手段，通过以案释法等多种形式，提高普及宣传效果，使保障农民工工资支付工作能够更好地融入本领域、本行业法治建设工作之中。

83. 人力资源社会保障行政部门应如何对用人单位开展守法诚信等级评价及对严重拖欠农民工工资违法行为进行社会公布？

答： 社会信用体系是市场经济体制中的重要制度安排，劳动用工领域信用建设是社会信用体系建设的重要组成部分。《劳动保障监察条例》第二十二条明确规定："劳动保障行政部门应当建立用人单位劳动保障守法诚信档案。用人单位有重大违反劳动保障法律、法规或者规章的行为的，由有关的劳动保障行政部门向社会公布。"保障农民工工资支付，信用监管是必不可少的有效途径。因此，《条例》在第四十七条将实践中行之有效的劳动保障守法诚信等级评价、重大劳动保障违法行为社会公布制度在立法中予以明确，规定如下："人力资源社会保障行政部门应当建立用人单位及相关责任人劳动保障守法诚信档案，对用人单位开展守法诚信等级评价。用人单位有严重拖欠农民工工资违法行为的，由人力资源社会保障行政部门向社会公布，必要时可以通过召开新闻发布会等形式向媒体公开曝光。"

（1）建立劳动保障守法诚信档案，开展守法诚信等级评价

劳动保障守法诚信等级评价，是指根据用人单位遵守劳动保障法律、法规和规章的情况，对其进行劳动保障守法诚信等级评价的行为。其目的是增强劳动保障监察的针对性和效率，实行分类监管，督促用人单位遵守劳动保障法律规定，履行守法诚信义务。

建立劳动保障守法诚信档案是开展劳动保障守法诚信等级评价的基础性工作。人力资源社会保障行政部门通过劳动保障监察"网格化、网络化"管理、书面审查等工作全面收集用人单位守法诚信信息，结合日常巡视检查、举报投诉查处、专项检查等劳动保障监察工作中获取的有关信息，建立守法诚信档案库。推进劳动保障守法诚信等级评价，应加强信息化建设，充分利用信息技术和手段，整合信息资源，提高劳动保障守法诚信等级评价工作效率。

（2）向社会公布严重拖欠农民工工资违法行为

实行严重拖欠农民工工资违法行为社会公布制度是加强对严重拖欠农民工工资违法行为惩戒，强化社会舆论监督，促进用人单位遵守劳动保障法律、法规和规章的重要措施。《劳动保障监察条例》明确规定，用人单位有重大劳动保障违法行为的，由劳动保障行政部门向社会公布。《条例》作为保障农民工工资支付的专门法规再次明确这项工作，有利于进一步推进和规范社会公布行为。

自2017年1月1日起施行的《重大劳动保障违法行为社会公布办法》第五条明确规定："人力资源社会保障行政部门对下列已经依法查处并作出处理决定的重大劳动保障违法行为，应当向社会公布：（一）克扣、无故拖欠劳动者劳动报酬，数额较大的；拒不支付劳动报酬，依法移送司法机关追究刑事责任的；（二）不依法参加社会保险或者不依法缴纳社会保险费，情节严重的；（三）违反工作时间和休息休

假规定，情节严重的；（四）违反女职工和未成年工特殊劳动保护规定，情节严重的；（五）违反禁止使用童工规定的；（六）因劳动保障违法行为造成严重不良社会影响的；（七）其他重大劳动保障违法行为。"其中第一项就对拖欠劳动报酬的两种情形进行了明确。为了强调社会公布的严肃性、规范性和公平性，《条例》在第四十七条第二款中明确规定，用人单位有严重拖欠农民工工资违法行为的，由人力资源社会保障行政部门向社会公布，必要时可以通过召开新闻发布会等形式向媒体公开曝光。

对严重拖欠农民工工资违法行为进行社会公布有四项具体内容：①违法主体全称；②统一社会信用代码（或者注册号）以及地址；③法定代表人或者负责人姓名；④主要违法事实及相关处理情况。社会公布主要通过本级人力资源社会保障行政部门门户网站、当地主要报刊、电视等媒体途径，必要时可召开新闻发布会公布。为形成制度化公布机制，有效引导和促进用人单位遵守工资支付法律规定，减少地方保护主义等导致的不敢公布、不愿公布问题，《重大劳动保障违法行为社会公布办法》对公布频次作出明确要求，同时还规定可随时公布的方式，进一步增强社会公布的及时性、有效性。

84. 《条例》对用人单位拖欠农民工工资失信联合惩戒制度是如何规定的？

答：《条例》第四十八条规定，用人单位拖欠农民工工资，情节严重或者造成严重不良社会影响的，有关部门应当将该用人单位及其法定代表人或者主要负责人、直接负责的主管人员和其他直接责任人员列入拖欠农民工工资失信联合惩戒对象名单，在政府资金支持、政府采购、招投标、融资贷款、市场准入、税收优惠、评优评先、交通出行等方面依法依规予以限制。拖欠农民工工资需要列入失信联合惩戒名单的具体情形，由国务院人力资源社会保障行政部门规定。

《国务院关于促进市场公平竞争维护市场正常秩序的若干意见》《国务院关于建立完善守信联合激励和失信联合惩戒制度加快推进社会诚信建设的指导意见》等文件强调要加快建立拖欠农民工工资"黑名单"管理制度，健全欠薪失信联合惩戒机制。《国务院办公厅关于促进建筑业持续健康发展的意见》规定："将存在拖欠工资行为的企业列入黑名单，对其采取限制市场准入等惩戒措施，情节严重的降低资质等级。"因此，实行拖欠农民工工资失信联合惩戒是落实国家社会信用体系建设规划，加强劳动用工守法诚信体系建设的重要内容。有利于通过多部门联合惩戒和社会信用体系评价，使用人单位"一处违法、处处受限"，震慑和警示用人单位规范用工行为，让其形成"不敢违法、不愿违法"的自觉守法意识，规范工资支付行为。

（1）拖欠农民工工资失信联合惩戒的情形

《条例》第四十八条规定，"情节严重或者造成严重不良社会影响的""拖欠农民工工资需要列入失信联合惩戒名单的具体情形，由国务院人力资源社会保障行政部门规定"。按照《拖欠农民工工资"黑名单"管理暂行办法》第五条的规定，"用人单位存在下列情形之一的，人力资源社会保障行政部门应当自查处违法行为并作出行政处理或处罚决定之日起 20 个工作日内，按照管辖权限将其列入拖欠工资'黑名单'。（一）克扣、无故拖欠农民工工资报酬，数额达到认定拒不支付劳动报酬罪数额标准的；（二）因拖欠农民工工资违法行为引发群体性事件、极端事件造成严重不良社会影响的。"《最高人民法院关于审理拒不支付劳动报酬刑事案件适用法律若干问题的解释》规定，认定拒不支付劳动报酬罪数额标准为拒不支付一名劳动者三个月以上的劳动报酬且数额在 5000 元至 2 万元以上的；拒不支付十名以上劳动者的劳动报酬且数额累计在 3 万元至 10 万元以上的。各省、自治区、直辖市高级人民法院可以根据本地区经济社会发展状况，在前款规定的数额幅度内，研究确定本地区执行的具体数额标准，报最高人民法院备案。

此外，针对因违法分包、层层转包等因素导致拖欠农民工工资主体难以确定的问题，《拖欠农民工工资"黑名单"管理暂行办法》第五条规定，将劳务违法分包、转包给不具备用工主体资格的组织和个人造成拖欠农民工工资且符合前款规定情形的，应将违法分包、转包单位及不具备用工主体资格的组织和个人一并列入拖欠工资"黑名单"。

（2）拖欠农民工工资失信联合惩戒的对象及限制

拖欠农民工工资失信联合惩戒的对象包括该用人单位及其法定代表人或者主要负责人、直接负责的主管人员和其他直接责任人员。《条例》第四十八条对限制措施作出原则性规定，包括在政府资金支持、政府采购、招投标、融资贷款、市场准入、税收优惠、评优评先、交通出行等方面依法依规予以限制。具体限制措施在《关于对严重拖欠农民工工资用人单位及其有关人员开展联合惩戒的合作备忘录》已经明确规定，即在政府资金支持、政府采购、招投标、生产许可、资质审核、融资贷款、市场准入、税收优惠、评优评先、交通出行等方面，按部门职责采取依法限制参与工程建设项目招投标活动、依法限制或取消政策性资金、政府补贴性资金和社会保障资金支持、限制取得或终止其基础设施和公用事业特许经营、依法禁止其作为供应商参与政府采购活动、依法限制取得政府供应土地等30项具体措施。

《条例》在总结实践经验的基础上，对拖欠农民工工资失信联合惩戒制度予以明确。为加大对用人单位拖欠农民工工资违法行为的信用惩戒力度，提高用人单位违法成本，推动在全社会范围内建设和谐有序、良性发展的工资支付法治环境作出了贡献。

85. 对建设单位未依法提供工程款担保或者政府投资项目拖欠工程款导致拖欠农民工工资的，应该怎样处理？

答：《条例》第四十九条规定，建设单位未依法提供工程款支付担保或者政府投资项目拖欠工程款，导致拖欠农民工工资的，县级以上地方人民政府应当限制其新建项目，并记入信用记录，纳入国家信用信息系统进行公示。

建设单位依法筹措建设资金，及时到位建设资金，及时支付工程款，是防止拖欠农民工工资的必要前提。为确保建设单位具备工程款支付能力，《条例》第二十四条规定："建设单位应当向施工单位提供工程款支付担保。"在第五十七条相应规定了法律责任，明晰了建设单位违规成本和可能带来的潜在风险，加大了工程款支付担保制度的推行力度。政府投资项目要带头落实建设资金，带头防止拖欠，未落实建设资金的不得违规开工建设。《条例》第二十三条规定："政府投资项目所需资金，应当按照国家有关规定落实到位，不得由施工单位垫资建设。"这样就从源头确保了工程款支付，从而保障了农民工工资支付。由于建设单位不履行相关义务，导致拖欠农民工工资的，建设单位应当受到相应处理。

（1）建设单位未依法提供工程款支付担保或者政府投资项目拖欠工程款，导致拖欠农民工工资的行为

建设单位对相应项目负有工程款支付义务。违法行为有两种情形：一是建设单位未依法提供工程款支付担保导致拖欠农民工工资的；二是政府投资项目拖欠工程款导致拖欠农民工工资的。自2020年1月1日起施行的《优化营商环境条例》第三十二条规定："国家机关、事业单位不得违约拖欠市场主体的货物、工程、服务等账款，大型企业不得利用优势地位拖欠中小企业账款。县级以上人民政府及其有关部门应当加大对国家机关、事业单位拖欠市场主体账款的清理力度，并通过加强预算管理、严格责任追究等措施，建立防范和治理国家机关、事业单位拖欠市场主体账款的长效机制。"明确国家机关、事业单位不得拖欠工程款，但若未导致拖欠农民工工资的，就不构成违法行为。

"未依法提供工程款支付担保"是指"未依据法律、行政法规提供

工程款支付担保"。在现行法律和行政法规对建设单位提供工程款支付担保的额度、比例、期限、方式等并无明确规定的情形下，各地应当根据本地实际情况出台地方性法规或规范，予以明确。若无规定的，则"未依法提供工程款支付担保"应限于"建设单位未提供工程款支付担保"之情形。但是，地方有明确规定的，应当从其规定。

（2）县级以上地方人民政府应当限制其新建项目，并记入信用记录，纳入国家信用信息系统进行公示

一是限制其新建项目。《国务院关于建立完善守信联合激励和失信联合惩戒制度加快推进社会诚信建设的指导意见》规定"对重点领域和严重失信行为实施联合惩戒"，对严重失信主体"从严审核行政许可审批项目"。《国务院办公厅关于促进建筑业持续健康发展的意见》要求："对长期拖欠工程款的单位不得批准新项目开工。"本条规定违法行为的处理是由县级以上地方人民政府实施限制其新建项目，具体采取其限制措施主要包括但不局限于以下方面：对新开发建设项目全流程涉及的审批、备案、核准等事项停止办理；不得办理新建项目的用地许可、规划许可、施工许可等手续，不得允许其组织招标；对其新建项目，不予批准开工。

二是记入信用记录，纳入国家信用信息系统进行公示。国务院《关于印发社会信用体系建设规划纲要（2014—2020 年）的通知》明确推进工程建设领域项目信息公开和诚信体系建设，加大对有重大失信行为的企业的惩戒力度，将拖欠工程款和农民工工资等列入失信责任追究范围。《优化营商环境条例》第五十三条规定："政府及其有关部门应当按照国家关于加快构建以信用为基础的新型监管机制的要求，创新和完善信用监管，强化信用监管的支撑保障，加强信用监管的组织实施，不断提升信用监管效能。"将建设单位未依法提供工程款支付担保或者政府投资项目拖欠工程款导致拖欠农民工工资的情况记入信用记录，纳入国家信用信息系统进行公示，目的是充分发挥失信行为联合惩戒机制，真

正使失信者"一处失信，寸步难行"。在具体实施上，由县级以上地方人民政府依法进行认定，记入信用记录，并纳入国家信用信息系统进行公示。

86. 用人单位不提供哪些有关证据材料要依法承担不利后果？

答：《条例》第五十条规定，农民工与用人单位就拖欠工资存在争议，用人单位应当提供依法由其保存的劳动合同、职工名册、工资支付台账和清单等材料；不提供的，依法承担不利后果。

拖欠工资问题既是劳动违法行为，也经常伴随着拖欠事实、拖欠金额的争议。证据是证明案件真实情况的事实，劳动合同、职工名册、工资支付台账和清单这些材料都是证明用人单位工资支付相关情况的书面依据。《劳动合同法》对用人单位订立劳动合同、建立职工名册提出了明确要求。其中，第七条规定"用人单位应当建立职工名册备查"；第十六条规定"劳动合同文本由用人单位和劳动者各执一份"；第十七条规定劳动报酬是劳动合同的必备条款之一。《条例》第十五条对用人单位编制工资支付台账、工资支付台账内容和保存期限及提供清单作出明确要求。

然而在实践中，一些用人单位用工管理不规范，未依法与农民工订立劳动合同，没有建立职工名册，未编制书面工资支付台账或者向农民工本人提供工资清单，导致劳动者没有相应证据，工资拖欠的情况无法查清。特别是工程建设领域建筑市场秩序混乱，劳动用工管理不规范，层层转包、违法分包屡见不鲜，在由包工头带人进场施工的情况下，工资一般只是口头约定，没有劳动合同、职工名册、工资支付表、工资清单和考勤记录。还有一种情况，在劳动关系双方中，劳动者隶属于用人单位，受用人单位管理和制约，劳动合同、职工名册、工资支付台账即使有，但由于是用人单位单方面管理和保存，劳动者不掌握，所以无法提供。大部分农民工发生欠薪案件时，选择向人力资源社会保障行政部门劳动保障监察机构投诉反映。这些有争议的欠薪案件进入监察程序，单位如果不愿意甚至拒不提供不利于自己的证据，经过监察机构调查后，案件无法继续办理，农民工工资报酬权益难以实现。因此，拖欠工资案件，用人单位不提供有关证据，要依法承担不利后果。

《劳动争议调解仲裁法》第六条规定："与争议事项有关的证据属于用人单位掌握管理的，用人单位应当提供；用人单位不提供的，应当承担不利后果。"《关于加强涉嫌拒不支付劳动报酬犯罪案件查处衔接工作的通知》作出规定："由于行为人逃匿导致工资账册等证据材料无法调取或用人单位在规定的时间内未提供有关工资支付等相关证据材料的，人力资源社会保障部门应及时对劳动者进行调查询问并制作询问笔录，同时应积极收集可证明劳动用工、欠薪数额等事实的相关证据，依据劳动者提供的工资数额及其他有关证据认定事实。调查询问过程一般要录音录像。"因此，人力资源社会保障行政部门在查处拖欠农民工工资案件时，用人单位应当提供相关证据材料，拒绝提供或者在规定的时间内不能提供有效证据的，人力资源社会保障行政部门可以根据农民工提供的证据及其他有关证据，参照用人单位同岗位工资水平或者当地在岗职工上年度平均工资，按照有利于农民工的原则认定拖欠工资金额，责令其支付工资。

87. 工会对用人单位支付农民工工资情况应该怎样进行劳动法律监督？

答：工会是职工自愿结合的工人阶级的群众组织。中华全国总工会及其各工会组织代表职工的利益，依法维护职工的合法权益。工会要做好农民工工作，其中很重要的一个方面，就是充分运用劳动法律监督手段，切实保障农民工劳动报酬权益。因此，《条例》第五十一条作出明确规定，工会依法维护农民工工资权益，对用人单位工资支付情况进行监督；发现拖欠农民工工资的，可以要求用人单位改正，拒不改正的，可以请求人力资源社会保障行政部门和其他有关部门依法处理。

（1）工会依法对用人单位工资支付情况进行监督

工会劳动法律监督，是各级工会依法对劳动法律、法规的实施情况进行的有组织的群众监督。工资是劳动者最基本的生活来源，是劳动者生存权利的基础物质保障，是劳动者的核心权益之一。推动落实农民工工资权益，是工会劳动法律监督的重要任务。全国总工会制定下发的《工会劳动法律监督试行办法》明确规定，用人单位执行国家有关工资报酬规定的情况，属于工会劳动法律监督范围。

我国法律明确赋予工会组织实施劳动法律监督的权利。《劳动法》第八十八条规定，各级工会依法维护劳动者的合法权益，对用人单位遵守劳动法律、法规的情况进行监督。《劳动合同法》第七十八条规定，工会依法维护劳动者的合法权益，对用人单位履行劳动合同、集体合同的情况进行监督。用人单位违反劳动法律、法规和劳动合同、集体合同的，工会有权提出意见或者要求纠正；劳动者申请仲裁、提起诉讼的，工会依法给予支持和帮助。《条例》在已有法律规定基础上，进一步细化规定了工会在保障农民工工资权益方面的职能，明确了工会的监督对象、方式、途径，目的是更好地发挥工会监督的优势和作用，提升工会监督的针对性和实效性，从多个方面、多个渠道为维护农民工劳动经济权益提供法律支撑。

（2）发现拖欠农民工工资的，可以要求用人单位改正

根据《中华人民共和国工会法》（以下简称《工会法》）第二十二条规定，企业、事业单位有克扣职工工资等侵犯职工劳动权益情形，工会应当代表职工与企业、事业单位交涉，要求企业、事业单位采取措施予以改正；企业、事业单位应当予以研究处理，并向工会作出答复；企业、事业单位拒不改正的，工会可以请求当地人民政府依法作出处理。

实践中，农民工工资支付问题往往较为复杂，工会在这个领域实施监督，需要做到主动介入、源头防控、动态跟进。基层工会作为职工群众的直接联系者和服务者，在开展监督工作中具有特殊优势，应当充分运用平等协商、职工代表大会等民主管理制度机制，及时掌握所在单位工资发放情况，对发现的欠薪问题向行政管理方提出改进意见，并视情况向上级工会报告。地方工会在实施日常监督过程中，应注重做好预防预警和分析研判工作，密切关注劳动密集型行业的工资支付问题，经常性地走访招用农民工较多、欠薪问题较为集中的企业，了解工资支付情况，排查欠薪隐患。对于基层工会和农民工反映的欠薪问题和线索，地方工会应认真开展调查核实，一经确认存在违法欠薪问题的，应及时介入并交涉，视情况采取对话协商、口头提醒、书面通知等形式，向涉事单位指明问题、加强引导。对因欠薪引发的群体性事件，地方工会应第一时间深入农民工中间，关心了解农民工维权诉求，做好安抚疏导和沟通协商工作，促使问题尽快得到依法妥善解决。

（3）用人单位拒不改正的，提请政府相关职能部门依法处理

根据《工会法》第二十二条规定，企业、事业单位拒不改正的，工会可以请求当地人民政府依法作出处理。工会劳动法律监督作为群众性监督，应注重加强与行政执法尤其是劳动保障监察的联动配合，实现分工协作、优势互补、力量整合。在保障农民工工资支付工作中，工会法律监督与劳动保障监察可采取多种形式加强协作配合。建立情况通报制度和工作例会制度，开展农民工工资支付检测协作，加强信息交流和数据共享，定期会商根治欠薪重点难点问题，研究提出联动工作举措。建立联合监督检查制度。工会应根据根治欠薪需要，积极派员参加劳动保障监察机构日常监察及专项检查等执法行动，也可邀请劳动保障监察人员参与工会监督活动，对发现的欠薪问题及时会同研究解决。建立案件处理和反馈制度。各级地方工会就欠薪问题与用人单位交涉无果的，可以通过书面形式提请同级劳动保障监察机构予以查处，并移交违法线

索。劳动保障监察机构应充分考虑工会建议，及时反馈处理结果。建立重大案件会商处理制度。对于重大欠薪案件，工会应协助劳动保障监察机构开展调查、会商和处置等工作，并为有需要的农民工提供法律咨询、法律援助等服务。建立信用监管协作制度。工会对于发现的、达到规定标准的欠薪行为，应及时报送人力资源社会保障行政部门，并配合实施联合惩戒。建立工会劳动保障法律监督员制度。劳动保障监察机构可以在同级工会中聘请劳动保障法律监督员，联合组织培训考核，实施持证上岗制度。工会劳动保障法律监督员作为劳动监察员队伍的重要补充，应切实履行监督职责，按要求参与协助农民工工资支付保障工作。

88. 对采取非法手段讨要农民工工资或者以拖欠农民工工资为名讨要工程款的行为，应该怎样处理？

答：《条例》第五十二条明确规定，单位或者个人编造虚假事实或者采取非法手段讨要农民工工资，或者以拖欠农民工工资为名讨要工程款的，依法予以处理。

编造虚假事实是指没有拖欠农民工工资的情况，编造虚假农民工名册、身份信息、出勤记录、工资表、工资欠条、承包合同、工程款结算证明等证据资料来要求解决工资。采取非法手段讨要农民工工资是指不通过合法的途径和救济渠道反映拖欠农民工工资诉求、主张工资权利，而是通过扰乱工作秩序、公共场所秩序等非法方式讨要农民工工资，如采取跳楼、爬塔吊、堵路、阻碍政府部门办公等非法手段迫使有关方面支付工资。以拖欠农民工工资为名讨要工程款，是指没有拖欠农民工工资的事实，为解决工程款拖欠、工程款纠纷、材料款支付等应通过民事途径解决的经济纠纷，或者索要超出合同约定的工程款、利润、承包费用等，组织人员以拖欠农民工工资为名，达到催要工程款等目的。

《国务院办公厅关于全面治理拖欠农民工工资问题的意见》文件提

出："对采取非法手段讨薪或以拖欠工资为名讨要工程款，构成违反治安管理行为的，要依法予以治安处罚；涉嫌犯罪的，依法移送司法机关追究刑事责任。"对编造虚假事实或者采取非法手段讨要农民工工资，或者以拖欠农民工工资为名讨要工程款，违反《中华人民共和国治安管理处罚法》（以下简称《治安管理处罚法》）规定的，如扰乱机关、团体、企业、事业单位秩序，致使工作、生产、营业、医疗、教学、科研不能正常进行，尚未造成严重损失的；扰乱车站、港口、码头、机场、商场、公园、展览馆或者其他公共场所秩序的；扰乱公共汽车、电车、火车、船舶、航空器或者其他公共交通工具上的秩序的；非法拦截或者强登、扒乘机动车、船舶、航空器以及其他交通工具，影响交通工具正常行驶，按照《治安管理处罚法》的规定，由公安机关依法处警告、罚款；情节较重的，处以拘留，可以并处罚款。如果触犯刑法，可能构成诈骗公私财物罪或者敲诈勒索公私财物罪。《刑法》第二百六十六条、第二百七十四条对诈骗公私财物罪、敲诈勒索公私财物罪，规定了有期徒刑、拘役或者管制，并处或者单处罚金，没收财产的刑事责任。

人力资源社会保障行政部门或者有关部门在查处拖欠农民工工资违法行为过程中，对于当事人存在违反治安管理规定的行为，比如堵路、围堵政府部门等扰乱社会公共秩序的，要向公安机关通报，由公安机关依法对其违反治安管理规定违法行为予以处理；对于发现不属于人力资源社会保障行政部门而属于其他行政管理部门管辖范畴的违法行为，要将当事人违法行为线索移送有管辖权的行政管理部门。发现当事人涉嫌拒不支付劳动报酬、诈骗、非法拘禁、敲诈勒索等行为的，要及时向公安机关报案，由公安机关及时依法对其涉嫌犯罪行为依法予以处理。

第六章　法律责任

　　法律责任是违反法律法规规定应承担的法律后果，是有关权利义务规定和制度实施的重要保障。本章是《条例》的"法律责任"部分，共10条，分别规定了对违反工资支付制度的行政处罚、不配合查询相关单位金融账户的法律责任等。本章突出工程建设领域违法行为的法律责任，对建设单位、施工总承包单位、分包单位违反特别规定的要求，经责令改正后逾期不改的，规定了罚款、责令停工、降低资质等级或者吊销资质证书等较为严厉的处罚措施。同时，本章明确政府部门监管不到位的责任，对政府投资项目政府投资资金不到位拖欠农民工工资的，政府投资项目建设单位未经批准立项建设、擅自扩大建设规模、擅自增加投资概算、未及时拨付工程款等导致拖欠农民工工资的，规定了责令限期拨付、约谈、通报等措施；对政府部门工作人员未履行规定职责的，规定了依法依规给予处分、依法追究刑事责任等。

89. 违反《条例》规定拖欠农民工工资的，可以依照哪些法律规定执行？

　　答：按时足额支付农民工工资是用人单位的法定义务。《条例》规定了农民工有按时足额获得工资的权利，任何单位和个人不得拖欠农民工工资，同时也明确了拖欠农民工工资的清偿主体。因此，对于违反《条例》规定拖欠农民工工资的，将按照第五十三条的规定"依照有关法律规定执行"。这里的"有关法律规定"主要是指《劳动法》《劳动合同法》。对于用人单位拖欠农民工工资情节严重，涉嫌拒不支付劳动报酬罪的，将依照《刑法》的有关规定执行。

（1）用人单位拖欠农民工工资的，按照《劳动法》《劳动合同法》有关规定执行

依法支付工资是用人单位的法定义务。《劳动法》第五十条规定："工资应当以货币形式按月支付给劳动者本人。不得克扣或者无故拖欠劳动者的工资。"第九十一条规定："用人单位有下列侵害劳动者合法权益情形之一的，由劳动行政部门责令支付劳动者的工资报酬、经济补偿，并可以责令支付赔偿金：（一）克扣或者无故拖欠劳动者工资的；（二）拒不支付劳动者延长工作时间工资报酬的；（三）低于当地最低工资标准支付劳动者工资的；（四）解除劳动合同后，未依照本法规定给予劳动者经济补偿的。"《劳动合同法》第八十五条规定："用人单位未按照劳动合同的约定或者国家规定及时足额支付劳动者劳动报酬的，由劳动行政部门责令限期支付劳动报酬，逾期不支付的，责令用人单位按应付金额百分之五十以上百分之一百以下的标准向劳动者加付赔偿金。"依据以上规定，用人单位拖欠农民工工资的，法律责任应当由人力资源社会保障行政部门责令限期支付，逾期不支付的，责令用人单位按应付金额百分之五十以上百分之一百以下的标准向劳动者加付赔偿金。同时，《劳动合同法》第九十三条规定："对不具备合法经营资格的用人单位的违法犯罪行为，依法追究法律责任；劳动者已经付出劳动的，该单位或者其出资人应当依照本法有关规定向劳动者支付劳动报酬、经济补偿、赔偿金；给劳动者造成损害的，应当承担赔偿责任。"据此，不具备合法经营资格的用人单位"违反本条例规定拖欠农民工工资的"，也要按照上述规定执行。

（2）拖欠农民工工资构成拒不支付劳动报酬罪的，依法追究刑事责任

按照《刑法》第二百七十六条之一的规定，以转移财产、逃匿等方

法逃避支付劳动者的劳动报酬或者有能力支付而不支付劳动者的劳动报酬，数额较大，经政府有关部门责令支付仍不支付的，构成拒不支付劳动报酬罪。拒不支付劳动报酬罪的刑事责任为：处3年以下有期徒刑或者拘役，并处或者单处罚金；造成严重后果的，处3年以上7年以下有期徒刑，并处罚金。单位犯前款罪的，对单位判处罚金，并对其直接负责的主管人员和其他直接责任人员，依照前款的规定处罚。有前两款行为，尚未造成严重后果，在提起公诉前支付劳动者的劳动报酬，并依法承担相应赔偿责任的，可以减轻或者免除处罚。

《最高人民法院关于审理拒不支付劳动报酬刑事案件适用法律若干问题的解释》进一步明确了相关刑事案件的法律适用标准，明确了"劳动者的劳动报酬"的具体含义，"以转移财产、逃匿等方法逃避支付劳动者的劳动报酬"的认定标准、"经政府有关部门责令支付仍不支付"的认定标准，特别对行为人逃匿情形下"经政府有关部门责令支付"的内涵作了规定。明确了拒不支付劳动报酬罪的定罪量刑标准，对"数额较大""造成严重后果"的认定标准作了解释。明确了拒不支付劳动报酬罪的从宽处罚情形，以最大限度发挥刑法的威慑和教育功能，充分维护劳动者权益。

90. 用人单位在工资支付形式、工资支付台账、提供工资清单等方面有哪些违法行为？会得到哪些法律处罚？

答：为充分保障农民工工资权利，《条例》第五十四条明确规定了三种违法情形影响到农民工工资权利实现应负的法律责任，即"有下列情形之一的，由人力资源社会保障行政部门责令限期改正；逾期不改正的，对单位处2万元以上5万元以下的罚款，对法定代表人或者主要负责人、直接负责的主管人员和其他直接责任人员处1万元以上3万元以下的罚款：（一）以实物、有价证券等形式代替货币支付农民工工资；

（二）未编制工资支付台账并依法保存，或者未向农民工提供工资清单；

（三）扣押或者变相扣押用于支付农民工工资的银行账户所绑定的农民工本人社会保障卡或者银行卡"。

（1）以实物、有价证券等形式代替货币支付农民工工资

《条例》第十一条规定："农民工工资应当以货币形式，通过银行转账或者现金支付给农民工本人，不得以实物或者有价证券等其他形式替代。"然而在实践中，一些用人单位仍然以实物或者有价证券替代货币支付工资。实物、有价证券不具备法定货币的流动性，无法实现货币的功能和作用。因此，企业以经营困难、资金周转困难等为由，以实物、有价证券等形式代替货币支付农民工工资的，都属于违法行为。

（2）未编制工资支付台账并依法保存，或者未向农民工提供工资清单

《条例》第十五条规定："用人单位应当按照工资支付周期编制书面工资支付台账，并至少保存 3 年。""用人单位向农民工支付工资时，应当提供农民工本人的工资清单。"这是加强工资支付管理的基本要求，也是预防工资争议、纠纷和查实拖欠工资问题的重要措施。实践中，一些用人单位在工资支付过程中不履行法定义务，导致农民工维护自身权益时举证难，也不利于相关部门及时查明原因，快速、准确处理拖欠农民工工资问题。因此，为督促用人单位切实履行法定义务，保障农民工工资按时足额支付，需要对"未编制工资支付台账并依法保存，或者未向农民工提供工资清单"的用人单位给予行政处罚。

（3）扣押或者变相扣押用于支付农民工工资的银行账户所绑定的农民工本人社会保障卡或者银行卡

《条例》第三十一条规定了工程建设领域推行分包单位农民工工资委托施工总承包单位代发制度，要求施工总承包单位根据分包单位编制的工资支付表，通过农民工工资专用账户直接将工资支付到农民工本人的银行账户，并向分包单位提供代发工资凭证。为确保工资发放给农民

工本人，提出"用于支付农民工工资的银行账户所绑定的农民工本人社会保障卡或者银行卡，用人单位或者其他人员不得以任何理由扣押或者变相扣押"。实践中，工程建设领域一些用人单位或者个人以为农民工保管工资为由变相扣押农民工社会保障卡或者银行卡，导致农民工不能及时足额获得工资，这些都属于违法行为。

91. 用人单位在农民工工资专用账户、工资保证金、劳动用工实名制管理方面有哪些违法行为？会得到哪些处罚？

答：为保护广大农民工的合法权益，《条例》第五十五条规定了在农民工工资专用账户、工资保证金、劳动用工实名制管理方面的三种违法情形：一是施工总承包单位未按规定开设或者使用农民工工资专用账户；二是施工总承包单位未按规定存储工资保证金或者未提供金融机构保函；三是施工总承包单位、分包单位未实行劳动用工实名制管理。

（1）施工总承包单位未按规定开设或者使用农民工工资专用账户

《条例》第二十六条规定："施工总承包单位应当按照有关规定开设农民工工资专用账户，专项用于支付该工程建设项目农民工工资。"专用账户的开设和使用是施工总承包单位的义务，从实际情况看，未按规定开设农民工工资专用账户的情形主要是未按规定的时间、地点开设专用账户等。为规范农民工工资专用账户管理，《国务院办公厅关于全面治理拖欠农民工工资问题的意见》规定，农民工工资（劳务费）专用账户应向人力资源社会保障部门和交通、水利等工程建设项目主管部门备案，并委托开户银行负责日常监管，确保专款专用。开户银行发现账户资金不足、被挪用等情况，应及时向人力资源社会保障部门和交通、水利等工程建设项目主管部门报告。

（2）施工总承包单位未按规定存储工资保证金或者未提供金融机构保函

《条例》第三十二条规定："施工总承包单位应当按照有关规定存储

工资保证金，专项用于支付为所承包工程提供劳动的农民工被拖欠的工资。""工资保证金可以用金融机构保函替代。"违反规定的情形主要包括：未存储农民工工资保证金、未按照规定比例存储农民工工资保证金、未在指定的专户存储农民工工资保证金、提供的金融机构保函不符合规定等。

（3）施工总承包单位、分包单位未实行劳动用工实名制管理

《条例》第二十八条规定，施工总承包单位或者分包单位应当依法与所招用的农民工进行用工实名登记，明确具备条件的行业应当通过相应的管理服务信息平台进行用工实名登记、管理。按照《建筑工人实名制管理办法（试行）》的规定，未实行劳动用工实名制管理的情形主要包括：未按规定制定本企业建筑工人实名制管理制度；未按规定配备专（兼）职建筑工人实名制管理人员；未按规定通过信息化手段将相关数据实时、准确、完整上传至相关部门的建筑工人实名制管理平台；未按规定及时核实、实时更新；未建立建筑工人实名制管理台账；未配备实现建筑工人实名制管理所必须的硬件设施设备；未保存相关电子考勤和图像、影像等电子档案期限 2 年以上。

对于上述这些违法行为，首先由人力资源社会保障行政部门、相关行业工程建设主管部门按照职责责令限期改正；逾期不改正的，责令项目停工，并处 5 万元以上 10 万元以下的罚款；情节严重的，给予施工单位限制承接新工程、降低资质等级、吊销资质证书等处罚。

92. 施工总承包单位、分包单位违反工资支付、用工管理、施工现场维权信息公示规定，应负哪些法律责任？

答：为进一步建立健全工程建设领域治理拖欠农民工工资问题的长效机制，全面落实施工现场维权信息公示制度，保障农民工合法权益和维护社会稳定，必须对用工单位违规用工和故意拖欠农民工工资行为进

行约束。《条例》第五十六条明确规定："有下列情形之一的，由人力资源社会保障行政部门、相关行业工程建设主管部门按照职责责令限期改正；逾期不改正的，处5万元以上10万元以下的罚款：（一）分包单位未按月考核农民工工作量、编制工资支付表并经农民工本人签字确认；（二）施工总承包单位未对分包单位劳动用工实施监督管理；（三）分包单位未配合施工总承包单位对其劳动用工进行监督管理；（四）施工总承包单位未实行施工现场维权信息公示制度。"

（1）分包单位未按月考核农民工工作量、编制工资支付表并经农民工本人签字确认

《条例》规定，工程建设领域推行分包单位农民工工资委托施工总承包单位代发制度，总包代发没有改变用工主体，分包单位对所招用农民工的实名制管理和工资支付负有直接责任。为了防止农民工工资克扣、截留，《条例》规定实行总包代发，但总包代发的前提下，作为用工主体的分包单位要对所招用的农民工依法管理，做好支付工资的基础工作，即第三十一条规定的"按月考核农民工工作量并编制工资支付表，经农民工本人签字确认后，与当月工程进度等情况一并交施工总承包单位"。否则，施工总承包单位无从代发工资。为此，《条例》规定分包单位违反该项义务的法律责任。分包单位违法的具体情形包括：未按月考核农民工工作量、编制工资支付表，或者工资支付表未经农民工本人签字确认等。

（2）施工总承包单位未对分包单位劳动用工实施监督管理

在工程建设领域，一些施工总承包单位"以包代管"，一包了之，施工现场用工、考勤、工资支付等管理不规范，没有进出场登记制度和考勤计量、工资支付等管理台账，容易产生农民工身份、工资数额争议以及工程款和工资交织的纠纷。因此，《条例》第二十八条规定了施工总承包单位对分包单位劳动用工实施监督管理的义务。施工总承包单位未履行监管义务而违法的具体情形包括：未在工程项目部配备劳资专管

员，或者劳资专管员未对分包单位劳动用工实施监督管理的，不掌握施工现场用工、考勤、工资支付的，未审核分包单位编制的农民工工资支付表的。

（3）分包单位未配合施工总承包单位对其劳动用工进行监督管理

分包单位是所招用农民工的用工主体，对工资支付负有直接责任。施工总承包单位对分包单位的劳动用工进行监督管理，需要分包单位的配合。之所以对这项违法行为设定法律责任，是为了促进双方对工程项目劳动用工管理、工资支付上依法协作配合，各尽职责和义务，从而形成规范有序、守法诚信的用工秩序。

（4）施工总承包单位未实行施工现场维权信息公示制度

《条例》第三十四条规定，施工总承包单位应当在施工现场醒目位置设立维权信息告示牌并明示法定事项。根据此条规定，施工总承包单位未落实信息公示制度的具体违法情形包括：施工总承包单位未在施工现场醒目位置设立维权信息告示牌；维权信息告示牌未载明当地最低工资标准、工资支付日期等基本信息；维权信息告示牌未载明相关行业工程建设主管部门和劳动保障监察投诉举报电话、劳动争议调解仲裁申请渠道、法律援助申请渠道、公共法律服务热线等信息。

93. 建设单位或总承包单位违反工程款支付担保、人工费用拨付、提供工程施工合同、农民工专用账户有关资料规定的，应负哪些法律责任？

答：施工企业工程款被拖欠，是直接导致农民工工资被拖欠和其他问题产生的重要原因，这不仅影响了广大建筑从业人员的正常生活，同时也影响着社会稳定。为此，《条例》第五十七条明确规定："有下列情形之一的，由人力资源社会保障行政部门、相关行业工程建设主管部门按照职责责令限期改正；逾期不改正的，责令项目停工，并处 5 万元以上10万元以下的罚款：（一）建设单位未依法提供工程款支付担保；（二）建设单位未按约定及时足额向农民工工资专用账户拨付工程款中的人工费用；（三）建设单位或者施工总承包单位拒不提供或者无法提供工程施工合同、农民工工资专用账户有关资料。"

（1）建设单位未依法提供工程款支付担保

《国务院办公厅关于促进建筑业持续健康发展的意见》规定，通过工程款支付担保等经济、法律手段约束建设单位履约行为，预防拖欠工程款。工程建设领域上游单位以各种理由拖欠工程款，必然造成下游单位资金紧张，甚至无钱可发，这是引起农民工工资拖欠的重要原因。《条例》第二十四条明确规定："建设单位应当向施工单位提供工程款支付担保。"目的是采用担保这一经济手段，约束建设单位按照工程施工合同约定支付工程款，如发生工程款拖欠时，由担保人承担支付工程款的义务。建设单位未依法提供工程款支付担保的情形包括：①未按照合同约定的时间和形式提供担保、担保金额不符合合同约定；②不能满足一定时期内（如3个月）工程建设计量支付的需要。

（2）建设单位未按约定及时足额向农民工工资专用账户拨付工程款中的人工费用

施工总承包单位按照《条例》规定开设农民工工资专用账户后，建设单位应当按照工程施工合同约定的比例、周期将人工费即工资性工程款拨付至专用账户，确保该工程项目的农民工工资按时足额发放。《条例》第二十九条第一款中规定，"建设单位应当按照合同约定及时拨付工程款，并将人工费用及时足额拨付至农民工工资专用账户"。建设单位未按约定及时足额向农民工工资专用账户拨付工程款中的人工费用的情形包括：建设单位未按工程施工合同约定的比例将人工费拨付至专用账户；①建设单位未按工程施工合同约定的周期将人工费拨付至专用账户；②建设单位拨付人工费的比例和周期均违反了工程施工合同约定；③建设单位将人工费拨付至施工总承包单位的非农民工工资专用账户；

④其他情形。

（3）建设单位或者施工总承包单位拒不提供或者无法提供工程施工合同、农民工工资专用账户有关资料

《条例》第二十四条对工程施工合同的形式和有关必备内容作出规定，形式要求为书面形式，不能用口头形式；必备内容包括工程款计量周期、工程款进度结算办法以及人工费用拨付周期，人工费用拨付比例。工程施工合同是证明人工费用拨付周期、拨付比例的重要书证，建设单位与施工总承包单位要将工程施工合同保存备查。如果监管部门检查人工费用拨付情况时，建设单位与施工总承包单位拒不提供或者无法提供工程施工合同，因缺乏证据无法继续确认事实作出相应处理。为此，《条例》在第五十七条规定了这一违法行为的法律责任。此种情况的具体违法情形包括：①建设单位或者施工总承包单位拒不提供或者无法提供工程施工合同的；②施工总承包单位拒不提供或者无法提供农民工工资专用账户有关资料的。

94. 违反依法配合查询相关单位金融账户规定应负哪些法律责任？

答：《条例》第五十八条规定，不依法配合人力资源社会保障行政部门查询相关单位金融账户的，由金融监管部门责令改正；拒不改正的，处 2 万元以上 5 万元以下的罚款。

《条例》第四十条规定了人力资源社会保障行政部门查询相关单位金融账户的执法手段，查询结果将成为用人单位"有能力支付而不支付"、拖延支付等逃避工资支付义务的确凿证据，可以帮助判断是否涉嫌构成拒不支付劳动报酬犯罪，是否逃避支付工资，加快解决拖欠农民工工资问题。为保障人力资源社会保障行政部门依法履行查询金融账户职能，确保调查取证工作依法顺利进行，《条例》规定了对不依法配合

人力资源社会保障行政部门查询相关单位金融账户行为的法律责任。本条规定的具体违法情形包括：①人力资源社会保障行政部门按照法定条件和程序向有关金融机构提出查询相关单位金融账户要求，有关金融机构在指定时限内不提供相关单位存款的金额、币种以及其他存款信息的行为；②由金融监管部门责令改正，拒不改正的。

95. 政府投资项目政府投资资金不到位拖欠农民工工资应负哪些法律责任？

答：《条例》第五十九条规定，政府投资项目政府投资资金不到位拖欠农民工工资的，由人力资源社会保障行政部门报本级人民政府批准，责令限期足额拨付所拖欠的资金；逾期不拨付的，由上一级人民政府人力资源社会保障行政部门约谈直接责任部门和相关监管部门负责人，必要时进行通报，约谈地方人民政府负责人。情节严重的，对地方人民政府及其有关部门负责人、直接负责的主管人员和其他直接责任人员依法依规给予处分。

政府投资资金，是财政预算安排的政府公共资金，政府投资资金受预算的约束，政府及其有关部门不得违法违规举债筹措政府投资资金。这是政府投资也企业投资的重要区别点。《政府投资条例》第六条规定："政府投资资金按项目安排，以直接投资方式为主；对确需支持的经营性项目，主要采取资本金注入方式，也可以适当采取投资补助、贷款贴息等方式。"这表明我国政府直接投资是政府投资的主导方式。政府投资资金不到位是指没有满足政府投资项目建设需要使用的全部或部分资金。

政府投资作为一项重大政府职能，事关经济社会发展全局，既是实施宏观调控、落实国家发展战略的重要手段，也是引导和带动社会资本扩大有效投资的有力抓手，处理政府投资项目政府投资资金不到位拖欠农民工工资行为，关乎农民工工资权益的落实，事关政府公信力，也是维护正常市场经济秩序和社会信用的必然要求，是优化营商环境和稳定市场预期的重要举措。在处理措施上，需要关口前移，多管齐下。既要按照《条例》规定，遵循与其他工程建设项目预防和解决拖欠工资问题同样的制度和做法，还要依据《政府投资条例》等有关要求，制定严格的处理规定，规范政府投资项目政府投资行为。为此，《条例》坚持"刀刃内向"，明确了责令拨付资金、约谈、通报、处分一整套约束处理机制，在处理对象上，既包括负有政府投资资金拨付职责的有关部门、相关监管部门负责人，也有地方人民政府及其有关部门负责人等，从而督促相关部门和地方政府将投资资金拨付到位，促进政府投资行为更加规范，确保政府投资项目在保障农民工工资支付方面起到示范带头作用。

96. 政府投资项目建设单位未经批准立项建设、擅自扩大建设规模、擅自增加投资概算、未及时拨付工程款导致拖欠农民工工资的，对建设单位负责人该如何处理？

答：政府投资资金的公共性，必然要求对政府资金的使用行为进行有效约束。实践中，一些政府投资项目建设单位盲目铺摊子、上项目、"未批先建、批建不符"、"超规模、超标准、超概算"、拖欠工程款等问题时常发生，经常导致拖欠农民工工资。因此，《条例》第六十条明确规定，政府投资项目建设单位未经批准立项建设、擅自扩大建设规模、擅自增加投资概算、未及时拨付工程款等导致拖欠农民工工资的，除依法承担责任外，由人力资源社会保障行政部门、其他有关部门按照职责约谈建设单位负责人，并作为其业绩考核、薪酬分配、评优评先、职务晋升等的重要依据。

《政府投资条例》第二十一条规定，政府投资项目应当按照投资主管部门或者其他有关部门批准的建设地点、建设规模和建设内容实施；拟变更建设地点或者拟对建设规模、建设内容等作较大变更的，应当按照规定的程序报原审批部门审批。第二十三条规定，政府投资项目建设投资原则上不得超过经核定的投资概算。因国家政策调整、价格上涨、地质条件发生重大变化等原因确需增加投资概算的，项目单位应当提出调整方案及资金来源，按照规定的程序报原初步设计审批部门或者投资概算核定部门核定；涉及预算调整或者调剂的，依照有关预算的法律、行政法规和国家有关规定办理。因此，政府投资项目立项建设、扩大建设规模、增加投资概算，必须严格规范地按照法定条件、程序等要求向投资主管部门或者其他有关部门办理审批或者核定。

在建设单位依法执行《政府投资条例》明确的立项、扩大建设规模、增加概算、拨付工程款等相关规定过程中，建设单位负责人作为决策者，发挥着重要作用。为有效约束和处理《条例》规定的违法行为，《条例》规定建设单位在依法承担责任的同时，对建设单位负责人进一步提出了处理措施。

（1）约谈。约谈的主体是人力资源社会保障行政部门或者其他有关部门。约谈的对象是建设单位负责人。

（2）作为建设单位负责人业绩考核、薪酬分配、评优评先、职务晋升等的重要依据。对国有企业、机关、事业单位存在《条例》规定的违法行为，除依法承担相应责任外，国有资产监督管理、其上级主管部门等有关部门，在对建设单位负责人进行业绩考核、薪酬分配、评优评先、职务晋升等工作中，应将《条例》规定的违法情况作为重要依据，这是对国有企业、机关、事业单位依法进行政府投资项目建设强有力的规范和约束。如政府投资项目中政府投资违规的，可以对相应人员进行处分、考核，进一步促成政府投资项目中政府相关人员改变固有观念、提升农民工工资保障意识。

97. 建设资金不到位、违法违规开工建设的社会投资工程建设项目拖欠农民工工资的，对建设单位负责人和未依法履行职责的相关部门工作人员应该如何处理？

答：《条例》第六十一条规定，对于建设资金不到位、违法违规开工建设的社会投资工程建设项目拖欠农民工工资的，由人力资源社会保障行政部门、其他有关部门按照职责依法对建设单位进行处罚；对建设单位负责人依法依规给予处分。相关部门工作人员未依法履行职责的，由有关机关依法依规给予处分。

社会投资工程建设项目，主要是指各类企业不使用政府预算资金所进行的投资建设活动，区别于使用公共财政资金的政府投资项目。建设资金不到位，是指建设单位没有满足项目建设需要筹集使用的全部或者部分资金。根据《基本建设财务规则》第八条规定，"建设资金是指为满足项目建设需要筹集和使用的资金，按照来源分为财政资金和自筹资金"。《条例》第二十三条规定："建设单位应当有满足施工所需要的资金安排。没有满足施工所需要的资金安排的，工程建设项目不得开工建设。"违法违规开工建设，是指违反《建筑法》《土地管理法》《公路法》《城乡规划法》《村庄和集镇规划建设管理条例》等相关法律法规的规定，未取得工程施工、规划等许可证明，未履行提交开工报告、备案等法律法规规定的手续的情况下开展工程建设活动的行为。住房和城乡建设部 2018 年发布的《建筑工程施工许可管理办法》第三条规定："本办法规定应当申请领取施工许可证的建筑工程未取得施工许可证的，一律不得开工。任何单位和个人不得将应当申请领取施工许可证的工程项目分解为若干限额以下的工程项目，规避申请领取施工许可证。"

实践中，一些企业投资行为不规范、项目建设资金不到位、违法违规开工建设等问题经常发生，这也是社会投资工程建设项目引发欠薪问题的主要原因。《中共中央国务院关于深化投融资体制改革的意见》在提出改善企业投资管理，充分激发社会投资动力和活力的同时，也对规范企业投资行为要求作出明确要求："各类企业要严格遵守城乡规划、土地管理、环境保护、安全生产等方面的法律法规，认真执行相关政策和标准规定，依法落实项目法人责任制、招标投标制、工程监理制和合同管理制，切实加强信用体系建设，自觉规范投资行为。对于以不正当手段取得核准或备案手续以及未按照核准内容进行建设的项目，核准、备案机关应当根据情节轻重依法给予警告、责令停止建设、责令停产等处罚；对于未依法办理其他相关手续擅自开工建设，以及建设过程中违反城乡规划、土地管理、环境保护、安全生产等方面的法律法规的项目，相关部门应依法予以处罚。相关责任人员涉嫌犯罪的，依法移送司法机关处理。"为加强社会投资工程建设项目拖欠农民工工资的源头性问题，《条例》第六十一条规定了相应的处理措施。人力资源社会保障行政部门在监督检查农民工工资支付情况过程中，发现社会投资工程建设项目存在建设资金不到位、违法违规开工建设的社会投资工程建设项目拖欠农民工工资的，应当及时将建设资金不到位、违法违规开工建设情况及时通报给其他有关部门，由住房城乡建设主管部门、自然资源管理部门、交通主管部门、水利行政主管部门等有关部门按照职责依法处罚。

按照《土地管理法》第七十七条规定，对非法占用土地单位的直接负责的主管人员和其他直接责任人员，依法给予处分；构成犯罪的，依法追究刑事责任。社会投资工程建设项目开工建设过程中，相关法律法规明确规定对有关部门工作人员未依法履行职责的给予处分。《城乡规划法》对未依法取得选址意见书的建设项目核发建设项目批准文件的、未依法在国有土地使用权出让合同中确定规划条件或者改变国有土地使用权出让合同中依法确定的规划条件的、对未依法取得建设用地规划许可证的建设单位划拨国有土地使用权的，规定由本级人民政府或者上级人民政府有关部门对直接负责的主管人员和其他直接责任人员依法给予处分。《中华人民共和国水土保持法》规定，不依法作出行政许可决定或者办理批准文件的，发现违法行为或者接到对违法行为的举报不予查处的，或者有其他未依照本法规定履行职责的行为的，对直接负责的主管人员和其他直接责任人员依法给予处分。

98. 政府部门工作人员在履行农民工工资支付监督管理职责过程中滥用职权、玩忽职守、徇私舞弊的，应该负哪些法律责任？

答：《条例》第六十二条规定，县级以上地方人民政府人力资源社会保障、发展改革、财政、公安等部门和相关行业工程建设主管部门工作人员，在履行农民工工资支付监督管理职责过程中滥用职权、玩忽职守、徇私舞弊的，依法依规给予处分；构成犯罪的，依法追究刑事责任。

其中，滥用职权是一种主观违法行为，是指行为人违反法律法规的职责权限，不正当行使职权、超越自己职权范围的行为。玩忽职守是一种行政失职行为，是指行为人不履行或者不正确履行职责。不履行职责，是指行为人消极不履行其应当履行的义务，主要表现为不按照法定要求履职、擅离职守。不正确履行职责，是指行为人在履职过程中草率从事、敷衍塞责，没有恪尽职守。徇私舞弊，是指行为人在公务活动中出于私心滥用职权或故意不履行职责的行为，即利用职务上的便利，以权谋私，如为贪图钱财、袒护亲友、照顾关系，或者为其他私利而违法处理公务。

本条中承担责任的主体包括人力资源社会保障、发展改革、财政、公安等部门和住房城乡建设、交通运输、水利等相关行业工程建设主管部门工作人员。这些执法主体需要对违法行为承担相应的法律责任，具体包括以下两方面。

　　（1）行政处分。人力资源社会保障、发展改革、财政、公安等部门和住房城乡建设、交通、水利等行业工程建设主管部门工作人员属于国家公务员，对其行政处分按照《中华人民共和国公务员法》（以下简称《公务员法》）执行。《公务员法》规定，公务员应当遵纪守法，不得有"滥用职权，侵害公民、法人或者其他组织的合法权益"的行为，不得有"不担当，不作为，玩忽职守，贻误工作"的行为，不得有"贪污贿赂，利用职务之便为自己或者他人谋取私利"等行为。公务员因违法违纪应当承担纪律责任的，依照《公务员法》给予处分；违纪行为情节轻微，经批评教育改正的，可以免于处分。对公务员的处分主要有六种：警告、记过、记大过、降级、撤职、开除。

　　（2）刑事责任。滥用职权、玩忽职守、徇私舞弊，构成犯罪的，依法追究刑事责任。《刑法》第三百九十七条规定："国家机关工作人员滥用职权或者玩忽职守，致使公共财产、国家和人民利益遭受重大损失的，处三年以下有期徒刑或者拘役；情节特别严重的，处三年以上七年以下有期徒刑。本法另有规定的，依照规定。国家机关工作人员徇私舞弊，犯前款罪的，处五年以下有期徒刑或者拘役；情节特别严重的，处五年以上十年以下有期徒刑。本法另有规定的，依照规定。"

第七章 附 则

附则，是附在法律、法规后面的规则，是法的整体中作为总则和分则辅助性内容而存在的一个组成部分。附则主要对有关专门术语、实施日期以及与过去相关法律的关系等内容作出规定，一般不对实质性内容作出规定，即不对权利与义务作出规定。本章是《条例》的"附则"部分，共2条，分别对应急周转金和《条例》的实施日期作出规定。

99. 什么是应急周转金？县级以上地方人民政府在什么情况下可以动用应急周转金？

答：应急周转金，从性质上说，是属地政府在企业无力支付欠薪或者企业主欠薪逃匿，为应对已经发生或可能发生的欠薪突发事件而设立的应急性财政资金安排。应急周转金是财政资金，不向用人单位收取费用，不会增加企业负担。《国务院办公厅关于全面治理拖欠农民工工资问题的意见》明确要求："完善欠薪应急周转金制度，探索建立欠薪保障金制度，对企业一时难以解决拖欠工资或企业主欠薪逃匿的，及时动用应急周转金、欠薪保障金或通过其他渠道筹措资金，先行垫付部分工资或基本生活费，帮助解决被拖欠工资农民工的临时生活困难。"

目前，各地区市、县（区）级政府已普遍建立了应急周转金，为应对欠薪引发的突发事件、帮助解决被拖欠工资农民工的临时生活困难起到了积极作用。但是，应急周转金只是"垫付"部分工资或基本生活费，不改变用人单位清偿工资的责任。对已经垫付的应急周转金，应当依法向拖欠农民工工资的用人单位进行追偿。因此，《条例》第六十三条规定，用人单位一时难以支付拖欠的农民工工资或者拖欠农民工工资逃匿的，县级以上地方人民政府可以动用应急周转金，先行垫付用人单位拖欠的农民工部分工资或者基本生活费。对已经垫付的应急周转金，应当依法向拖欠农民工工资的用人单位进行追偿。

100. 《条例》从什么时间起开始施行？为什么要选择这个时间？

答：《条例》第六十四条规定，本条例自 2020 年 5 月 1 日起施行。

法的实施日期条款是法的重要内容之一，直接影响法的时间效力，进而影响到法律主体的权利义务关系。《中华人民共和国立法法》第五十七条规定，法律应当明确规定施行日期。《行政法规制定程序条例》第二十九条规定，行政法规应当自公布之日起 30 日后施行；但是，涉及国家安全、外汇汇率、货币政策的确定以及公布后不立即施行将有碍行政法规施行的，可自公布之日起施行。

实践中，行政法规的施行时间会根据行政法规的具体情况和实际需要确定，主要有以下两种方式：一种是由行政法规直接规定施行日期，在行政法规公布一段时间后才施行；另一种是在行政法规中没有直接规定施行日期，而是规定"本条例自公布之日起施行"。《条例》采用第一种方式，主要是为做好《条例》的宣传贯彻、相关部门和社会公众周知、完善相关配套规章留下一定的准备时间，有关企业、人员都需要时间做好相应准备。

同时，将《条例》的施行日期定于 5 月 1 日，除了留足充分的准备时间，更是考虑到广大的农民工是推动我国社会主义现代化建设的重要力量，用辛勤的劳动为经济社会发展作出了重大的贡献，5 月 1 日是劳动节，《条例》在这一天开始施行，具有特殊的意义，体现了国家对广大农民工的尊重和爱护。

中华人民共和国劳动法

（1994 年 7 月 5 日第八届全国人民代表大会常务委员会第八次会议通过　根据 2009 年 8 月 27 日第十一届全国人民代表大会常务委员会第十次会议《关于修改部分法律的决定》第一次修正　根据 2018 年 12 月 29 日第十三届全国人民代表大会常务委员会第七次会议《关于修改〈中华人民共和国劳动法〉等七部法律的决定》第二次修正）

第一章　总　则

第一条　为了保护劳动者的合法权益，调整劳动关系，建立和维护适应社会主义市场经济的劳动制度，促进经济发展和社会进步，根据宪法，制定本法。

第二条　在中华人民共和国境内的企业、个体经济组织（以下统称用人单位）和与之形成劳动关系的劳动者，适用本法。

国家机关、事业组织、社会团体和与之建立劳动合同关系的劳动者，依照本法执行。

第三条　劳动者享有平等就业和选择职业的权利、取得劳动报酬的权利、休息休假的权利、获得劳动安全卫生保护的权利、接受职业技能培训的权利、享受社会保险和福利的权利、提请劳动争议处理的权利以及法律规定的其他劳动权利。

劳动者应当完成劳动任务，提高职业技能，执行劳动安全卫生规程，遵守劳动纪律和职业道德。

第四条　用人单位应当依法建立和完善规章制度，保障劳动者享有劳动权利和履行劳动义务。

第五条 国家采取各种措施，促进劳动就业，发展职业教育，制定劳动标准，调节社会收入，完善社会保险，协调劳动关系，逐步提高劳动者的生活水平。

第六条 国家提倡劳动者参加社会义务劳动，开展劳动竞赛和合理化建议活动，鼓励和保护劳动者进行科学研究、技术革新和发明创造，表彰和奖励劳动模范和先进工作者。

第七条 劳动者有权依法参加和组织工会。

工会代表和维护劳动者的合法权益，依法独立自主地开展活动。

第八条 劳动者依照法律规定，通过职工大会、职工代表大会或者其他形式，参与民主管理或者就保护劳动者合法权益与用人单位进行平等协商。

第九条 国务院劳动行政部门主管全国劳动工作。

县级以上地方人民政府劳动行政部门主管本行政区域内的劳动工作。

第二章 促进就业

第十条 国家通过促进经济和社会发展，创造就业条件，扩大就业机会。

国家鼓励企业、事业组织、社会团体在法律、行政法规规定的范围内兴办产业或者拓展经营，增加就业。

国家支持劳动者自愿组织起来就业和从事个体经营实现就业。

第十一条 地方各级人民政府应当采取措施，发展多种类型的职业介绍机构，提供就业服务。

第十二条 劳动者就业，不因民族、种族、性别、宗教信仰不同而受歧视。

第十三条 妇女享有与男子平等的就业权利。在录用职工时，除国家规定的不适合妇女的工种或者岗位外，不得以性别为由拒绝录用妇女或者提高对妇女的录用标准。

第十四条 残疾人、少数民族人员、退出现役的军人的就业，法律、法规有特别规定的，从其规定。

第十五条 禁止用人单位招用未满十六周岁的未成年人。

文艺、体育和特种工艺单位招用未满十六周岁的未成年人，必须遵守国家有关规定，并保障其接受义务教育的权利。

第三章　劳动合同和集体合同

第十六条　劳动合同是劳动者与用人单位确立劳动关系、明确双方权利和义务的协议。

建立劳动关系应当订立劳动合同。

第十七条　订立和变更劳动合同，应当遵循平等自愿、协商一致的原则，不得违反法律、行政法规的规定。

劳动合同依法订立即具有法律约束力，当事人必须履行劳动合同规定的义务。

第十八条　下列劳动合同无效：

（一）违反法律、行政法规的劳动合同；

（二）采取欺诈、威胁等手段订立的劳动合同。

无效的劳动合同，从订立的时候起，就没有法律约束力。确认劳动合同部分无效的，如果不影响其余部分的效力，其余部分仍然有效。

劳动合同的无效，由劳动争议仲裁委员会或者人民法院确认。

第十九条　劳动合同应当以书面形式订立，并具备以下条款：

（一）劳动合同期限；

（二）工作内容；

（三）劳动保护和劳动条件；

（四）劳动报酬；

（五）劳动纪律；

（六）劳动合同终止的条件；

（七）违反劳动合同的责任。

劳动合同除前款规定的必备条款外，当事人可以协商约定其他内容。

第二十条　劳动合同的期限分为有固定期限、无固定期限和以完成一定的工作为期限。

劳动者在同一用人单位连续工作满十年以上，当事人双方同意续延劳动合同的，如果劳动者提出订立无固定期限的劳动合同，应当订立无固定期限的劳动合同。

第二十一条　劳动合同可以约定试用期。试用期最长不得超过六个月。

第二十二条　劳动合同当事人可以在劳动合同中约定保守用人单位商业

秘密的有关事项。

第二十三条 劳动合同期满或者当事人约定的劳动合同终止条件出现，劳动合同即行终止。

第二十四条 经劳动合同当事人协商一致，劳动合同可以解除。

第二十五条 劳动者有下列情形之一的，用人单位可以解除劳动合同：

（一）在试用期间被证明不符合录用条件的；

（二）严重违反劳动纪律或者用人单位规章制度的；

（三）严重失职，营私舞弊，对用人单位利益造成重大损害的；

（四）被依法追究刑事责任的。

第二十六条 有下列情形之一的，用人单位可以解除劳动合同，但是应当提前三十日以书面形式通知劳动者本人：

（一）劳动者患病或者非因工负伤，医疗期满后，不能从事原工作也不能从事由用人单位另行安排的工作的；

（二）劳动者不能胜任工作，经过培训或者调整工作岗位，仍不能胜任工作的；

（三）劳动合同订立时所依据的客观情况发生重大变化，致使原劳动合同无法履行，经当事人协商不能就变更劳动合同达成协议的。

第二十七条 用人单位濒临破产进行法定整顿期间或者生产经营状况发生严重困难，确需裁减人员的，应当提前三十日向工会或者全体职工说明情况，听取工会或者职工的意见，经向劳动行政部门报告后，可以裁减人员。

用人单位依据本条规定裁减人员，在六个月内录用人员的，应当优先录用被裁减的人员。

第二十八条 用人单位依据本法第二十四条、第二十六条、第二十七条的规定解除劳动合同的，应当依照国家有关规定给予经济补偿。

第二十九条 劳动者有下列情形之一的，用人单位不得依据本法第二十六条、第二十七条的规定解除劳动合同：

（一）患职业病或者因工负伤并被确认丧失或者部分丧失劳动能力的；

（二）患病或者负伤，在规定的医疗期内的；

（三）女职工在孕期、产期、哺乳期内的；

（四）法律、行政法规规定的其他情形。

第三十条 用人单位解除劳动合同，工会认为不适当的，有权提出意见。如果用人单位违反法律、法规或者劳动合同，工会有权要求重新处理；劳动者申请仲裁或者提起诉讼的，工会应当依法给予支持和帮助。

第三十一条　劳动者解除劳动合同，应当提前三十日以书面形式通知用人单位。

第三十二条　有下列情形之一的，劳动者可以随时通知用人单位解除劳动合同：

（一）在试用期内的；

（二）用人单位以暴力、威胁或者非法限制人身自由的手段强迫劳动的；

（三）用人单位未按照劳动合同约定支付劳动报酬或者提供劳动条件的。

第三十三条　企业职工一方与企业可以就劳动报酬、工作时间、休息休假、劳动安全卫生、保险福利等事项，签订集体合同。集体合同草案应当提交职工代表大会或者全体职工讨论通过。

集体合同由工会代表职工与企业签订；没有建立工会的企业，由职工推举的代表与企业签订。

第三十四条　集体合同签订后应当报送劳动行政部门；劳动行政部门自收到集体合同文本之日起十五日内未提出异议的，集体合同即行生效。

第三十五条　依法签订的集体合同对企业和企业全体职工具有约束力。职工个人与企业订立的劳动合同中劳动条件和劳动报酬等标准不得低于集体合同的规定。

第四章　工作时间和休息休假

第三十六条　国家实行劳动者每日工作时间不超过八小时、平均每周工作时间不超过四十四小时的工时制度。

第三十七条　对实行计件工作的劳动者，用人单位应当根据本法第三十六条规定的工时制度合理确定其劳动定额和计件报酬标准。

第三十八条　用人单位应当保证劳动者每周至少休息一日。

第三十九条　企业因生产特点不能实行本法第三十六条、第三十八条规定的，经劳动行政部门批准，可以实行其他工作和休息办法。

第四十条　用人单位在下列节日期间应当依法安排劳动者休假：

（一）元旦；

（二）春节；

（三）国际劳动节；

（四）国庆节；

（五）法律、法规规定的其他休假节日。

第四十一条　用人单位由于生产经营需要，经与工会和劳动者协商后可以延长工作时间，一般每日不得超过一小时；因特殊原因需要延长工作时间的，在保障劳动者身体健康的条件下延长工作时间每日不得超过三小时，但是每月不得超过三十六小时。

第四十二条　有下列情形之一的，延长工作时间不受本法第四十一条规定的限制：

（一）发生自然灾害、事故或者因其他原因，威胁劳动者生命健康和财产安全，需要紧急处理的；

（二）生产设备、交通运输线路、公共设施发生故障，影响生产和公众利益，必须及时抢修的；

（三）法律、行政法规规定的其他情形。

第四十三条　用人单位不得违反本法规定延长劳动者的工作时间。

第四十四条　有下列情形之一的，用人单位应当按照下列标准支付高于劳动者正常工作时间工资的工资报酬：

（一）安排劳动者延长工作时间的，支付不低于工资的百分之一百五十的工资报酬；

（二）休息日安排劳动者工作又不能安排补休的，支付不低于工资的百分之二百的工资报酬；

（三）法定休假日安排劳动者工作的，支付不低于工资的百分之三百的工资报酬。

第四十五条　国家实行带薪年休假制度。

劳动者连续工作一年以上的，享受带薪年休假。具体办法由国务院规定。

第五章　工　资

第四十六条　工资分配应当遵循按劳分配原则，实行同工同酬。

工资水平在经济发展的基础上逐步提高。国家对工资总量实行宏观调控。

第四十七条　用人单位根据本单位的生产经营特点和经济效益，依法自主确定本单位的工资分配方式和工资水平。

第四十八条　国家实行最低工资保障制度。最低工资的具体标准由省、自治区、直辖市人民政府规定，报国务院备案。

用人单位支付劳动者的工资不得低于当地最低工资标准。

第四十九条　确定和调整最低工资标准应当综合参考下列因素：

（一）劳动者本人及平均赡养人口的最低生活费用；

（二）社会平均工资水平；

（三）劳动生产率；

（四）就业状况；

（五）地区之间经济发展水平的差异。

第五十条　工资应当以货币形式按月支付给劳动者本人。不得克扣或者无故拖欠劳动者的工资。

第五十一条　劳动者在法定休假日和婚丧假期间以及依法参加社会活动期间，用人单位应当依法支付工资。

第六章　劳动安全卫生

第五十二条　用人单位必须建立、健全劳动安全卫生制度，严格执行国家劳动安全卫生规程和标准，对劳动者进行劳动安全卫生教育，防止劳动过程中的事故，减少职业危害。

第五十三条　劳动安全卫生设施必须符合国家规定的标准。

新建、改建、扩建工程的劳动安全卫生设施必须与主体工程同时设计、同时施工、同时投入生产和使用。

第五十四条　用人单位必须为劳动者提供符合国家规定的劳动安全卫生条件和必要的劳动防护用品，对从事有职业危害作业的劳动者应当定期进行健康检查。

第五十五条　从事特种作业的劳动者必须经过专门培训并取得特种作业资格。

第五十六条　劳动者在劳动过程中必须严格遵守安全操作规程。

劳动者对用人单位管理人员违章指挥、强令冒险作业，有权拒绝执行；对危害生命安全和身体健康的行为，有权提出批评、检举和控告。

第五十七条　国家建立伤亡事故和职业病统计报告和处理制度。县级以上各级人民政府劳动行政部门、有关部门和用人单位应当依法对劳动者在劳动过程中发生的伤亡事故和劳动者的职业病状况，进行统计、报告和处理。

第七章　女职工和未成年工特殊保护

第五十八条　国家对女职工和未成年工实行特殊劳动保护。

未成年工是指年满十六周岁未满十八周岁的劳动者。

第五十九条　禁止安排女职工从事矿山井下、国家规定的第四级体力劳动强度的劳动和其他禁忌从事的劳动。

第六十条　不得安排女职工在经期从事高处、低温、冷水作业和国家规定的第三级体力劳动强度的劳动。

第六十一条　不得安排女职工在怀孕期间从事国家规定的第三级体力劳动强度的劳动和孕期禁忌从事的劳动。对怀孕七个月以上的女职工，不得安排其延长工作时间和夜班劳动。

第六十二条　女职工生育享受不少于九十天的产假。

第六十三条　不得安排女职工在哺乳未满一周岁的婴儿期间从事国家规定的第三级体力劳动强度的劳动和哺乳期禁忌从事的其他劳动，不得安排其延长工作时间和夜班劳动。

第六十四条　不得安排未成年工从事矿山井下、有毒有害、国家规定的第四级体力劳动强度的劳动和其他禁忌从事的劳动。

第六十五条　用人单位应当对未成年工定期进行健康检查。

第八章　职业培训

第六十六条　国家通过各种途径，采取各种措施，发展职业培训事业，开发劳动者的职业技能，提高劳动者素质，增强劳动者的就业能力和工作能力。

第六十七条　各级人民政府应当把发展职业培训纳入社会经济发展的规划，鼓励和支持有条件的企业、事业组织、社会团体和个人进行各种形式的职业培训。

第六十八条　用人单位应当建立职业培训制度，按照国家规定提取和使用职业培训经费，根据本单位实际，有计划地对劳动者进行职业培训。

从事技术工种的劳动者，上岗前必须经过培训。

第六十九条　国家确定职业分类，对规定的职业制定职业技能标准，实行职业资格证书制度，由经备案的考核鉴定机构负责对劳动者实施职业技能考核鉴定。

第九章　社会保险和福利

第七十条　国家发展社会保险事业，建立社会保险制度，设立社会保险基金，使劳动者在年老、患病、工伤、失业、生育等情况下获得帮助和补偿。

第七十一条　社会保险水平应当与社会经济发展水平和社会承受能力相适应。

第七十二条　社会保险基金按照保险类型确定资金来源，逐步实行社会统筹。用人单位和劳动者必须依法参加社会保险，缴纳社会保险费。

第七十三条　劳动者在下列情形下，依法享受社会保险待遇：

（一）退休；

（二）患病、负伤；

（三）因工伤残或者患职业病；

（四）失业；

（五）生育。

劳动者死亡后，其遗属依法享受遗属津贴。

劳动者享受社会保险待遇的条件和标准由法律、法规规定。

劳动者享受的社会保险金必须按时足额支付。

第七十四条　社会保险基金经办机构依照法律规定收支、管理和运营社会保险基金，并负有使社会保险基金保值增值的责任。

社会保险基金监督机构依照法律规定，对社会保险基金的收支、管理和运营实施监督。

社会保险基金经办机构和社会保险基金监督机构的设立和职能由法律规定。

任何组织和个人不得挪用社会保险基金。

第七十五条　国家鼓励用人单位根据本单位实际情况为劳动者建立补充保险。

国家提倡劳动者个人进行储蓄性保险。

第七十六条 国家发展社会福利事业，兴建公共福利设施，为劳动者休息、休养和疗养提供条件。

用人单位应当创造条件，改善集体福利，提高劳动者的福利待遇。

第十章 劳动争议

第七十七条 用人单位与劳动者发生劳动争议，当事人可以依法申请调解、仲裁、提起诉讼，也可以协商解决。

调解原则适用于仲裁和诉讼程序。

第七十八条 解决劳动争议，应当根据合法、公正、及时处理的原则，依法维护劳动争议当事人的合法权益。

第七十九条 劳动争议发生后，当事人可以向本单位劳动争议调解委员会申请调解；调解不成，当事人一方要求仲裁的，可以向劳动争议仲裁委员会申请仲裁。当事人一方也可以直接向劳动争议仲裁委员会申请仲裁。对仲裁裁决不服的，可以向人民法院提起诉讼。

第八十条 在用人单位内，可以设立劳动争议调解委员会。劳动争议调解委员会由职工代表、用人单位代表和工会代表组成。劳动争议调解委员会主任由工会代表担任。

劳动争议经调解达成协议的，当事人应当履行。

第八十一条 劳动争议仲裁委员会由劳动行政部门代表、同级工会代表、用人单位方面的代表组成。劳动争议仲裁委员会主任由劳动行政部门代表担任。

第八十二条 提出仲裁要求的一方应当自劳动争议发生之日起六十日内向劳动争议仲裁委员会提出书面申请。仲裁裁决一般应在收到仲裁申请的六十日内作出。对仲裁裁决无异议的，当事人必须履行。

第八十三条 劳动争议当事人对仲裁裁决不服的，可以自收到仲裁裁决书之日起十五日内向人民法院提起诉讼。一方当事人在法定期限内不起诉又不履行仲裁裁决的，另一方当事人可以申请人民法院强制执行。

第八十四条 因签订集体合同发生争议，当事人协商解决不成的，当地人民政府劳动行政部门可以组织有关各方协调处理。

因履行集体合同发生争议，当事人协商解决不成的，可以向劳动争议仲裁委员会申请仲裁；对仲裁裁决不服的，可以自收到仲裁裁决书之日起十五日内向人民法院提起诉讼。

第十一章　监督检查

第八十五条　县级以上各级人民政府劳动行政部门依法对用人单位遵守劳动法律、法规的情况进行监督检查，对违反劳动法律、法规的行为有权制止，并责令改正。

第八十六条　县级以上各级人民政府劳动行政部门监督检查人员执行公务，有权进入用人单位了解执行劳动法律、法规的情况，查阅必要的资料，并对劳动场所进行检查。

县级以上各级人民政府劳动行政部门监督检查人员执行公务，必须出示证件，秉公执法并遵守有关规定。

第八十七条　县级以上各级人民政府有关部门在各自职责范围内，对用人单位遵守劳动法律、法规的情况进行监督。

第八十八条　各级工会依法维护劳动者的合法权益，对用人单位遵守劳动法律、法规的情况进行监督。

任何组织和个人对于违反劳动法律、法规的行为有权检举和控告。

第十二章　法律责任

第八十九条　用人单位制定的劳动规章制度违反法律、法规规定的，由劳动行政部门给予警告，责令改正；对劳动者造成损害的，应当承担赔偿责任。

第九十条　用人单位违反本法规定，延长劳动者工作时间的，由劳动行政部门给予警告，责令改正，并可以处以罚款。

第九十一条　用人单位有下列侵害劳动者合法权益情形之一的，由劳动行政部门责令支付劳动者的工资报酬、经济补偿，并可以责令支付赔偿金：

（一）克扣或者无故拖欠劳动者工资的；

（二）拒不支付劳动者延长工作时间工资报酬的；

（三）低于当地最低工资标准支付劳动者工资的；

（四）解除劳动合同后，未依照本法规定给予劳动者经济补偿的。

第九十二条　用人单位的劳动安全设施和劳动卫生条件不符合国家规定或者未向劳动者提供必要的劳动防护用品和劳动保护设施的，由劳动行政部门或者有关部门责令改正，可以处以罚款；情节严重的，提请县级以上人民政府决定责令停产整顿；对事故隐患不采取措施，致使发生重大事故，造成劳动者生命和财产损失的，对责任人员依照刑法有关规定追究刑事责任。

第九十三条 用人单位强令劳动者违章冒险作业，发生重大伤亡事故，造成严重后果的，对责任人员依法追究刑事责任。

第九十四条 用人单位非法招用未满十六周岁的未成年人的，由劳动行政部门责令改正，处以罚款；情节严重的，由市场监督管理部门吊销营业执照。

第九十五条 用人单位违反本法对女职工和未成年工的保护规定，侵害其合法权益的，由劳动行政部门责令改正，处以罚款；对女职工或者未成年工造成损害的，应当承担赔偿责任。

第九十六条 用人单位有下列行为之一，由公安机关对责任人员处以十五日以下拘留、罚款或者警告；构成犯罪的，对责任人员依法追究刑事责任：

（一）以暴力、威胁或者非法限制人身自由的手段强迫劳动的；

（二）侮辱、体罚、殴打、非法搜查和拘禁劳动者的。

第九十七条 由于用人单位的原因订立的无效合同，对劳动者造成损害的，应当承担赔偿责任。

第九十八条 用人单位违反本法规定的条件解除劳动合同或者故意拖延不订立劳动合同的，由劳动行政部门责令改正；对劳动者造成损害的，应当承担赔偿责任。

第九十九条 用人单位招用尚未解除劳动合同的劳动者，对原用人单位造成经济损失的，该用人单位应当依法承担连带赔偿责任。

第一百条 用人单位无故不缴纳社会保险费的，由劳动行政部门责令其限期缴纳；逾期不缴的，可以加收滞纳金。

第一百零一条 用人单位无理阻挠劳动行政部门、有关部门及其工作人员行使监督检查权，打击报复举报人员的，由劳动行政部门或者有关部门处以罚款；构成犯罪的，对责任人员依法追究刑事责任。

第一百零二条 劳动者违反本法规定的条件解除劳动合同或者违反劳动合同中约定的保密事项，对用人单位造成经济损失的，应当依法承担赔偿责任。

第一百零三条　劳动行政部门或者有关部门的工作人员滥用职权、玩忽职守、徇私舞弊，构成犯罪的，依法追究刑事责任；不构成犯罪的，给予行政处分。

第一百零四条　国家工作人员和社会保险基金经办机构的工作人员挪用社会保险基金，构成犯罪的，依法追究刑事责任。

第一百零五条　违反本法规定侵害劳动者合法权益，其他法律、行政法规已规定处罚的，依照该法律、行政法规的规定处罚。

第十三章　附　则

第一百零六条　省、自治区、直辖市人民政府根据本法和本地区的实际情况，规定劳动合同制度的实施步骤，报国务院备案。

第一百零七条　本法自 1995 年 1 月 1 日起施行。

中华人民共和国劳动合同法

（2007 年 6 月 29 日第十届全国人民代表大会常务委员会第二十八次会议通过　根据 2012 年 12 月 28 日《全国人民代表大会常务委员会关于修改〈中华人民共和国劳动合同法〉的决定》修订）

第一章　总　　则

第一条　为了完善劳动合同制度，明确劳动合同双方当事人的权利和义务，保护劳动者的合法权益，构建和发展和谐稳定的劳动关系，制定本法。

第二条　中华人民共和国境内的企业、个体经济组织、民办非企业单位等组织（以下称用人单位）与劳动者建立劳动关系，订立、履行、变更、解除或者终止劳动合同，适用本法。

国家机关、事业单位、社会团体和与其建立劳动关系的劳动者，订立、履行、变更、解除或者终止劳动合同，依照本法执行。

第三条　订立劳动合同，应当遵循合法、公平、平等自愿、协商一致、诚实信用的原则。

依法订立的劳动合同具有约束力，用人单位与劳动者应当履行劳动合同约定的义务。

第四条　用人单位应当依法建立和完善劳动规章制度，保障劳动者享有劳动权利、履行劳动义务。

用人单位在制定、修改或者决定有关劳动报酬、工作时间、休息休假、劳动安全卫生、保险福利、职工培训、劳动纪律以及劳动定额管理等直接涉及劳动者切身利益的规章制度或者重大事项时，应当经职工代表大会或者全体职工讨论，提出方案和意见，与工会或者职工代表平等协商确定。

在规章制度和重大事项决定实施过程中，工会或者职工认为不适当的，有权向用人单位提出，通过协商予以修改完善。

用人单位应当将直接涉及劳动者切身利益的规章制度和重大事项决定公示，或者告知劳动者。

第五条　县级以上人民政府劳动行政部门会同工会和企业方面代表，建立健全协调劳动关系三方机制，共同研究解决有关劳动关系的重大问题。

第六条　工会应当帮助、指导劳动者与用人单位依法订立和履行劳动合同，并与用人单位建立集体协商机制，维护劳动者的合法权益。

第二章　劳动合同的订立

第七条　用人单位自用工之日起即与劳动者建立劳动关系。用人单位应当建立职工名册备查。

第八条　用人单位招用劳动者时，应当如实告知劳动者工作内容、工作条件、工作地点、职业危害、安全生产状况、劳动报酬，以及劳动者要求了解的其他情况；用人单位有权了解劳动者与劳动合同直接相关的基本情况，劳动者应当如实说明。

第九条　用人单位招用劳动者，不得扣押劳动者的居民身份证和其他证件，不得要求劳动者提供担保或者以其他名义向劳动者收取财物。

第十条　建立劳动关系，应当订立书面劳动合同。

已建立劳动关系，未同时订立书面劳动合同的，应当自用工之日起一个月内订立书面劳动合同。

用人单位与劳动者在用工前订立劳动合同的，劳动关系自用工之日起建立。

第十一条　用人单位未在用工的同时订立书面劳动合同，与劳动者约定的劳动报酬不明确的，新招用的劳动者的劳动报酬按照集体合同规定的标准执行；没有集体合同或者集体合同未规定的，实行同工同酬。

第十二条　劳动合同分为固定期限劳动合同、无固定期限劳动合同和以完成一定工作任务为期限的劳动合同。

第十三条　固定期限劳动合同，是指用人单位与劳动者约定合同终止时间的劳动合同。

用人单位与劳动者协商一致，可以订立固定期限劳动合同。

第十四条 无固定期限劳动合同，是指用人单位与劳动者约定无确定终止时间的劳动合同。

用人单位与劳动者协商一致，可以订立无固定期限劳动合同。有下列情形之一，劳动者提出或者同意续订、订立劳动合同的，除劳动者提出订立固定期限劳动合同外，应当订立无固定期限劳动合同：

（一）劳动者在该用人单位连续工作满十年的；

（二）用人单位初次实行劳动合同制度或者国有企业改制重新订立劳动合同时，劳动者在该用人单位连续工作满十年且距法定退休年龄不足十年的；

（三）连续订立二次固定期限劳动合同，且劳动者没有本法第三十九条和第四十条第一项、第二项规定的情形，续订劳动合同的。

用人单位自用工之日起满一年不与劳动者订立书面劳动合同的，视为用人单位与劳动者已订立无固定期限劳动合同。

第十五条 以完成一定工作任务为期限的劳动合同，是指用人单位与劳动者约定以某项工作的完成为合同期限的劳动合同。

用人单位与劳动者协商一致，可以订立以完成一定工作任务为期限的劳动合同。

第十六条 劳动合同由用人单位与劳动者协商一致，并经用人单位与劳动者在劳动合同文本上签字或者盖章生效。

劳动合同文本由用人单位和劳动者各执一份。

第十七条 劳动合同应当具备以下条款：

（一）用人单位的名称、住所和法定代表人或者主要负责人；

（二）劳动者的姓名、住址和居民身份证或者其他有效身份证件号码；

（三）劳动合同期限；

（四）工作内容和工作地点；

（五）工作时间和休息休假；

（六）劳动报酬；

（七）社会保险；

（八）劳动保护、劳动条件和职业危害防护；

（九）法律、法规规定应当纳入劳动合同的其他事项。

劳动合同除前款规定的必备条款外，用人单位与劳动者可以约定试用期、培训、保守秘密、补充保险和福利待遇等其他事项。

　　第十八条　劳动合同对劳动报酬和劳动条件等标准约定不明确，引发争议的，用人单位与劳动者可以重新协商；协商不成的，适用集体合同规定；没有集体合同或者集体合同未规定劳动报酬的，实行同工同酬；没有集体合同或者集体合同未规定劳动条件等标准的，适用国家有关规定。

　　第十九条　劳动合同期限三个月以上不满一年的，试用期不得超过一个月；劳动合同期限一年以上不满三年的，试用期不得超过二个月；三年以上固定期限和无固定期限的劳动合同，试用期不得超过六个月。

　　同一用人单位与同一劳动者只能约定一次试用期。

　　以完成一定工作任务为期限的劳动合同或者劳动合同期限不满三个月的，不得约定试用期。

　　试用期包含在劳动合同期限内。劳动合同仅约定试用期的，试用期不成立，该期限为劳动合同期限。

　　第二十条　劳动者在试用期的工资不得低于本单位相同岗位最低档工资或者劳动合同约定工资的百分之八十，并不得低于用人单位所在地的最低工资标准。

　　第二十一条　在试用期中，除劳动者有本法第三十九条和第四十条第一项、第二项规定的情形外，用人单位不得解除劳动合同。用人单位在试用期解除劳动合同的，应当向劳动者说明理由。

　　第二十二条　用人单位为劳动者提供专项培训费用，对其进行专业技术培训的，可以与该劳动者订立协议，约定服务期。

　　劳动者违反服务期约定的，应当按照约定向用人单位支付违约金。违约金的数额不得超过用人单位提供的培训费用。用人单位要求劳动者支付的违约金不得超过服务期尚未履行部分所应分摊的培训费用。

　　用人单位与劳动者约定服务期的，不影响按照正常的工资调整机制提高劳动者在服务期期间的劳动报酬。

　　第二十三条　用人单位与劳动者可以在劳动合同中约定保守用人单位的商业秘密和与知识产权相关的保密事项。

　　对负有保密义务的劳动者，用人单位可以在劳动合同或者保密协议中与劳动者约定竞业限制条款，并约定在解除或者终止劳动合同后，在竞业限制期限内按月给予劳动者经济补偿。劳动者违反竞业限制约定的，应当按照约定向用人单位支付违约金。

第二十四条 竞业限制的人员限于用人单位的高级管理人员、高级技术人员和其他负有保密义务的人员。竞业限制的范围、地域、期限由用人单位与劳动者约定，竞业限制的约定不得违反法律、法规的规定。

在解除或者终止劳动合同后，前款规定的人员到与本单位生产或者经营同类产品、从事同类业务的有竞争关系的其他用人单位，或者自己开业生产或者经营同类产品、从事同类业务的竞业限制期限，不得超过二年。

第二十五条 除本法第二十二条和第二十三条规定的情形外，用人单位不得与劳动者约定由劳动者承担违约金。

第二十六条 下列劳动合同无效或者部分无效：

（一）以欺诈、胁迫的手段或者乘人之危，使对方在违背真实意思的情况下订立或者变更劳动合同的；

（二）用人单位免除自己的法定责任、排除劳动者权利的；

（三）违反法律、行政法规强制性规定的。

对劳动合同的无效或者部分无效有争议的，由劳动争议仲裁机构或者人民法院确认。

第二十七条 劳动合同部分无效，不影响其他部分效力的，其他部分仍然有效。

第二十八条 劳动合同被确认无效，劳动者已付出劳动的，用人单位应当向劳动者支付劳动报酬。劳动报酬的数额，参照本单位相同或者相近岗位劳动者的劳动报酬确定。

第三章　劳动合同的履行和变更

第二十九条 用人单位与劳动者应当按照劳动合同的约定，全面履行各自的义务。

第三十条 用人单位应当按照劳动合同约定和国家规定，向劳动者及时足额支付劳动报酬。

用人单位拖欠或者未足额支付劳动报酬的，劳动者可以依法向当地人民法院申请支付令，人民法院应当依法发出支付令。

第三十一条 用人单位应当严格执行劳动定额标准，不得强迫或者变相强迫劳动者加班。用人单位安排加班的，应当按照国家有关规定向劳动者支付加班费。

第三十二条　劳动者拒绝用人单位管理人员违章指挥、强令冒险作业的，不视为违反劳动合同。

劳动者对危害生命安全和身体健康的劳动条件，有权对用人单位提出批评、检举和控告。

第三十三条　用人单位变更名称、法定代表人、主要负责人或者投资人等事项，不影响劳动合同的履行。

第三十四条　用人单位发生合并或者分立等情况，原劳动合同继续有效，劳动合同由承继其权利和义务的用人单位继续履行。

第三十五条　用人单位与劳动者协商一致，可以变更劳动合同约定的内容。变更劳动合同，应当采用书面形式。

变更后的劳动合同文本由用人单位和劳动者各执一份。

第四章　劳动合同的解除和终止

第三十六条　用人单位与劳动者协商一致，可以解除劳动合同。

第三十七条　劳动者提前三十日以书面形式通知用人单位，可以解除劳动合同。劳动者在试用期内提前三日通知用人单位，可以解除劳动合同。

第三十八条　用人单位有下列情形之一的，劳动者可以解除劳动合同：

（一）未按照劳动合同约定提供劳动保护或者劳动条件的；

（二）未及时足额支付劳动报酬的；

（三）未依法为劳动者缴纳社会保险费的；

（四）用人单位的规章制度违反法律、法规的规定，损害劳动者权益的；

（五）因本法第二十六条第一款规定的情形致使劳动合同无效的；

（六）法律、行政法规规定劳动者可以解除劳动合同的其他情形。

用人单位以暴力、威胁或者非法限制人身自由的手段强迫劳动者劳动的，或者用人单位违章指挥、强令冒险作业危及劳动者人身安全的，劳动者可以立即解除劳动合同，不需事先告知用人单位。

第三十九条　劳动者有下列情形之一的，用人单位可以解除劳动合同：

（一）在试用期间被证明不符合录用条件的；

（二）严重违反用人单位的规章制度的；

（三）严重失职，营私舞弊，给用人单位造成重大损害的；

（四）劳动者同时与其他用人单位建立劳动关系，对完成本单位的工作任务造成严重影响，或者经用人单位提出，拒不改正的；

（五）因本法第二十六条第一款第一项规定的情形致使劳动合同无效的；

（六）被依法追究刑事责任的。

第四十条 有下列情形之一的，用人单位提前三十日以书面形式通知劳动者本人或者额外支付劳动者一个月工资后，可以解除劳动合同：

（一）劳动者患病或者非因工负伤，在规定的医疗期满后不能从事原工作，也不能从事由用人单位另行安排的工作的；

（二）劳动者不能胜任工作，经过培训或者调整工作岗位，仍不能胜任工作的；

（三）劳动合同订立时所依据的客观情况发生重大变化，致使劳动合同无法履行，经用人单位与劳动者协商，未能就变更劳动合同内容达成协议的。

第四十一条 有下列情形之一，需要裁减人员二十人以上或者裁减不足二十人但占企业职工总数百分之十以上的，用人单位提前三十日向工会或者全体职工说明情况，听取工会或者职工的意见后，裁减人员方案经向劳动行政部门报告，可以裁减人员：

（一）依照企业破产法规定进行重整的；

（二）生产经营发生严重困难的；

（三）企业转产、重大技术革新或者经营方式调整，经变更劳动合同后，仍需裁减人员的；

（四）其他因劳动合同订立时所依据的客观经济情况发生重大变化，致使劳动合同无法履行的。

裁减人员时，应当优先留用下列人员：

（一）与本单位订立较长期限的固定期限劳动合同的；

（二）与本单位订立无固定期限劳动合同的；

（三）家庭无其他就业人员，有需要扶养的老人或者未成年人的。

用人单位依照本条第一款规定裁减人员，在六个月内重新招用人员的，应当通知被裁减的人员，并在同等条件下优先招用被裁减的人员。

第四十二条 劳动者有下列情形之一的，用人单位不得依照本法第四十条、第四十一条的规定解除劳动合同：

（一）从事接触职业病危害作业的劳动者未进行离岗前职业健康检查，或者疑似职业病病人在诊断或者医学观察期间的；

（二）在本单位患职业病或者因工负伤并被确认丧失或者部分丧失劳动能力的；

（三）患病或者非因工负伤，在规定的医疗期内的；

（四）女职工在孕期、产期、哺乳期的；

（五）在本单位连续工作满十五年，且距法定退休年龄不足五年的；

（六）法律、行政法规规定的其他情形。

第四十三条 用人单位单方解除劳动合同，应当事先将理由通知工会。用人单位违反法律、行政法规规定或者劳动合同约定的，工会有权要求用人单位纠正。用人单位应当研究工会的意见，并将处理结果书面通知工会。

第四十四条 有下列情形之一的，劳动合同终止：

（一）劳动合同期满的；

（二）劳动者开始依法享受基本养老保险待遇的；

（三）劳动者死亡，或者被人民法院宣告死亡或者宣告失踪的；

（四）用人单位被依法宣告破产的；

（五）用人单位被吊销营业执照、责令关闭、撤销或者用人单位决定提前解散的；

（六）法律、行政法规规定的其他情形。

第四十五条 劳动合同期满，有本法第四十二条规定情形之一的，劳动合同应当续延至相应的情形消失时终止。但是，本法第四十二条第二项规定丧失或者部分丧失劳动能力劳动者的劳动合同的终止，按照国家有关工伤保险的规定执行。

第四十六条 有下列情形之一的，用人单位应当向劳动者支付经济补偿：

（一）劳动者依照本法第三十八条规定解除劳动合同的；

（二）用人单位依照本法第三十六条规定向劳动者提出解除劳动合同并与劳动者协商一致解除劳动合同的；

（三）用人单位依照本法第四十条规定解除劳动合同的；

（四）用人单位依照本法第四十一条第一款规定解除劳动合同的；

（五）除用人单位维持或者提高劳动合同约定条件续订劳动合同，劳动者不同意续订的情形外，依照本法第四十四条第一项规定终止固定期限劳动合同的；

（六）依照本法第四十四条第四项、第五项规定终止劳动合同的；

（七）法律、行政法规规定的其他情形。

第四十七条 经济补偿按劳动者在本单位工作的年限，每满一年支付一个月工资的标准向劳动者支付。六个月以上不满一年的，按一年计算；不满六个月的，向劳动者支付半个月工资的经济补偿。

劳动者月工资高于用人单位所在直辖市、设区的市级人民政府公布的本地区上年度职工月平均工资三倍的，向其支付经济补偿的标准按职工月平均工资三倍的数额支付，向其支付经济补偿的年限最高不超过十二年。

本条所称月工资是指劳动者在劳动合同解除或者终止前十二个月的平均工资。

第四十八条 用人单位违反本法规定解除或者终止劳动合同，劳动者要求继续履行劳动合同的，用人单位应当继续履行；劳动者不要求继续履行劳动合同或者劳动合同已经不能继续履行的，用人单位应当依照本法第八十七条规定支付赔偿金。

第四十九条 国家采取措施，建立健全劳动者社会保险关系跨地区转移接续制度。

第五十条 用人单位应当在解除或者终止劳动合同时出具解除或者终止劳动合同的证明，并在十五日内为劳动者办理档案和社会保险关系转移手续。

劳动者应当按照双方约定，办理工作交接。用人单位依照本法有关规定应当向劳动者支付经济补偿的，在办结工作交接时支付。

用人单位对已经解除或者终止的劳动合同的文本，至少保存二年备查。

第五章　特别规定

第一节　集体合同

第五十一条 企业职工一方与用人单位通过平等协商，可以就劳动报酬、工作时间、休息休假、劳动安全卫生、保险福利等事项订立集体合同。集体合同草案应当提交职工代表大会或者全体职工讨论通过。

集体合同由工会代表企业职工一方与用人单位订立；尚未建立工会的用

人单位，由上级工会指导劳动者推举的代表与用人单位订立。

第五十二条　企业职工一方与用人单位可以订立劳动安全卫生、女职工权益保护、工资调整机制等专项集体合同。

第五十三条　在县级以下区域内，建筑业、采矿业、餐饮服务业等行业可以由工会与企业方面代表订立行业性集体合同，或者订立区域性集体合同。

第五十四条　集体合同订立后，应当报送劳动行政部门；劳动行政部门自收到集体合同文本之日起十五日内未提出异议的，集体合同即行生效。

依法订立的集体合同对用人单位和劳动者具有约束力。行业性、区域性集体合同对当地本行业、本区域的用人单位和劳动者具有约束力。

第五十五条　集体合同中劳动报酬和劳动条件等标准不得低于当地人民政府规定的最低标准；用人单位与劳动者订立的劳动合同中劳动报酬和劳动条件等标准不得低于集体合同规定的标准。

第五十六条　用人单位违反集体合同，侵犯职工劳动权益的，工会可以依法要求用人单位承担责任；因履行集体合同发生争议，经协商解决不成的，工会可以依法申请仲裁、提起诉讼。

第二节　劳务派遣

第五十七条　经营劳务派遣业务应当具备下列条件：

（一）注册资本不得少于人民币二百万元；

（二）有与开展业务相适应的固定的经营场所和设施；

（三）有符合法律、行政法规规定的劳务派遣管理制度；

（四）法律、行政法规规定的其他条件。

经营劳务派遣业务，应当向劳动行政部门依法申请行政许可；经许可的，依法办理相应的公司登记。未经许可，任何单位和个人不得经营劳务派遣业务。

第五十八条　劳务派遣单位是本法所称用人单位，应当履行用人单位对劳动者的义务。劳务派遣单位与被派遣劳动者订立的劳动合同，除应当载明本法第十七条规定的事项外，还应当载明被派遣劳动者的用工单位以及派遣期限、工作岗位等情况。

劳务派遣单位应当与被派遣劳动者订立二年以上的固定期限劳动合同，

按月支付劳动报酬；被派遣劳动者在无工作期间，劳务派遣单位应当按照所在地人民政府规定的最低工资标准，向其按月支付报酬。

第五十九条 劳务派遣单位派遣劳动者应当与接受以劳务派遣形式用工的单位（以下称用工单位）订立劳务派遣协议。劳务派遣协议应当约定派遣岗位和人员数量、派遣期限、劳动报酬和社会保险费的数额与支付方式以及违反协议的责任。

用工单位应当根据工作岗位的实际需要与劳务派遣单位确定派遣期限，不得将连续用工期限分割订立数个短期劳务派遣协议。

第六十条 劳务派遣单位应当将劳务派遣协议的内容告知被派遣劳动者。

劳务派遣单位不得克扣用工单位按照劳务派遣协议支付给被派遣劳动者的劳动报酬。

劳务派遣单位和用工单位不得向被派遣劳动者收取费用。

第六十一条 劳务派遣单位跨地区派遣劳动者的，被派遣劳动者享有的劳动报酬和劳动条件，按照用工单位所在地的标准执行。

第六十二条 用工单位应当履行下列义务：

（一）执行国家劳动标准，提供相应的劳动条件和劳动保护；

（二）告知被派遣劳动者的工作要求和劳动报酬；

（三）支付加班费、绩效奖金，提供与工作岗位相关的福利待遇；

（四）对在岗被派遣劳动者进行工作岗位所必需的培训；

（五）连续用工的，实行正常的工资调整机制。

用工单位不得将被派遣劳动者再派遣到其他用人单位。

第六十三条 被派遣劳动者享有与用工单位的劳动者同工同酬的权利。用工单位应当按照同工同酬原则，对被派遣劳动者与本单位同类岗位的劳动者实行相同的劳动报酬分配办法。用工单位无同类岗位劳动者的，参照用工单位所在地相同或者相近岗位劳动者的劳动报酬确定。

劳务派遣单位与被派遣劳动者订立的劳动合同和与用工单位订立的劳务派遣协议，载明或者约定的向被派遣劳动者支付的劳动报酬应当符合前款规定。

第六十四条 被派遣劳动者有权在劳务派遣单位或者用工单位依法参加或者组织工会，维护自身的合法权益。

第六十五条　被派遣劳动者可以依照本法第三十六条、第三十八条的规定与劳务派遣单位解除劳动合同。

被派遣劳动者有本法第三十九条和第四十条第一项、第二项规定情形的，用工单位可以将劳动者退回劳务派遣单位，劳务派遣单位依照本法有关规定，可以与劳动者解除劳动合同。

第六十六条　劳动合同用工是我国的企业基本用工形式。劳务派遣用工是补充形式，只能在临时性、辅助性或者替代性的工作岗位上实施。

前款规定的临时性工作岗位是指存续时间不超过六个月的岗位；辅助性工作岗位是指为主营业务岗位提供服务的非主营业务岗位；替代性工作岗位是指用工单位的劳动者因脱产学习、休假等原因无法工作的一定期间内，可以由其他劳动者替代工作的岗位。

用工单位应当严格控制劳务派遣用工数量，不得超过其用工总量的一定比例，具体比例由国务院劳动行政部门规定。

第六十七条　用人单位不得设立劳务派遣单位向本单位或者所属单位派遣劳动者。

第三节　非全日制用工

第六十八条　非全日制用工，是指以小时计酬为主，劳动者在同一用人单位一般平均每日工作时间不超过四小时，每周工作时间累计不超过二十四小时的用工形式。

第六十九条　非全日制用工双方当事人可以订立口头协议。

从事非全日制用工的劳动者可以与一个或者一个以上用人单位订立劳动合同；但是，后订立的劳动合同不得影响先订立的劳动合同的履行。

第七十条　非全日制用工双方当事人不得约定试用期。

第七十一条　非全日制用工双方当事人任何一方都可以随时通知对方终止用工。终止用工，用人单位不向劳动者支付经济补偿。

第七十二条　非全日制用工小时计酬标准不得低于用人单位所在地人民政府规定的最低小时工资标准。

非全日制用工劳动报酬结算支付周期最长不得超过十五日。

第六章　监督检查

第七十三条　国务院劳动行政部门负责全国劳动合同制度实施的监

督管理。

县级以上地方人民政府劳动行政部门负责本行政区域内劳动合同制度实施的监督管理。

县级以上各级人民政府劳动行政部门在劳动合同制度实施的监督管理工作中，应当听取工会、企业方面代表以及有关行业主管部门的意见。

第七十四条 县级以上地方人民政府劳动行政部门依法对下列实施劳动合同制度的情况进行监督检查：

（一）用人单位制定直接涉及劳动者切身利益的规章制度及其执行的情况；

（二）用人单位与劳动者订立和解除劳动合同的情况；

（三）劳务派遣单位和用工单位遵守劳务派遣有关规定的情况；

（四）用人单位遵守国家关于劳动者工作时间和休息休假规定的情况；

（五）用人单位支付劳动合同约定的劳动报酬和执行最低工资标准的情况；

（六）用人单位参加各项社会保险和缴纳社会保险费的情况；

（七）法律、法规规定的其他劳动监察事项。

第七十五条 县级以上地方人民政府劳动行政部门实施监督检查时，有权查阅与劳动合同、集体合同有关的材料，有权对劳动场所进行实地检查，用人单位和劳动者都应当如实提供有关情况和材料。

劳动行政部门的工作人员进行监督检查，应当出示证件，依法行使职权，文明执法。

第七十六条 县级以上人民政府建设、卫生、安全生产监督管理等有关主管部门在各自职责范围内，对用人单位执行劳动合同制度的情况进行监督管理。

第七十七条 劳动者合法权益受到侵害的，有权要求有关部门依法处理，或者依法申请仲裁、提起诉讼。

第七十八条 工会依法维护劳动者的合法权益，对用人单位履行劳动合同、集体合同的情况进行监督。用人单位违反劳动法律、法规和劳动合同、集体合同的，工会有权提出意见或者要求纠正；劳动者申请仲裁、提起诉讼的，工会依法给予支持和帮助。

第七十九条 任何组织或者个人对违反本法的行为都有权举报，县级以上人民政府劳动行政部门应当及时核实、处理，并对举报有功人员给予奖励。

第七章　法律责任

第八十条　用人单位直接涉及劳动者切身利益的规章制度违反法律、法规规定的，由劳动行政部门责令改正，给予警告；给劳动者造成损害的，应当承担赔偿责任。

第八十一条　用人单位提供的劳动合同文本未载明本法规定的劳动合同必备条款或者用人单位未将劳动合同文本交付劳动者的，由劳动行政部门责令改正；给劳动者造成损害的，应当承担赔偿责任。

第八十二条　用人单位自用工之日起超过一个月不满一年未与劳动者订立书面劳动合同的，应当向劳动者每月支付二倍的工资。

用人单位违反本法规定不与劳动者订立无固定期限劳动合同的，自应当订立无固定期限劳动合同之日起向劳动者每月支付二倍的工资。

第八十三条　用人单位违反本法规定与劳动者约定试用期的，由劳动行政部门责令改正；违法约定的试用期已经履行的，由用人单位以劳动者试用期满月工资为标准，按已经履行的超过法定试用期的期间向劳动者支付赔偿金。

第八十四条　用人单位违反本法规定，扣押劳动者居民身份证等证件的，由劳动行政部门责令限期退还劳动者本人，并依照有关法律规定给予处罚。

用人单位违反本法规定，以担保或者其他名义向劳动者收取财物的，由劳动行政部门责令限期退还劳动者本人，并以每人五百元以上二千元以下的标准处以罚款；给劳动者造成损害的，应当承担赔偿责任。

劳动者依法解除或者终止劳动合同，用人单位扣押劳动者档案或者其他物品的，依照前款规定处罚。

第八十五条　用人单位有下列情形之一的，由劳动行政部门责令限期支付劳动报酬、加班费或者经济补偿；劳动报酬低于当地最低工资标准的，应当支付其差额部分；逾期不支付的，责令用人单位按应付金额百分之五十以上百分之一百以下的标准向劳动者加付赔偿金：

（一）未按照劳动合同的约定或者国家规定及时足额支付劳动者劳动报酬的；

（二）低于当地最低工资标准支付劳动者工资的；

（三）安排加班不支付加班费的；

（四）解除或者终止劳动合同，未依照本法规定向劳动者支付经济补偿的。

第八十六条　劳动合同依照本法第二十六条规定被确认无效，给对方造成损害的，有过错的一方应当承担赔偿责任。

第八十七条　用人单位违反本法规定解除或者终止劳动合同的，应当依照本法第四十七条规定的经济补偿标准的二倍向劳动者支付赔偿金。

第八十八条　用人单位有下列情形之一的，依法给予行政处罚；构成犯罪的，依法追究刑事责任；给劳动者造成损害的，应当承担赔偿责任：

（一）以暴力、威胁或者非法限制人身自由的手段强迫劳动的；

（二）违章指挥或者强令冒险作业危及劳动者人身安全的；

（三）侮辱、体罚、殴打、非法搜查或者拘禁劳动者的；

（四）劳动条件恶劣、环境污染严重，给劳动者身心健康造成严重损害的。

第八十九条　用人单位违反本法规定未向劳动者出具解除或者终止劳动合同的书面证明，由劳动行政部门责令改正；给劳动者造成损害的，应当承担赔偿责任。

第九十条　劳动者违反本法规定解除劳动合同，或者违反劳动合同中约定的保密义务或者竞业限制，给用人单位造成损失的，应当承担赔偿责任。

第九十一条　用人单位招用与其他用人单位尚未解除或者终止劳动合同的劳动者，给其他用人单位造成损失的，应当承担连带赔偿责任。

第九十二条　违反本法规定，未经许可，擅自经营劳务派遣业务的，由劳动行政部门责令停止违法行为，没收违法所得，并处违法所得一倍以上五倍以下的罚款；没有违法所得的，可以处五万元以下的罚款。

劳务派遣单位、用工单位违反本法有关劳务派遣规定的，由劳动行政部门责令限期改正；逾期不改正的，以每人五千元以上一万元以下的标准处以罚款，对劳务派遣单位，吊销其劳务派遣业务经营许可证。用工单位给被派遣劳动者造成损害的，劳务派遣单位与用工单位承担连带赔偿责任。

第九十三条　对不具备合法经营资格的用人单位的违法犯罪行为，依法追究法律责任；劳动者已经付出劳动的，该单位或者其出资人应当依照本法有关规定向劳动者支付劳动报酬、经济补偿、赔偿金；给劳动者造成损害的，应当承担赔偿责任。

第九十四条　个人承包经营违反本法规定招用劳动者，给劳动者造成损害的，发包的组织与个人承包经营者承担连带赔偿责任。

第九十五条　劳动行政部门和其他有关主管部门及其工作人员玩忽职守、不履行法定职责，或者违法行使职权，给劳动者或者用人单位造成损害的，应当承担赔偿责任；对直接负责的主管人员和其他直接责任人员，依法给予行政处分；构成犯罪的，依法追究刑事责任。

第八章　附　则

第九十六条　事业单位与实行聘用制的工作人员订立、履行、变更、解除或者终止劳动合同，法律、行政法规或者国务院另有规定的，依照其规定；未作规定的，依照本法有关规定执行。

第九十七条　本法施行前已依法订立且在本法施行之日存续的劳动合同，继续履行；本法第十四条第二款第三项规定连续订立固定期限劳动合同的次数，自本法施行后续订固定期限劳动合同时开始计算。

本法施行前已建立劳动关系，尚未订立书面劳动合同的，应当自本法施行之日起一个月内订立。

本法施行之日存续的劳动合同在本法施行后解除或者终止，依照本法第四十六条规定应当支付经济补偿的，经济补偿年限自本法施行之日起计算；本法施行前按照当时有关规定，用人单位应当向劳动者支付经济补偿的，按照当时有关规定执行。

第九十八条　本法自 2008 年 1 月 1 日起施行。

中华人民共和国劳动争议调解仲裁法

（2007 年 12 月 29 日第十届全国人民代表大会常务委员会
第三十一次会议通过）

第一章 总 则

第一条 为了公正及时解决劳动争议，保护当事人合法权益，促进劳动关系和谐稳定，制定本法。

第二条 中华人民共和国境内的用人单位与劳动者发生的下列劳动争议，适用本法：

（一）因确认劳动关系发生的争议；

（二）因订立、履行、变更、解除和终止劳动合同发生的争议；

（三）因除名、辞退和辞职、离职发生的争议；

（四）因工作时间、休息休假、社会保险、福利、培训以及劳动保护发生的争议；

（五）因劳动报酬、工伤医疗费、经济补偿或者赔偿金等发生的争议；

（六）法律、法规规定的其他劳动争议。

第三条 解决劳动争议，应当根据事实，遵循合法、公正、及时、着重调解的原则，依法保护当事人的合法权益。

第四条 发生劳动争议，劳动者可以与用人单位协商，也可以请工会或者第三方共同与用人单位协商，达成和解协议。

第五条 发生劳动争议，当事人不愿协商、协商不成或者达成和解协议后不履行的，可以向调解组织申请调解；不愿调解、调解不成或者达成调解协议后不履行的，可以向劳动争议仲裁委员会申请仲裁；对仲裁裁决不服的，除本法另有规定的外，可以向人民法院提起诉讼。

第六条 发生劳动争议，当事人对自己提出的主张，有责任提供证据。

与争议事项有关的证据属于用人单位掌握管理的，用人单位应当提供；用人单位不提供的，应当承担不利后果。

第七条　发生劳动争议的劳动者一方在十人以上，并有共同请求的，可以推举代表参加调解、仲裁或者诉讼活动。

第八条　县级以上人民政府劳动行政部门会同工会和企业方面代表建立协调劳动关系三方机制，共同研究解决劳动争议的重大问题。

第九条　用人单位违反国家规定，拖欠或者未足额支付劳动报酬，或者拖欠工伤医疗费、经济补偿或者赔偿金的，劳动者可以向劳动行政部门投诉，劳动行政部门应当依法处理。

第二章　调　解

第十条　发生劳动争议，当事人可以到下列调解组织申请调解：

（一）企业劳动争议调解委员会；

（二）依法设立的基层人民调解组织；

（三）在乡镇、街道设立的具有劳动争议调解职能的组织。

企业劳动争议调解委员会由职工代表和企业代表组成。职工代表由工会成员担任或者由全体职工推举产生，企业代表由企业负责人指定。企业劳动争议调解委员会主任由工会成员或者双方推举的人员担任。

第十一条　劳动争议调解组织的调解员应当由公道正派、联系群众、热心调解工作，并具有一定法律知识、政策水平和文化水平的成年公民担任。

第十二条　当事人申请劳动争议调解可以书面申请，也可以口头申请。口头申请的，调解组织应当当场记录申请人基本情况、申请调解的争议事项、理由和时间。

第十三条　调解劳动争议，应当充分听取双方当事人对事实和理由的陈述，耐心疏导，帮助其达成协议。

第十四条　经调解达成协议的，应当制作调解协议书。

调解协议书由双方当事人签名或者盖章，经调解员签名并加盖调解组织印章后生效，对双方当事人具有约束力，当事人应当履行。

自劳动争议调解组织收到调解申请之日起十五日内未达成调解协议的，当事人可以依法申请仲裁。

第十五条　达成调解协议后，一方当事人在协议约定期限内不履行调解协议的，另一方当事人可以依法申请仲裁。

第十六条 因支付拖欠劳动报酬、工伤医疗费、经济补偿或者赔偿金事项达成调解协议，用人单位在协议约定期限内不履行的，劳动者可以持调解协议书依法向人民法院申请支付令。人民法院应当依法发出支付令。

第三章 仲 裁

第一节 一般规定

第十七条 劳动争议仲裁委员会按照统筹规划、合理布局和适应实际需要的原则设立。省、自治区人民政府可以决定在市、县设立；直辖市人民政府可以决定在区、县设立。直辖市、设区的市也可以设立一个或者若干个劳动争议仲裁委员会。劳动争议仲裁委员会不按行政区划层层设立。

第十八条 国务院劳动行政部门依照本法有关规定制定仲裁规则。省、自治区、直辖市人民政府劳动行政部门对本行政区域的劳动争议仲裁工作进行指导。

第十九条 劳动争议仲裁委员会由劳动行政部门代表、工会代表和企业方面代表组成。劳动争议仲裁委员会组成人员应当是单数。

劳动争议仲裁委员会依法履行下列职责：

（一）聘任、解聘专职或者兼职仲裁员；

（二）受理劳动争议案件；

（三）讨论重大或者疑难的劳动争议案件；

（四）对仲裁活动进行监督。

劳动争议仲裁委员会下设办事机构，负责办理劳动争议仲裁委员会的日常工作。

第二十条 劳动争议仲裁委员会应当设仲裁员名册。

仲裁员应当公道正派并符合下列条件之一：

（一）曾任审判员的；

（二）从事法律研究、教学工作并具有中级以上职称的；

（三）具有法律知识、从事人力资源管理或者工会等专业工作满五年的；

（四）律师执业满三年的。

第二十一条 劳动争议仲裁委员会负责管辖本区域内发生的劳动争议。

劳动争议由劳动合同履行地或者用人单位所在地的劳动争议仲裁委员会管辖。双方当事人分别向劳动合同履行地和用人单位所在地的劳动争议仲裁委员会申请仲裁的，由劳动合同履行地的劳动争议仲裁委员会管辖。

第二十二条　发生劳动争议的劳动者和用人单位为劳动争议仲裁案件的双方当事人。

劳务派遣单位或者用工单位与劳动者发生劳动争议的，劳务派遣单位和用工单位为共同当事人。

第二十三条　与劳动争议案件的处理结果有利害关系的第三人，可以申请参加仲裁活动或者由劳动争议仲裁委员会通知其参加仲裁活动。

第二十四条　当事人可以委托代理人参加仲裁活动。委托他人参加仲裁活动，应当向劳动争议仲裁委员会提交有委托人签名或者盖章的委托书，委托书应当载明委托事项和权限。

第二十五条　丧失或者部分丧失民事行为能力的劳动者，由其法定代理人代为参加仲裁活动；无法定代理人的，由劳动争议仲裁委员会为其指定代理人。劳动者死亡的，由其近亲属或者代理人参加仲裁活动。

第二十六条　劳动争议仲裁公开进行，但当事人协议不公开进行或者涉及国家秘密、商业秘密和个人隐私的除外。

第二节　申请和受理

第二十七条　劳动争议申请仲裁的时效期间为一年。仲裁时效期间从当事人知道或者应当知道其权利被侵害之日起计算。

前款规定的仲裁时效，因当事人一方向对方当事人主张权利，或者向有关部门请求权利救济，或者对方当事人同意履行义务而中断。从中断时起，仲裁时效期间重新计算。

因不可抗力或者有其他正当理由，当事人不能在本条第一款规定的仲裁时效期间申请仲裁的，仲裁时效中止。从中止时效的原因消除之日起，仲裁时效期间继续计算。

劳动关系存续期间因拖欠劳动报酬发生争议的，劳动者申请仲裁不受本条第一款规定的仲裁时效期间的限制；但是，劳动关系终止的，应当自劳动关系终止之日起一年内提出。

第二十八条　申请人申请仲裁应当提交书面仲裁申请，并按照被申请人人数提交副本。

仲裁申请书应当载明下列事项：

（一）劳动者的姓名、性别、年龄、职业、工作单位和住所，用人单位的名称、住所和法定代表人或者主要负责人的姓名、职务；

（二）仲裁请求和所根据的事实、理由；

（三）证据和证据来源、证人姓名和住所。

书写仲裁申请确有困难的，可以口头申请，由劳动争议仲裁委员会记入笔录，并告知对方当事人。

第二十九条 劳动争议仲裁委员会收到仲裁申请之日起五日内，认为符合受理条件的，应当受理，并通知申请人；认为不符合受理条件的，应当书面通知申请人不予受理，并说明理由。对劳动争议仲裁委员会不予受理或者逾期未作出决定的，申请人可以就该劳动争议事项向人民法院提起诉讼。

第三十条 劳动争议仲裁委员会受理仲裁申请后，应当在五日内将仲裁申请书副本送达被申请人。

被申请人收到仲裁申请书副本后，应当在十日内向劳动争议仲裁委员会提交答辩书。劳动争议仲裁委员会收到答辩书后，应当在五日内将答辩书副本送达申请人。被申请人未提交答辩书的，不影响仲裁程序的进行。

第三节　开庭和裁决

第三十一条 劳动争议仲裁委员会裁决劳动争议案件实行仲裁庭制。仲裁庭由三名仲裁员组成，设首席仲裁员。简单劳动争议案件可以由一名仲裁员独任仲裁。

第三十二条 劳动争议仲裁委员会应当在受理仲裁申请之日起五日内将仲裁庭的组成情况书面通知当事人。

第三十三条 仲裁员有下列情形之一，应当回避，当事人也有权以口头或者书面方式提出回避申请：

（一）是本案当事人或者当事人、代理人的近亲属的；

（二）与本案有利害关系的；

（三）与本案当事人、代理人有其他关系，可能影响公正裁决的；

（四）私自会见当事人、代理人，或者接受当事人、代理人的请客送礼的。

　　劳动争议仲裁委员会对回避申请应当及时作出决定，并以口头或者书面方式通知当事人。

　　第三十四条　仲裁员有本法第三十三条　第四项规定情形，或者有索贿受贿、徇私舞弊、枉法裁决行为的，应当依法承担法律责任。劳动争议仲裁委员会应当将其解聘。

　　第三十五条　仲裁庭应当在开庭五日前，将开庭日期、地点书面通知双方当事人。当事人有正当理由的，可以在开庭三日前请求延期开庭。是否延期，由劳动争议仲裁委员会决定。

　　第三十六条　申请人收到书面通知，无正当理由拒不到庭或者未经仲裁庭同意中途退庭的，可以视为撤回仲裁申请。

　　被申请人收到书面通知，无正当理由拒不到庭或者未经仲裁庭同意中途退庭的，可以缺席裁决。

　　第三十七条　仲裁庭对专门性问题认为需要鉴定的，可以交由当事人约定的鉴定机构鉴定；当事人没有约定或者无法达成约定的，由仲裁庭指定的鉴定机构鉴定。

　　根据当事人的请求或者仲裁庭的要求，鉴定机构应当派鉴定人参加开庭。当事人经仲裁庭许可，可以向鉴定人提问。

　　第三十八条　当事人在仲裁过程中有权进行质证和辩论。质证和辩论终结时，首席仲裁员或者独任仲裁员应当征询当事人的最后意见。

　　第三十九条　当事人提供的证据经查证属实的，仲裁庭应当将其作为认定事实的根据。

　　劳动者无法提供由用人单位掌握管理的与仲裁请求有关的证据，仲裁庭可以要求用人单位在指定期限内提供。用人单位在指定期限内不提供的，应当承担不利后果。

　　第四十条　仲裁庭应当将开庭情况记入笔录。当事人和其他仲裁参加人认为对自己陈述的记录有遗漏或者差错的，有权申请补正。如果不予补正，应当记录该申请。

　　笔录由仲裁员、记录人员、当事人和其他仲裁参加人签名或者盖章。

　　第四十一条　当事人申请劳动争议仲裁后，可以自行和解。达成和解协议的，可以撤回仲裁申请。

　　第四十二条　仲裁庭在作出裁决前，应当先行调解。

调解达成协议的，仲裁庭应当制作调解书。

调解书应当写明仲裁请求和当事人协议的结果。调解书由仲裁员签名，加盖劳动争议仲裁委员会印章，送达双方当事人。调解书经双方当事人签收后，发生法律效力。

调解不成或者调解书送达前，一方当事人反悔的，仲裁庭应当及时作出裁决。

第四十三条 仲裁庭裁决劳动争议案件，应当自劳动争议仲裁委员会受理仲裁申请之日起四十五日内结束。案情复杂需要延期的，经劳动争议仲裁委员会主任批准，可以延期并书面通知当事人，但是延长期限不得超过十五日。逾期未作出仲裁裁决的，当事人可以就该劳动争议事项向人民法院提起诉讼。

仲裁庭裁决劳动争议案件时，其中一部分事实已经清楚，可以就该部分先行裁决。

第四十四条 仲裁庭对追索劳动报酬、工伤医疗费、经济补偿或者赔偿金的案件，根据当事人的申请，可以裁决先予执行，移送人民法院执行。

仲裁庭裁决先予执行的，应当符合下列条件：

（一）当事人之间权利义务关系明确；

（二）不先予执行将严重影响申请人的生活。

劳动者申请先予执行的，可以不提供担保。

第四十五条 裁决应当按照多数仲裁员的意见作出，少数仲裁员的不同意见应当记入笔录。仲裁庭不能形成多数意见时，裁决应当按照首席仲裁员的意见作出。

第四十六条 裁决书应当载明仲裁请求、争议事实、裁决理由、裁决结果和裁决日期。裁决书由仲裁员签名，加盖劳动争议仲裁委员会印章。对裁决持不同意见的仲裁员，可以签名，也可以不签名。

第四十七条 下列劳动争议，除本法另有规定的外，仲裁裁决为终局裁决，裁决书自作出之日起发生法律效力：

（一）追索劳动报酬、工伤医疗费、经济补偿或者赔偿金，不超过当地月最低工资标准十二个月金额的争议；

（二）因执行国家的劳动标准在工作时间、休息休假、社会保险等方面发生的争议。

第四十八条　劳动者对本法第四十七条规定的仲裁裁决不服的，可以自收到仲裁裁决书之日起十五日内向人民法院提起诉讼。

第四十九条　用人单位有证据证明本法第四十七条规定的仲裁裁决有下列情形之一，可以自收到仲裁裁决书之日起三十日内向劳动争议仲裁委员会所在地的中级人民法院申请撤销裁决：

（一）适用法律、法规确有错误的；

（二）劳动争议仲裁委员会无管辖权的；

（三）违反法定程序的；

（四）裁决所根据的证据是伪造的；

（五）对方当事人隐瞒了足以影响公正裁决的证据的；

（六）仲裁员在仲裁该案时有索贿受贿、徇私舞弊、枉法裁决行为的。

人民法院经组成合议庭审查核实裁决有前款规定情形之一的，应当裁定撤销。

仲裁裁决被人民法院裁定撤销的，当事人可以自收到裁定书之日起十五日内就该劳动争议事项向人民法院提起诉讼。

第五十条　当事人对本法第四十七条规定以外的其他劳动争议案件的仲裁裁决不服的，可以自收到仲裁裁决书之日起十五日内向人民法院提起诉讼；期满不起诉的，裁决书发生法律效力。

第五十一条　当事人对发生法律效力的调解书、裁决书，应当依照规定的期限履行。一方当事人逾期不履行的，另一方当事人可以依照民事诉讼法的有关规定向人民法院申请执行。受理申请的人民法院应当依法执行。

第四章　附　则

第五十二条　事业单位实行聘用制的工作人员与本单位发生劳动争议的，依照本法执行；法律、行政法规或者国务院另有规定的，依照其规定。

第五十三条　劳动争议仲裁不收费。劳动争议仲裁委员会的经费由财政予以保障。

第五十四条　本法自 2008 年 5 月 1 日起施行。

中华人民共和国建筑法

(1997 年 11 月 1 日第八届全国人民代表大会常务委员会第二十八次会议通过 根据 2011 年 4 月 22 日第十一届全国人民代表大会常务委员会第二十次会议《关于修改〈中华人民共和国建筑法〉的决定》第一次修正 根据 2019 年 4 月 23 日第十三届全国人民代表大会常务委员会第十次会议《关于修改〈中华人民共和国建筑法〉等八部法律的决定》第二次修正)

第一章 总 则

第一条 为了加强对建筑活动的监督管理,维护建筑市场秩序,保证建筑工程的质量和安全,促进建筑业健康发展,制定本法。

第二条 在中华人民共和国境内从事建筑活动,实施对建筑活动的监督管理,应当遵守本法。

本法所称建筑活动,是指各类房屋建筑及其附属设施的建造和与其配套的线路、管道、设备的安装活动。

第三条 建筑活动应当确保建筑工程质量和安全,符合国家的建筑工程安全标准。

第四条 国家扶持建筑业的发展,支持建筑科学技术研究,提高房屋建筑设计水平,鼓励节约能源和保护环境,提倡采用先进技术、先进设备、先进工艺、新型建筑材料和现代管理方式。

第五条 从事建筑活动应当遵守法律、法规,不得损害社会公共利益和他人的合法权益。

任何单位和个人都不得妨碍和阻挠依法进行的建筑活动。

第六条 国务院建设行政主管部门对全国的建筑活动实施统一监督管理。

第二章　建筑许可

第一节　建筑工程施工许可

第七条　建筑工程开工前，建设单位应当按照国家有关规定向工程所在地县级以上人民政府建设行政主管部门申请领取施工许可证；但是，国务院建设行政主管部门确定的限额以下的小型工程除外。

按照国务院规定的权限和程序批准开工报告的建筑工程，不再领取施工许可证。

第八条　申请领取施工许可证，应当具备下列条件：

（一）已经办理该建筑工程用地批准手续；

（二）依法应当办理建设工程规划许可证的，已经取得建设工程规划许可证；

（三）需要拆迁的，其拆迁进度符合施工要求；

（四）已经确定建筑施工企业；

（五）有满足施工需要的资金安排、施工图纸及技术资料；

（六）有保证工程质量和安全的具体措施。

建设行政主管部门应当自收到申请之日起七日内，对符合条件的申请颁发施工许可证。

第九条　建设单位应当自领取施工许可证之日起三个月内开工。因故不能按期开工的，应当向发证机关申请延期；延期以两次为限，每次不超过三个月。既不开工又不申请延期或者超过延期时限的，施工许可证自行废止。

第十条　在建的建筑工程因故中止施工的，建设单位应当自中止施工之日起一个月内，向发证机关报告，并按照规定做好建筑工程的维护管理工作。

建筑工程恢复施工时，应当向发证机关报告；中止施工满一年的工程恢复施工前，建设单位应当报发证机关核验施工许可证。

第十一条　按照国务院有关规定批准开工报告的建筑工程，因故不能按期开工或者中止施工的，应当及时向批准机关报告情况。因故不能按期开工超过六个月的，应当重新办理开工报告的批准手续。

第二节　从业资格

第十二条　从事建筑活动的建筑施工企业、勘察单位、设计单位和工程监理单位，应当具备下列条件：

（一）有符合国家规定的注册资本；

（二）有与其从事的建筑活动相适应的具有法定执业资格的专业技术人员；

（三）有从事相关建筑活动所应有的技术装备；

（四）法律、行政法规规定的其他条件。

第十三条　从事建筑活动的建筑施工企业、勘察单位、设计单位和工程监理单位，按照其拥有的注册资本、专业技术人员、技术装备和已完成的建筑工程业绩等资质条件，划分为不同的资质等级，经资质审查合格，取得相应等级的资质证书后，方可在其资质等级许可的范围内从事建筑活动。

第十四条　从事建筑活动的专业技术人员，应当依法取得相应的执业资格证书，并在执业资格证书许可的范围内从事建筑活动。

第三章　建筑工程发包与承包

第一节　一般规定

第十五条　建筑工程的发包单位与承包单位应当依法订立书面合同，明确双方的权利和义务。

发包单位和承包单位应当全面履行合同约定的义务。不按照合同约定履行义务的，依法承担违约责任。

第十六条　建筑工程发包与承包的招标投标活动，应当遵循公开、公正、平等竞争的原则，择优选择承包单位。

建筑工程的招标投标，本法没有规定的，适用有关招标投标法律的规定。

第十七条　发包单位及其工作人员在建筑工程发包中不得收受贿赂、回扣或者索取其他好处。

承包单位及其工作人员不得利用向发包单位及其工作人员行贿、提供回扣或者给予其他好处等不正当手段承揽工程。

第十八条　建筑工程造价应当按照国家有关规定，由发包单位与承包单位在合同中约定。公开招标发包的，其造价的约定，须遵守招标投标法律的规定。

发包单位应当按照合同的约定，及时拨付工程款项。

第二节　发　包

第十九条　建筑工程依法实行招标发包，对不适于招标发包的可以直接发包。

第二十条　建筑工程实行公开招标的，发包单位应当依照法定程序和方式，发布招标公告，提供载有招标工程的主要技术要求、主要的合同条款、评标的标准和方法以及开标、评标、定标的程序等内容的招标文件。

开标应当在招标文件规定的时间、地点公开进行。开标后应当按照招标文件规定的评标标准和程序对标书进行评价、比较，在具备相应资质条件的投标者中，择优选定中标者。

第二十一条　建筑工程招标的开标、评标、定标由建设单位依法组织实施，并接受有关行政主管部门的监督。

第二十二条　建筑工程实行招标发包的，发包单位应当将建筑工程发包给依法中标的承包单位。建筑工程实行直接发包的，发包单位应当将建筑工程发包给具有相应资质条件的承包单位。

第二十三条　政府及其所属部门不得滥用行政权力，限定发包单位将招标发包的建筑工程发包给指定的承包单位。

第二十四条　提倡对建筑工程实行总承包，禁止将建筑工程肢解发包。

建筑工程的发包单位可以将建筑工程的勘察、设计、施工、设备采购一并发包给一个工程总承包单位，也可以将建筑工程勘察、设计、施工、设备采购的一项或者多项发包给一个工程总承包单位；但是，不得将应当由一个承包单位完成的建筑工程肢解成若干部分发包给几个承包单位。

第二十五条　按照合同约定，建筑材料、建筑构配件和设备由工程承包单位采购的，发包单位不得指定承包单位购入用于工程的建筑材料、建筑构配件和设备或者指定生产厂、供应商。

第三节　承　包

第二十六条　承包建筑工程的单位应当持有依法取得的资质证书，并在其资质等级许可的业务范围内承揽工程。

禁止建筑施工企业超越本企业资质等级许可的业务范围或者以任何形式用其他建筑施工企业的名义承揽工程。禁止建筑施工企业以任何形式允许其他单位或者个人使用本企业的资质证书、营业执照，以本企业的名义承揽工程。

第二十七条 大型建筑工程或者结构复杂的建筑工程，可以由两个以上的承包单位联合共同承包。共同承包的各方对承包合同的履行承担连带责任。

两个以上不同资质等级的单位实行联合共同承包的，应当按照资质等级低的单位的业务许可范围承揽工程。

第二十八条 禁止承包单位将其承包的全部建筑工程转包给他人，禁止承包单位将其承包的全部建筑工程肢解以后以分包的名义分别转包给他人。

第二十九条 建筑工程总承包单位可以将承包工程中的部分工程发包给具有相应资质条件的分包单位；但是，除总承包合同中约定的分包外，必须经建设单位认可。施工总承包的，建筑工程主体结构的施工必须由总承包单位自行完成。

建筑工程总承包单位按照总承包合同的约定对建设单位负责；分包单位按照分包合同的约定对总承包单位负责。总承包单位和分包单位就分包工程对建设单位承担连带责任。

禁止总承包单位将工程分包给不具备相应资质条件的单位。禁止分包单位将其承包的工程再分包。

第四章 建筑工程监理

第三十条 国家推行建筑工程监理制度。

国务院可以规定实行强制监理的建筑工程的范围。

第三十一条 实行监理的建筑工程，由建设单位委托具有相应资质条件的工程监理单位监理。建设单位与其委托的工程监理单位应当订立书面委托监理合同。

第三十二条 建筑工程监理应当依照法律、行政法规及有关的技术标准、设计文件和建筑工程承包合同，对承包单位在施工质量、建设工期和建设资金使用等方面，代表建设单位实施监督。

　　工程监理人员认为工程施工不符合工程设计要求、施工技术标准和合同约定的，有权要求建筑施工企业改正。

　　工程监理人员发现工程设计不符合建筑工程质量标准或者合同约定的质量要求的，应当报告建设单位要求设计单位改正。

　　第三十三条　实施建筑工程监理前，建设单位应当将委托的工程监理单位、监理的内容及监理权限，书面通知被监理的建筑施工企业。

　　第三十四条　工程监理单位应当在其资质等级许可的监理范围内，承担工程监理业务。

　　工程监理单位应当根据建设单位的委托，客观、公正地执行监理任务。

　　工程监理单位与被监理工程的承包单位以及建筑材料、建筑构配件和设备供应单位不得有隶属关系或者其他利害关系。

　　工程监理单位不得转让工程监理业务。

　　第三十五条　工程监理单位不按照委托监理合同的约定履行监理义务，对应当监督检查的项目不检查或者不按照规定检查，给建设单位造成损失的，应当承担相应的赔偿责任。

　　工程监理单位与承包单位串通，为承包单位谋取非法利益，给建设单位造成损失的，应当与承包单位承担连带赔偿责任。

第五章　建筑安全生产管理

　　第三十六条　建筑工程安全生产管理必须坚持安全第一、预防为主的方针，建立健全安全生产的责任制度和群防群治制度。

　　第三十七条　建筑工程设计应当符合按照国家规定制定的建筑安全规程和技术规范，保证工程的安全性能。

　　第三十八条　建筑施工企业在编制施工组织设计时，应当根据建筑工程的特点制定相应的安全技术措施；对专业性较强的工程项目，应当编制专项安全施工组织设计，并采取安全技术措施。

　　第三十九条　建筑施工企业应当在施工现场采取维护安全、防范危险、预防火灾等措施；有条件的，应当对施工现场实行封闭管理。

　　施工现场对毗邻的建筑物、构筑物和特殊作业环境可能造成损害的，建筑施工企业应当采取安全防护措施。

　　第四十条　建设单位应当向建筑施工企业提供与施工现场相关的地下管

线资料，建筑施工企业应当采取措施加以保护。

第四十一条 建筑施工企业应当遵守有关环境保护和安全生产的法律、法规的规定，采取控制和处理施工现场的各种粉尘、废气、废水、固体废物以及噪声、振动对环境的污染和危害的措施。

第四十二条 有下列情形之一的，建设单位应当按照国家有关规定办理申请批准手续：

（一）需要临时占用规划批准范围以外场地的；

（二）可能损坏道路、管线、电力、邮电通讯等公共设施的；

（三）需要临时停水、停电、中断道路交通的；

（四）需要进行爆破作业的；

（五）法律、法规规定需要办理报批手续的其他情形。

第四十三条 建设行政主管部门负责建筑安全生产的管理，并依法接受劳动行政主管部门对建筑安全生产的指导和监督。

第四十四条 建筑施工企业必须依法加强对建筑安全生产的管理，执行安全生产责任制度，采取有效措施，防止伤亡和其他安全生产事故的发生。

建筑施工企业的法定代表人对本企业的安全生产负责。

第四十五条 施工现场安全由建筑施工企业负责。实行施工总承包的，由总承包单位负责。分包单位向总承包单位负责，服从总承包单位对施工现场的安全生产管理。

第四十六条 建筑施工企业应当建立健全劳动安全生产教育培训制度，加强对职工安全生产的教育培训；未经安全生产教育培训的人员，不得上岗作业。

第四十七条 建筑施工企业和作业人员在施工过程中，应当遵守有关安全生产的法律、法规和建筑行业安全规章、规程，不得违章指挥或者违章作业。作业人员有权对影响人身健康的作业程序和作业条件提出改进意见，有权获得安全生产所需的防护用品。作业人员对危及生命安全和人身健康的行为有权提出批评、检举和控告。

第四十八条 建筑施工企业应当依法为职工参加工伤保险缴纳工伤保险费。鼓励企业为从事危险作业的职工办理意外伤害保险，支付保险费。

第四十九条 涉及建筑主体和承重结构变动的装修工程，建设单位应当在施工前委托原设计单位或者具有相应资质条件的设计单位提出设计方案；

没有设计方案的，不得施工。

第五十条　房屋拆除应当由具备保证安全条件的建筑施工单位承担，由建筑施工单位负责人对安全负责。

第五十一条　施工中发生事故时，建筑施工企业应当采取紧急措施减少人员伤亡和事故损失，并按照国家有关规定及时向有关部门报告。

第六章　建筑工程质量管理

第五十二条　建筑工程勘察、设计、施工的质量必须符合国家有关建筑工程安全标准的要求，具体管理办法由国务院规定。

有关建筑工程安全的国家标准不能适应确保建筑安全的要求时，应当及时修订。

第五十三条　国家对从事建筑活动的单位推行质量体系认证制度。从事建筑活动的单位根据自愿原则可以向国务院产品质量监督管理部门或者国务院产品质量监督管理部门授权的部门认可的认证机构申请质量体系认证。经认证合格的，由认证机构颁发质量体系认证证书。

第五十四条　建设单位不得以任何理由，要求建筑设计单位或者建筑施工企业在工程设计或者施工作业中，违反法律、行政法规和建筑工程质量、安全标准，降低工程质量。

建筑设计单位和建筑施工企业对建设单位违反前款规定提出的降低工程质量的要求，应当予以拒绝。

第五十五条　建筑工程实行总承包的，工程质量由工程总承包单位负责，总承包单位将建筑工程分包给其他单位的，应当对分包工程的质量与分包单位承担连带责任。分包单位应当接受总承包单位的质量管理。

第五十六条　建筑工程的勘察、设计单位必须对其勘察、设计的质量负责。勘察、设计文件应当符合有关法律、行政法规的规定和建筑工程质量、安全标准、建筑工程勘察、设计技术规范以及合同的约定。设计文件选用的建筑材料、建筑构配件和设备，应当注明其规格、型号、性能等技术指标，其质量要求必须符合国家规定的标准。

第五十七条　建筑设计单位对设计文件选用的建筑材料、建筑构配件和设备，不得指定生产厂、供应商。

第五十八条　建筑施工企业对工程的施工质量负责。

建筑施工企业必须按照工程设计图纸和施工技术标准施工，不得偷工减料。工程设计的修改由原设计单位负责，建筑施工企业不得擅自修改工程设计。

第五十九条 建筑施工企业必须按照工程设计要求、施工技术标准和合同的约定，对建筑材料、建筑构配件和设备进行检验，不合格的不得使用。

第六十条 建筑物在合理使用寿命内，必须确保地基基础工程和主体结构的质量。

建筑工程竣工时，屋顶、墙面不得留有渗漏、开裂等质量缺陷；对已发现的质量缺陷，建筑施工企业应当修复。

第六十一条 交付竣工验收的建筑工程，必须符合规定的建筑工程质量标准，有完整的工程技术经济资料和经签署的工程保修书，并具备国家规定的其他竣工条件。

建筑工程竣工经验收合格后，方可交付使用；未经验收或者验收不合格的，不得交付使用。

第六十二条 建筑工程实行质量保修制度。

建筑工程的保修范围应当包括地基基础工程、主体结构工程、屋面防水工程和其他土建工程，以及电气管线、上下水管线的安装工程，供热、供冷系统工程等项目；保修的期限应当按照保证建筑物合理寿命年限内正常使用，维护使用者合法权益的原则确定。具体的保修范围和最低保修期限由国务院规定。

第六十三条 任何单位和个人对建筑工程的质量事故、质量缺陷都有权向建设行政主管部门或者其他有关部门进行检举、控告、投诉。

第七章 法律责任

第六十四条 违反本法规定，未取得施工许可证或者开工报告未经批准擅自施工的，责令改正，对不符合开工条件的责令停止施工，可以处以罚款。

第六十五条 发包单位将工程发包给不具有相应资质条件的承包单位的，或者违反本法规定将建筑工程肢解发包的，责令改正，处以罚款。

超越本单位资质等级承揽工程的，责令停止违法行为，处以罚款，可以责令停业整顿，降低资质等级；情节严重的，吊销资质证书；有违法所得的，予以没收。

未取得资质证书承揽工程的，予以取缔，并处罚款；有违法所得的，予以没收。

以欺骗手段取得资质证书的，吊销资质证书，处以罚款；构成犯罪的，依法追究刑事责任。

第六十六条　建筑施工企业转让、出借资质证书或者以其他方式允许他人以本企业的名义承揽工程的，责令改正，没收违法所得，并处罚款，可以责令停业整顿，降低资质等级；情节严重的，吊销资质证书。对因该项承揽工程不符合规定的质量标准造成的损失，建筑施工企业与使用本企业名义的单位或者个人承担连带赔偿责任。

第六十七条　承包单位将承包的工程转包的，或者违反本法规定进行分包的，责令改正，没收违法所得，并处罚款，可以责令停业整顿，降低资质等级；情节严重的，吊销资质证书。

承包单位有前款规定的违法行为的，对因转包工程或者违法分包的工程不符合规定的质量标准造成的损失，与接受转包或者分包的单位承担连带赔偿责任。

第六十八条　在工程发包与承包中索贿、受贿、行贿，构成犯罪的，依法追究刑事责任；不构成犯罪的，分别处以罚款，没收贿赂的财物，对直接负责的主管人员和其他直接责任人员给予处分。

对在工程承包中行贿的承包单位，除依照前款规定处罚外，可以责令停业整顿，降低资质等级或者吊销资质证书。

第六十九条　工程监理单位与建设单位或者建筑施工企业串通，弄虚作假、降低工程质量的，责令改正，处以罚款，降低资质等级或者吊销资质证书；有违法所得的，予以没收；造成损失的，承担连带赔偿责任；构成犯罪的，依法追究刑事责任。

工程监理单位转让监理业务的，责令改正，没收违法所得，可以责令停业整顿，降低资质等级；情节严重的，吊销资质证书。

第七十条　违反本法规定，涉及建筑主体或者承重结构变动的装修工程擅自施工的，责令改正，处以罚款；造成损失的，承担赔偿责任；构成犯罪的，依法追究刑事责任。

第七十一条　建筑施工企业违反本法规定，对建筑安全事故隐患不采取措施予以消除的，责令改正，可以处以罚款；情节严重的，责令停业整顿，降低资质等级或者吊销资质证书；构成犯罪的，依法追究刑事责任。

建筑施工企业的管理人员违章指挥、强令职工冒险作业，因而发生重大伤亡事故或者造成其他严重后果的，依法追究刑事责任。

第七十二条 建设单位违反本法规定，要求建筑设计单位或者建筑施工企业违反建筑工程质量、安全标准，降低工程质量的，责令改正，可以处以罚款；构成犯罪的，依法追究刑事责任。

第七十三条 建筑设计单位不按照建筑工程质量、安全标准进行设计的，责令改正，处以罚款；造成工程质量事故的，责令停业整顿，降低资质等级或者吊销资质证书，没收违法所得，并处罚款；造成损失的，承担赔偿责任；构成犯罪的，依法追究刑事责任。

第七十四条 建筑施工企业在施工中偷工减料的，使用不合格的建筑材料、建筑构配件和设备的，或者有其他不按照工程设计图纸或者施工技术标准施工的行为的，责令改正，处以罚款；情节严重的，责令停业整顿，降低资质等级或者吊销资质证书；造成建筑工程质量不符合规定的质量标准的，负责返工、修理，并赔偿因此造成的损失；构成犯罪的，依法追究刑事责任。

第七十五条 建筑施工企业违反本法规定，不履行保修义务或者拖延履行保修义务的，责令改正，可以处以罚款，并对在保修期内因屋顶、墙面渗漏、开裂等质量缺陷造成的损失，承担赔偿责任。

第七十六条 本法规定的责令停业整顿、降低资质等级和吊销资质证书的行政处罚，由颁发资质证书的机关决定；其他行政处罚，由建设行政主管部门或者有关部门依照法律和国务院规定的职权范围决定。

依照本法规定被吊销资质证书的，由工商行政管理部门吊销其营业执照。

第七十七条 违反本法规定，对不具备相应资质等级条件的单位颁发该等级资质证书的，由其上级机关责令收回所发的资质证书，对直接负责的主管人员和其他直接责任人员给予行政处分；构成犯罪的，依法追究刑事责任。

第七十八条 政府及其所属部门的工作人员违反本法规定，限定发包单位将招标发包的工程发包给指定的承包单位的，由上级机关责令改正；构成犯罪的，依法追究刑事责任。

第七十九条　负责颁发建筑工程施工许可证的部门及其工作人员对不符合施工条件的建筑工程颁发施工许可证的，负责工程质量监督检查或者竣工验收的部门及其工作人员对不合格的建筑工程出具质量合格文件或者按合格工程验收的，由上级机关责令改正，对责任人员给予行政处分；构成犯罪的，依法追究刑事责任；造成损失的，由该部门承担相应的赔偿责任。

第八十条　在建筑物的合理使用寿命内，因建筑工程质量不合格受到损害的，有权向责任者要求赔偿。

第八章　附　则

第八十一条　本法关于施工许可、建筑施工企业资质审查和建筑工程发包、承包、禁止转包，以及建筑工程监理、建筑工程安全和质量管理的规定，适用于其他专业建筑工程的建筑活动，具体办法由国务院规定。

第八十二条　建设行政主管部门和其他有关部门在对建筑活动实施监督管理中，除按照国务院有关规定收取费用外，不得收取其他费用。

第八十三条　省、自治区、直辖市人民政府确定的小型房屋建筑工程的建筑活动，参照本法执行。

依法核定作为文物保护的纪念建筑物和古建筑等的修缮，依照文物保护的有关法律规定执行。

抢险救灾及其他临时性房屋建筑和农民自建低层住宅的建筑活动，不适用本法。

第八十四条　军用房屋建筑工程建筑活动的具体管理办法，由国务院、中央军事委员会依据本法制定。

第八十五条　本法自 1998 年 3 月 1 日起施行。

中华人民共和国刑法（摘录）

（1979 年 7 月 1 日第五届全国人民代表大会第二次会议通过　1997 年 3 月 14 日第八届全国人民代表大会第五次会议修订　根据 1999 年 12 月 25 日中华人民共和国刑法修正案、2001 年 8 月 31 日中华人民共和国刑法修正案（二）、2001 年 12 月 29 日中华人民共和国刑法修正案（三）、2002 年 12 月 28 日中华人民共和国刑法修正案（四），2005 年 2 月 28 日中华人民共和国刑法修正案（五）、2006 年 6 月 29 日中华人民共和国刑法修正案（六）、2009 年 2 月 28 日中华人民共和国刑法修正案（七）、2009 年 8 月 27 日《全国人民代表大会常务委员会关于修改部分法律的决定》、2011 年 2 月 25 日中华人民共和国刑法修正案（八）、2015 年 8 月 29 日中华人民共和国刑法修正案（九）、2017 年 11 月 4 日中华人民共和国刑法修正案（十）修正）

第二百七十六条之一　以转移财产、逃匿等方法逃避支付劳动者的劳动报酬或者有能力支付而不支付劳动者的劳动报酬，数额较大，经政府有关部门责令支付仍不支付的，处三年以下有期徒刑或者拘役，并处或者单处罚金；造成严重后果的，处三年以上七年以下有期徒刑，并处罚金。

单位犯前款罪的，对单位判处罚金，并对其直接负责的主管人员和其他直接责任人员，依照前款的规定处罚。

有前两款行为，尚未造成严重后果，在提起公诉前支付劳动者的劳动报酬，并依法承担相应赔偿责任的，可以减轻或者免除处罚。

工资支付暂行规定

（劳部发〔1994〕489 号 1994 年 12 月 6 日发布）

第一条 为维护劳动者通过劳动获得劳动报酬的权利，规范用人单位的工资支付行为，根据《中华人民共和国劳动法》有关规定，制定本规定。

第二条 本规定适用于在中华人民共和国境内的企业、个体经济组织（以下统称用人单位）和与之形成劳动关系的劳动者。

国家机关、事业组织、社会团体和与之建立劳动合同关系的劳动者，依照本规定执行。

第三条 本规定所称工资是指用人单位依据劳动合同的规定，以各种形式支付给劳动者的工资报酬。

第四条 工资支付主要包括：工资支付项目、工资支付水平、工资支付形式、工资支付对象、工资支付时间以及特殊情况下的工资支付。

第五条 工资应当以法定货币支付。不得以实物及有价证券替代货币支付。

第六条 用人单位应将工资支付给劳动者本人。劳动者本人因故不能领取工资时，可由其亲属或委托他人代领。

用人单位可委托银行代发工资。

用人单位必须书面记录支付劳动者工资的数额、时间、领取者的姓名以及签字，并保存两年以上备查。用人单位在支付工资时应向劳动者提供一份其个人的工资清单。

第七条 工资必须在用人单位与劳动者约定的日期支付。如遇节假日或休息日，则应提前在最近的工作日支付。工资至少每月支付一次，实行周、日、小时工资制的可按周、日、小时支付工资。

第八条 对完成一次性临时劳动或某项具体工作的劳动者，用人单位应按有关协议或合同规定在其完成劳动任务后即支付工资。

第九条　劳动关系双方依法解除或终止劳动合同时，用人单位应在解除或终止劳动合同时一次付清劳动者工资。

第十条　劳动者在法定工作时间内依法参加社会活动期间，用人单位应视同其提供了正常劳动而支付工资。社会活动包括：依法行使选举权或被选举权；当选代表出席乡（镇）、区以上政府、党派、工会、青年团、妇女联合会等组织召开的会议；出任人民法庭证明人；出席劳动模范、先进工作者大会；《工会法》规定的不脱产工会基层委员会委员因工会活动占用的生产或工作时间；其它依法参加的社会活动。

第十一条　劳动者依法享受年休假、探亲假、婚假、丧假期间，用人单位应按劳动合同规定的标准支付劳动者工资。

第十二条　非因劳动者原因造成单位停工、停产在一个工资支付周期内的，用人单位应按劳动合同规定的标准支付劳动者工资。超过一个工资支付周期的，若劳动者提供了正常劳动，则支付给劳动者的劳动报酬不得低于当地的最低工资标准；若劳动者没有提供正常劳动，应按国家有关规定办理。

第十三条　用人单位在劳动者完成劳动定额或规定的工作任务后，根据实际需要安排劳动者在法定标准工作时间以外工作的，应按以下标准支付工资：

（一）用人单位依法安排劳动者在日法定标准工作时间以外延长工作时间的，按照不低于劳动合同规定的劳动者本人小时工资标准的150％支付劳动者工资；

（二）用人单位依法安排劳动者在休息日工作，而又不能安排补休的，按照不低于劳动合同规定的劳动者本人日或小时工资标准的200％支付劳动者工资；

（三）用人单位依法安排劳动者在法定休假节日工作的，按照不低于劳动合同规定的劳动者本人日或小时工资标准的300％支付劳动者工资。

实行计件工资的劳动者，在完成计件定额任务后，由用人单位安排延长工作时间的，应根据上述规定的原则，分别按照不低于其本人法定工作时间计件单价的150％、200％、300％支付其工资。

经劳动行政部门批准实行综合计算工时工作制的，其综合计算工作时间超过法定标准工作时间的部分，应视为延长工作时间，并应按本规定支付劳动者延长工作时间的工资。

实行不定时工时制度的劳动者，不执行上述规定。

第十四条　用人单位依法破产时，劳动者有权获得其工资。在破产清偿中用人单位应按《中华人民共和国企业破产法》规定的清偿顺序，首先支付欠付本单位劳动者的工资。

第十五条　用人单位不得克扣劳动者工资。有下列情况之一的，用人单位可以代扣劳动者工资：

（一）用人单位代扣代缴的个人所得税；

（二）用人单位代扣代缴的应由劳动者个人负担的各项社会保险费用；

（三）法院判决、裁定中要求代扣的抚养费、赡养费；

（四）法律、法规规定可以从劳动者工资中扣除的其他费用。

第十六条　因劳动者本人原因给用人单位造成经济损失的，用人单位可按照劳动合同的约定要求其赔偿经济损失。经济损失的赔偿，可从劳动者本人的工资中扣除。但每月扣除的部分不得超过劳动者当月工资的 20%。若扣除后的剩余工资部分低于当地月最低工资标准，则按最低工资标准支付。

第十七条　用人单位应根据本规定，通过与职工大会、职工代表大会或者其他形式协商制定内部的工资支付制度，并告知本单位全体劳动者，同时抄报当地劳动行政部门备案。

第十八条　各级劳动行政部门有权监察用人单位工资支付的情况。用人单位有下列侵害劳动者合法权益行为的，由劳动行政部门责令其支付劳动者工资和经济补偿，并可责令其支付赔偿金：

（一）克扣或者无故拖欠劳动者工资的；

（二）拒不支付劳动者延长工作时间工资的；

（三）低于当地最低工资标准支付劳动者工资的。

经济补偿和赔偿金的标准，按国家有关规定执行。

第十九条　劳动者与用人单位因工资支付发生劳动争议的，当事人可依法向劳动争议仲裁机关申请仲裁。对仲裁裁决不服的，可以向人民法院提起诉讼。

第二十条　本规定自一九九五年一月一日起执行。

劳动保障监察条例

（中华人民共和国国务院令第 423 号　2004 年 11 月 1 日公布）

第一章　总　则

第一条　为了贯彻实施劳动和社会保障（以下称劳动保障）法律、法规和规章，规范劳动保障监察工作，维护劳动者的合法权益，根据劳动法和有关法律，制定本条例。

第二条　对企业和个体工商户（以下称用人单位）进行劳动保障监察，适用本条例。

对职业介绍机构、职业技能培训机构和职业技能考核鉴定机构进行劳动保障监察，依照本条例执行。

第三条　国务院劳动保障行政部门主管全国的劳动保障监察工作。县级以上地方各级人民政府劳动保障行政部门主管本行政区域内的劳动保障监察工作。

县级以上各级人民政府有关部门根据各自职责，支持、协助劳动保障行政部门的劳动保障监察工作。

第四条　县级、设区的市级人民政府劳动保障行政部门可以委托符合监察执法条件的组织实施劳动保障监察。

劳动保障行政部门和受委托实施劳动保障监察的组织中的劳动保障监察员应当经过相应的考核或者考试录用。

劳动保障监察证件由国务院劳动保障行政部门监制。

第五条　县级以上地方各级人民政府应当加强劳动保障监察工作。劳动保障监察所需经费列入本级财政预算。

第六条　用人单位应当遵守劳动保障法律、法规和规章，接受并配合劳动保障监察。

第七条　各级工会依法维护劳动者的合法权益，对用人单位遵守劳动保障法律、法规和规章的情况进行监督。

劳动保障行政部门在劳动保障监察工作中应当注意听取工会组织的意见和建议。

第八条　劳动保障监察遵循公正、公开、高效、便民的原则。

实施劳动保障监察，坚持教育与处罚相结合，接受社会监督。

第九条　任何组织或者个人对违反劳动保障法律、法规或者规章的行为，有权向劳动保障行政部门举报。

劳动者认为用人单位侵犯其劳动保障合法权益的，有权向劳动保障行政部门投诉。

劳动保障行政部门应当为举报人保密；对举报属实，为查处重大违反劳动保障法律、法规或者规章的行为提供主要线索和证据的举报人，给予奖励。

第二章　劳动保障监察职责

第十条　劳动保障行政部门实施劳动保障监察，履行下列职责：

（一）宣传劳动保障法律、法规和规章，督促用人单位贯彻执行；

（二）检查用人单位遵守劳动保障法律、法规和规章的情况；

（三）受理对违反劳动保障法律、法规或者规章的行为的举报、投诉；

（四）依法纠正和查处违反劳动保障法律、法规或者规章的行为。

第十一条　劳动保障行政部门对下列事项实施劳动保障监察：

（一）用人单位制定内部劳动保障规章制度的情况；

（二）用人单位与劳动者订立劳动合同的情况；

（三）用人单位遵守禁止使用童工规定的情况；

（四）用人单位遵守女职工和未成年工特殊劳动保护规定的情况；

（五）用人单位遵守工作时间和休息休假规定的情况；

（六）用人单位支付劳动者工资和执行最低工资标准的情况；

（七）用人单位参加各项社会保险和缴纳社会保险费的情况；

（八）职业介绍机构、职业技能培训机构和职业技能考核鉴定机构遵守国家有关职业介绍、职业技能培训和职业技能考核鉴定的规定的情况；

（九）法律、法规规定的其他劳动保障监察事项。

第十二条 劳动保障监察员依法履行劳动保障监察职责，受法律保护。

劳动保障监察员应当忠于职守，秉公执法，勤政廉洁，保守秘密。

任何组织或者个人对劳动保障监察员的违法违纪行为，有权向劳动保障行政部门或者有关机关检举、控告。

第三章　劳动保障监察的实施

第十三条 对用人单位的劳动保障监察，由用人单位用工所在地的县级或者设区的市级劳动保障行政部门管辖。

上级劳动保障行政部门根据工作需要，可以调查处理下级劳动保障行政部门管辖的案件。劳动保障行政部门对劳动保障监察管辖发生争议的，报请共同的上一级劳动保障行政部门指定管辖。

省、自治区、直辖市人民政府可以对劳动保障监察的管辖制定具体办法。

第十四条 劳动保障监察以日常巡视检查、审查用人单位按照要求报送的书面材料以及接受举报投诉等形式进行。

劳动保障行政部门认为用人单位有违反劳动保障法律、法规或者规章的行为，需要进行调查处理的，应当及时立案。

劳动保障行政部门或者受委托实施劳动保障监察的组织应当设立举报、投诉信箱和电话。

对因违反劳动保障法律、法规或者规章的行为引起的群体性事件，劳动保障行政部门应当根据应急预案，迅速会同有关部门处理。

第十五条 劳动保障行政部门实施劳动保障监察，有权采取下列调查、检查措施：

（一）进入用人单位的劳动场所进行检查；

（二）就调查、检查事项询问有关人员；

（三）要求用人单位提供与调查、检查事项相关的文件资料，并作出解释和说明，必要时可以发出调查询问书；

（四）采取记录、录音、录像、照相或者复制等方式收集有关情况和资料；

（五）委托会计师事务所对用人单位工资支付、缴纳社会保险费的情况进行审计；

（六）法律、法规规定可以由劳动保障行政部门采取的其他调查、检查措施。

劳动保障行政部门对事实清楚、证据确凿、可以当场处理的违反劳动保障法律、法规或者规章的行为有权当场予以纠正。

第十六条　劳动保障监察员进行调查、检查，不得少于 2 人，并应当佩戴劳动保障监察标志、出示劳动保障监察证件。

劳动保障监察员办理的劳动保障监察事项与本人或者其近亲属有直接利害关系的，应当回避。

第十七条　劳动保障行政部门对违反劳动保障法律、法规或者规章的行为的调查，应当自立案之日起 60 个工作日内完成；对情况复杂的，经劳动保障行政部门负责人批准，可以延长 30 个工作日。

第十八条　劳动保障行政部门对违反劳动保障法律、法规或者规章的行为，根据调查、检查的结果，作出以下处理：

（一）对依法应当受到行政处罚的，依法作出行政处罚决定；

（二）对应当改正未改正的，依法责令改正或者作出相应的行政处理决定；

（三）对情节轻微且已改正的，撤销立案。

发现违法案件不属于劳动保障监察事项的，应当及时移送有关部门处理；涉嫌犯罪的，应当依法移送司法机关。

第十九条　劳动保障行政部门对违反劳动保障法律、法规或者规章的行为作出行政处罚或者行政处理决定前，应当听取用人单位的陈述、申辩；作出行政处罚或者行政处理决定，应当告知用人单位依法享有申请行政复议或者提起行政诉讼的权利。

第二十条　违反劳动保障法律、法规或者规章的行为在 2 年内未被劳动保障行政部门发现，也未被举报、投诉的，劳动保障行政部门不再查处。

前款规定的期限，自违反劳动保障法律、法规或者规章的行为发生之日起计算；违反劳动保障法律、法规或者规章的行为有连续或者继续状态的，自行为终了之日起计算。

第二十一条　用人单位违反劳动保障法律、法规或者规章，对劳动者造成损害的，依法承担赔偿责任。劳动者与用人单位就赔偿发生争议的，依照国家有关劳动争议处理的规定处理。

对应当通过劳动争议处理程序解决的事项或者已经按照劳动争议处理程序申请调解、仲裁或者已经提起诉讼的事项，劳动保障行政部门应当告知投诉人依照劳动争议处理或者诉讼的程序办理。

第二十二条 劳动保障行政部门应当建立用人单位劳动保障守法诚信档案。用人单位有重大违反劳动保障法律、法规或者规章的行为的，由有关的劳动保障行政部门向社会公布。

第四章 法律责任

第二十三条 用人单位有下列行为之一的，由劳动保障行政部门责令改正，按照受侵害的劳动者每人 1000 元以上 5000 元以下的标准计算，处以罚款：

（一）安排女职工从事矿山井下劳动、国家规定的第四级体力劳动强度的劳动或者其他禁忌从事的劳动的；

（二）安排女职工在经期从事高处、低温、冷水作业或者国家规定的第三级体力劳动强度的劳动的；

（三）安排女职工在怀孕期间从事国家规定的第三级体力劳动强度的劳动或者孕期禁忌从事的劳动的；

（四）安排怀孕 7 个月以上的女职工夜班劳动或者延长其工作时间的；

（五）女职工生育享受产假少于 90 天的；

（六）安排女职工在哺乳未满 1 周岁的婴儿期间从事国家规定的第三级体力劳动强度的劳动或者哺乳期禁忌从事的其他劳动，以及延长其工作时间或者安排其夜班劳动的；

（七）安排未成年工从事矿山井下、有毒有害、国家规定的第四级体力劳动强度的劳动或者其他禁忌从事的劳动的；

（八）未对未成年工定期进行健康检查的。

第二十四条 用人单位与劳动者建立劳动关系不依法订立劳动合同的，由劳动保障行政部门责令改正。

第二十五条 用人单位违反劳动保障法律、法规或者规章延长劳动者工作时间的，由劳动保障行政部门给予警告，责令限期改正，并可以按照受侵害的劳动者每人 100 元以上 500 元以下的标准计算，处以罚款。

第二十六条 用人单位有下列行为之一的，由劳动保障行政部门分别责令限期支付劳动者的工资报酬、劳动者工资低于当地最低工资标准的差额或者解除劳动合同的经济补偿;逾期不支付的,责令用人单位按照应付金额50%以上1倍以下的标准计算,向劳动者加付赔偿金:

（一）克扣或者无故拖欠劳动者工资报酬的;

（二）支付劳动者的工资低于当地最低工资标准的;

（三）解除劳动合同未依法给予劳动者经济补偿的。

第二十七条　用人单位向社会保险经办机构申报应缴纳的社会保险费数额时,瞒报工资总额或者职工人数的,由劳动保障行政部门责令改正,并处瞒报工资数额1倍以上3倍以下的罚款。

骗取社会保险待遇或者骗取社会保险基金支出的,由劳动保障行政部门责令退还,并处骗取金额1倍以上3倍以下的罚款;构成犯罪的,依法追究刑事责任。

第二十八条　职业介绍机构、职业技能培训机构或者职业技能考核鉴定机构违反国家有关职业介绍、职业技能培训或者职业技能考核鉴定的规定的,由劳动保障行政部门责令改正,没收违法所得,并处1万元以上5万元以下的罚款;情节严重的,吊销许可证。

未经劳动保障行政部门许可,从事职业介绍、职业技能培训或者职业技能考核鉴定的组织或者个人,由劳动保障行政部门、工商行政管理部门依照国家有关无照经营查处取缔的规定查处取缔。

第二十九条　用人单位违反《中华人民共和国工会法》,有下列行为之一的,由劳动保障行政部门责令改正:

（一）阻挠劳动者依法参加和组织工会,或者阻挠上级工会帮助、指导劳动者筹建工会的;

（二）无正当理由调动依法履行职责的工会工作人员的工作岗位,进行打击报复的;

（三）劳动者因参加工会活动而被解除劳动合同的;

（四）工会工作人员因依法履行职责被解除劳动合同的。

第三十条　有下列行为之一的,由劳动保障行政部门责令改正;对有第（一）项、第（二）项或者第（三）项规定的行为的,处2000元以上2万元以下的罚款:

（一）无理抗拒、阻挠劳动保障行政部门依照本条例的规定实施劳动保障监察的；

（二）不按照劳动保障行政部门的要求报送书面材料，隐瞒事实真相，出具伪证或者隐匿、毁灭证据的；

（三）经劳动保障行政部门责令改正拒不改正，或者拒不履行劳动保障行政部门的行政处理决定的；

（四）打击报复举报人、投诉人的。

违反前款规定，构成违反治安管理行为的，由公安机关依法给予治安管理处罚；构成犯罪的，依法追究刑事责任。

第三十一条 劳动保障监察员滥用职权、玩忽职守、徇私舞弊或者泄露在履行职责过程中知悉的商业秘密的，依法给予行政处分；构成犯罪的，依法追究刑事责任。

劳动保障行政部门和劳动保障监察员违法行使职权，侵犯用人单位或者劳动者的合法权益的，依法承担赔偿责任。

第三十二条 属于本条例规定的劳动保障监察事项，法律、其他行政法规对处罚另有规定的，从其规定。

第五章　附　则

第三十三条 对无营业执照或者已被依法吊销营业执照，有劳动用工行为的，由劳动保障行政部门依照本条例实施劳动保障监察，并及时通报工商行政管理部门予以查处取缔。

第三十四条 国家机关、事业单位、社会团体执行劳动保障法律、法规和规章的情况，由劳动保障行政部门根据其职责，依照本条例实施劳动保障监察。

第三十五条 劳动安全卫生的监督检查，由卫生部门、安全生产监督管理部门、特种设备安全监督管理部门等有关部门依照有关法律、行政法规的规定执行。

第三十六条 本条例自 2004 年 12 月 1 日起施行。

关于加强对拒不支付劳动报酬案件
查处工作的通知

（人社部发〔2012〕3 号　2012 年 1 月 14 日发布）

各省、自治区、直辖市高级人民法院、人民检察院、人力资源社会保障厅（局）、公安厅（局），新疆维吾尔自治区高级人民法院生产建设兵团分院，新疆生产建设兵团人民检察院、人力资源社会保障局、公安局：

为贯彻执行《中华人民共和国刑法修正案（八）》关于拒不支付劳动报酬罪的规定，完善劳动保障监察执法与刑事司法衔接制度，加大对拒不支付劳动报酬、侵害劳动者权益行为的打击力度，切实维护劳动者合法权益和社会公平正义，根据《中华人民共和国刑法》、《中华人民共和国刑事诉讼法》、《行政执法机关移送涉嫌犯罪案件的规定》等法律法规的有关规定，现就进一步加强涉及拒不支付劳动报酬案件查处和司法移送工作通知如下：

一、统一思想认识，高度重视拒不支付劳动报酬案件依法查处和司法移送工作，严惩劳动保障领域违法犯罪行为

当前，个别企业和个人有的有能力支付而不支付劳动者劳动报酬，有的通过转移财产、逃匿等方法逃避支付劳动者的劳动报酬，致使一些劳动者生活陷入困境，甚至引发群体性事件，严重侵害了劳动者的合法权益，影响社会和谐稳定。依法惩治拒不支付劳动报酬违法犯罪行为，保护劳动者合法权益，对于化解社会矛盾，保障社会和谐稳定，促进公平正义具有重要作用。建立劳动保障监察执法与刑事司法衔接工作制度是依法履行职责、捍卫劳动者合法权益的重要保证，是依法严厉打击拒不支付劳动报酬违法犯罪行为的必然要求。各级人民法院、人民检察院、人力资源社会保障部门、公安机关要进一步统一思想，高度重视，充分认识此类违法犯罪活动的严重性、危害性，增强政治责任感，密切分工协作，依法移送和查处拒不支付劳动报酬涉嫌犯罪案件，及时查办一批典型案件，有力打击拒不支付劳动报酬的犯罪行为，维护法律权威，保障劳动者的合法权益，促进劳动关系和谐稳定与社会公平正义。

二、切实履行职责，依法查处拒不支付劳动报酬违法犯罪案件

人力资源社会保障部门、公安机关、人民检察院、人民法院要按照有关规定，认真做好拒不支付劳动报酬行为涉嫌犯罪案件的调查、移交、侦办、审查批捕、审查起诉和审判，尽可能提高办案效率，并及时将有关情况进行通报。

人力资源社会保障部门要依法对用人单位遵守劳动保障法律、法规和规章的情况进行监督检查，通过各种检查方式监督用人单位劳动报酬支付情况，依法受理拖欠劳动报酬的举报、投诉。经调查，对违法事实清楚、证据确凿的，应当依法及时责令用人单位向劳动者支付劳动报酬。行为人逃匿的，人力资源社会保障部门可以在行为人住所地、办公地点、生产经营场所或者建筑施工项目所在地张贴责令支付的文书，或者采取将责令支付的文书送交其单位管理人员及近亲属等适当方式。对涉嫌犯罪的案件，应按照《行政执法机关移送涉嫌犯罪案件的规定》的要求，核实案情向本部门负责人报告并经同意后制作《涉嫌犯罪案件移送书》，在规定期限内将案件向同级公安机关移送，并抄送同级人民检察院备案。

公安机关对人力资源社会保障部门移送涉嫌犯罪的拒不支付劳动报酬案件，应依法及时审查决定是否立案。认为有犯罪事实，需要追究刑事责任的，依法立案，并及时查明犯罪事实，正确运用法律惩罚犯罪，保障劳动者的合法权益不受侵害。

人民检察院要依法及时做好此类案件的立案监督、审查批捕、审查起诉等检察工作，对工作中发现的职务犯罪线索应当认真审查，依法处理。

人民法院要依法及时受理、审理各类拖欠劳动报酬纠纷，对其中构成犯罪的，要坚决依法追究刑事责任。

公安机关、人民检察院、人民法院在案件审查过程中，可以告知劳动者有提起刑事附带民事诉讼的权利。

对不依法移送或者不依法办理涉嫌拒不支付劳动报酬犯罪案件的国家工作人员，要依法追究行政纪律责任；构成犯罪的，要依法追究刑事责任。

三、加强协调配合，做好拒不支付劳动报酬案件移送工作

人力资源社会保障部门向公安机关移送涉嫌犯罪案件，应当附有《涉嫌犯罪案件移送书》、涉嫌拒不支付劳动报酬犯罪案件调查报告、涉案的有关书证、物证及其他有关涉嫌犯罪的材料。在移送案件时已经作出行政处罚决定的，应当将行政处罚决定书一并抄送公安机关、人民检察院；未作出行政处罚决定的，原则上应当在公安机关决定不予立案或者撤销案件、人民检察院作出不起诉决定、人民法院作出无罪判决或者免予刑事处罚后，再决定是否给予行政处罚。

公安机关对人力资源社会保障部门移送的涉嫌拒不支付劳动报酬犯罪案件，应当予以受理，并在涉嫌犯罪案件移送书回执上签字。对于不属于本部门管辖的，应在受理后 24 小时内转送有管辖权的部门，并书面告知移送案件的人力资源社会保障部门。

公安机关作出立案或者不立案决定，应当在作出决定之日起 3 日内书面告知移送案件的人力资源社会保障部门。决定不立案的，应当同时退回案卷材料，并书面说明不立案的理由。

人力资源社会保障部门对于公安机关不予立案的决定有异议的，可以自接到通知后 3 日内向作出不予立案的公安机关提出复议，也可以建议检察机关依法进行立案监督。

在涉案人员众多、涉嫌跨区域犯罪、社会影响较大或涉嫌犯罪行为人故意销毁会计账簿、转移财产、逃匿、暴力抗拒执法等紧急情形下，人力资源社会保障部门应当及时通报公安机关，公安机关应当依法及时处置。

上级人力资源社会保障部门和公安机关应当对下级人力资源社会保障部门和公安机关执行本通知的情况进行督促检查，定期抽查案件查办情况，及时纠正案件移送工作中的问题和错误。

四、建立沟通机制，确保劳动保障监察执法与刑事司法工作有效衔接

在办理拒不支付劳动报酬案件的过程中，各级人力资源社会保障部门和人民法院、人民检察院、公安机关要加强沟通协调、通力合作，形成打击合力。各级人力资源社会保障部门要与当地人民法院、人民检察院、公安机关

建立拒不支付劳动报酬案件移送的联系机制，加强联动配合，确保工作衔接顺畅，案件查处及时有力。要定期组织召开联席会议，互通查处违法犯罪行为以及劳动保障监察执法与刑事司法衔接工作的有关情况，研究解决衔接工作中存在的问题，提出加强衔接工作的措施，切实打击拒不支付劳动报酬的犯罪行为。要健全信息通报制度，通过简报、会议、网络等多种形式实现信息共享，推动劳动保障监察执法与刑事司法衔接工作深入开展。

五、加大宣传力度，及时公布拒不支付劳动报酬案件查处结果

各地要通过广播、电视、报刊、网络等多种渠道向社会广泛宣传拒不支付劳动报酬违法犯罪行为的危害，大力宣传依法打击拒不支付劳动报酬违法犯罪行为的决心。要支持新闻媒体开展舆论监督，畅通信息交流渠道，认真调查处理新闻媒体报道的拒不支付劳动报酬行为，做好相关案件的宣传报道和舆论引导工作，并依法将查处的严重违法犯罪案件向社会公布，达到惩处违法犯罪行为、震慑犯罪分子的目的。

附件（略）

最高人民法院
最高人民检察院
人力资源和社会保障部
公安部
2012 年 1 月 14 日

关于加强涉嫌拒不支付劳动报酬犯罪案件查处衔接工作的通知

（人社部发〔2014〕100号　2014年12月23日发布）

各省、自治区、直辖市高级人民法院、人民检察院、人力资源社会保障厅（局）、公安厅（局），新疆维吾尔自治区高级人民法院生产建设兵团分院，新疆生产建设兵团人民检察院、人力资源社会保障局、公安局：

为贯彻执行《中华人民共和国刑法》和《最高人民法院关于审理拒不支付劳动报酬刑事案件适用法律若干问题的解释》（法释〔2013〕3号）关于拒不支付劳动报酬罪的相关规定，进一步完善人力资源社会保障行政执法和刑事司法衔接制度，加大对拒不支付劳动报酬犯罪行为的打击力度，切实维护劳动者合法权益，根据《行政执法机关移送涉嫌犯罪案件的规定》（国务院2001年第310号令）及有关规定，现就进一步做好涉嫌拒不支付劳动报酬犯罪案件查处衔接工作通知如下：

一、切实加强涉嫌拒不支付劳动报酬违法犯罪案件查处工作

（一）由于行为人逃匿导致工资账册等证据材料无法调取或用人单位在规定的时间内未提供有关工资支付等相关证据材料的，人力资源社会保障部门应及时对劳动者进行调查询问并制作询问笔录，同时应积极收集可证明劳动用工、欠薪数额等事实的相关证据，依据劳动者提供的工资数额及其他有关证据认定事实。调查询问过程一般要录音录像。

（二）行为人拖欠劳动者劳动报酬后，人力资源社会保障部门通过书面、电话、短信等能够确认其收悉的方式，通知其在指定的时间内到指定的地点配合解决问题，但其在指定的时间内未到指定的地点配合解决问题或明确表示拒不支付劳动报酬的，视为刑法第二百七十六条之一第一款规定的"以逃匿方法逃避支付劳动者的劳动报酬"。但是，行为人有证据证明因自然灾害、

— 215 —

突发重大疾病等非人力所能抗拒的原因造成其无法在指定的时间内到指定的地点配合解决问题的除外。

（三）企业将工程或业务分包、转包给不具备用工主体资格的单位或个人，该单位或个人违法招用劳动者不支付劳动报酬的，人力资源社会保障部门应向具备用工主体资格的企业下达限期整改指令书或行政处罚决定书，责令该企业限期支付劳动者劳动报酬。对于该企业有充足证据证明已向不具备用工主体资格的单位或个人支付了劳动者全部的劳动报酬，该单位或个人仍未向劳动者支付的，应向不具备用工主体资格的单位或个人下达限期整改指令书或行政处理决定书，并要求企业监督该单位或个人向劳动者发放到位。

（四）经人力资源社会保障部门调查核实，行为人拖欠劳动者劳动报酬事实清楚、证据确凿、数额较大的，应及时下达责令支付文书。对于行为人逃匿，无法将责令支付文书送交其同住成年家属或所在单位负责收件人的，人力资源社会保障部门可以在行为人住所地、办公地、生产经营场所、建筑施工项目所在地等地张贴责令支付文书，并采用拍照、录像等方式予以记录，相关影像资料应当纳入案卷。

二、切实规范涉嫌拒不支付劳动报酬犯罪案件移送工作

（一）人力资源社会保障部门向公安机关移送涉嫌拒不支付劳动报酬犯罪案件应按照《行政执法机关移送涉嫌犯罪案件的规定》的要求，履行相关手续，并制作《涉嫌犯罪案件移送书》，在规定的期限内将案件移送公安机关。移送的案件卷宗中应当附有以下材料：

1. 涉嫌犯罪案件移送书；
2. 涉嫌拒不支付劳动报酬犯罪案件调查报告；
3. 涉嫌犯罪案件移送审批表；
4. 限期整改指令书或行政处理决定书等执法文书及送达证明材料；
5. 劳动者本人或劳动者委托代理人调查询问笔录；
6. 拖欠劳动者劳动报酬的单位或个人的基本信息；
7. 涉案的书证、物证等有关涉嫌拒不支付劳动报酬的证据材料。

人力资源社会保障部门向公安机关移送涉嫌犯罪案件应当移送与案件相关的全部材料，同时应将案件移送书及有关材料目录抄送同级人民检察院。在移送涉嫌犯罪案件时已经作出行政处罚决定的，应当将行政处罚决定书一

并抄送公安机关、人民检察院。

（二）公安机关收到人力资源社会保障部门移送的涉嫌犯罪案件，应当在涉嫌犯罪案件移送书回执上签字，对移送材料不全的，可通报人力资源社会保障部门按上述规定补充移送。受理后认为不属于本机关管辖的，应当及时转送有管辖权的机关，并书面告知移送案件的人力资源社会保障部门。对受理的案件，公安机关应当及时审查，依法作出立案或者不予立案的决定，并书面通知人力资源社会保障部门，同时抄送人民检察院。公安机关立案后决定撤销案件的，应当书面通知人力资源社会保障部门，同时抄送人民检察院。公安机关作出不立案决定或者撤销案件的，应当同时将案卷材料退回人力资源社会保障部门，并书面说明理由。

（三）人力资源社会保障部门对于公安机关不接受移送的涉嫌犯罪案件或者已受理的案件未依法及时作出立案或不立案决定的，可以建议人民检察院依法进行立案监督。对公安机关受理后作出不予立案决定的，可在接到不予立案通知书后3日内向作出决定的公安机关提请复议，也可以建议人民检察院依法进行立案监督。

（四）人民检察院发现人力资源社会保障部门对应当移送公安机关的涉嫌拒不支付劳动报酬犯罪案件不移送或者逾期不移送的，应当督促移送。人力资源社会保障部门接到人民检察院提出移送涉嫌犯罪案件的书面意见后，应当及时移送案件。人民检察院发现相关部门拒不移送案件和拒不立案行为中存在职务犯罪线索的，应当认真审查，依法处理。

三、切实完善劳动保障监察行政执法与刑事司法衔接机制

（一）人力资源社会保障部门在依法查处涉嫌拒不支付劳动报酬犯罪案件过程中，对案情复杂、性质难以认定的案件可就犯罪标准、证据固定等问题向公安机关或人民检察院咨询；对跨区域犯罪、涉及人员众多、社会影响较大的案件，人力资源社会保障部门通报公安机关的，公安机关应依法及时处置。

（二）对于涉嫌拒不支付劳动报酬犯罪案件，公安机关、人民检察院、人民法院在侦查、审查起诉和审判期间提请人力资源社会保障部门协助的，人力资源社会保障部门应当予以配合。

（三）在办理拒不支付劳动报酬犯罪案件过程中，各级人民法院、人民

检察院、人力资源社会保障部门、公安机关要加强联动配合，建立拒不支付劳动报酬犯罪案件移送的联席会议制度，定期互相通报案件办理情况，及时了解案件信息，研究解决查处拒不支付劳动报酬犯罪案件衔接工作中存在的问题，进一步完善监察行政执法与刑事司法衔接工作机制，切实发挥刑法打击拒不支付劳动报酬犯罪行为的有效作用。

最高人民法院

最高人民检察院

人力资源社会保障部

公安部

2014 年 12 月 23 日

国务院办公厅
关于全面治理拖欠农民工工资问题的意见

（国办发〔2016〕1号 2016年1月17日印发）

各省、自治区、直辖市人民政府，国务院各部委、各直属机构：

解决拖欠农民工工资问题，事关广大农民工切身利益，事关社会公平正义和社会和谐稳定。党中央、国务院历来高度重视，先后出台了一系列政策措施，各地区、各有关部门加大工作力度，经过多年治理取得了明显成效。但也要看到，这一问题尚未得到根本解决，部分行业特别是工程建设领域拖欠工资问题仍较突出，一些政府投资工程项目不同程度存在拖欠农民工工资问题，严重侵害了农民工合法权益，由此引发的群体性事件时有发生，影响社会稳定。为全面治理拖欠农民工工资问题，经国务院同意，现提出如下意见：

一、总体要求

（一）指导思想。全面贯彻党的十八大和十八届二中、三中、四中、五中全会精神，按照"四个全面"战略布局和党中央、国务院决策部署，牢固树立并切实贯彻创新、协调、绿色、开放、共享的发展理念，紧紧围绕保护农民工劳动所得，坚持标本兼治、综合治理，着力规范工资支付行为、优化市场环境、强化监管责任，健全预防和解决拖欠农民工工资问题的长效机制，切实保障农民工劳动报酬权益，维护社会公平正义，促进社会和谐稳定。

（二）目标任务。以建筑市政、交通、水利等工程建设领域和劳动密集型加工制造、餐饮服务等易发生拖欠工资问题的行业为重点，健全源头预防、动态监管、失信惩戒相结合的制度保障体系，完善市场主体自律、政府依法监管、社会协同监督、司法联动惩处的工作体系。到 2020 年，形成制度完备、责任落实、监管有力的治理格局，使拖欠农民工工资问题得到根本遏制，努力实现基本无拖欠。

二、全面规范企业工资支付行为

（三）明确工资支付各方主体责任。全面落实企业对招用农民工的工资支付责任，督促各类企业严格依法将工资按月足额支付给农民工本人，严禁将工资发放给不具备用工主体资格的组织和个人。在工程建设领域，施工总承包企业（包括直接承包建设单位发包工程的专业承包企业，下同）对所承包工程项目的农民工工资支付负总责，分包企业（包括承包施工总承包企业发包工程的专业企业，下同）对所招用农民工的工资支付负直接责任，不得以工程款未到位等为由克扣或拖欠农民工工资，不得将合同应收工程款等经营风险转嫁给农民工。

（四）严格规范劳动用工管理。督促各类企业依法与招用的农民工签订劳动合同并严格履行，建立职工名册并办理劳动用工备案。在工程建设领域，坚持施工企业与农民工先签订劳动合同后进场施工，全面实行农民工实名制管理制度，建立劳动计酬手册，记录施工现场作业农民工的身份信息、劳动考勤、工资结算等信息，逐步实现信息化实名制管理。施工总承包企业要加强对分包企业劳动用工和工资发放的监督管理，在工程项目部配备劳资专管员，建立施工人员进出场登记制度和考勤计量、工资支付等管理台账，实时掌握施工现场用工及其工资支付情况，不得以包代管。施工总承包企业和分包企业应将经农民工本人签字确认的工资支付书面记录保存两年以上备查。

（五）推行银行代发工资制度。推动各类企业委托银行代发农民工工资。在工程建设领域，鼓励实行分包企业农民工工资委托施工总承包企业直接代发的办法。分包企业负责为招用的农民工申办银行个人工资账户并办理实名制工资支付银行卡，按月考核农民工工作量并编制工资支付表，经农民工本人签字确认后，交施工总承包企业委托银行通过其设立的农民工工资（劳务费）专用账户直接将工资划入农民工个人工资账户。

三、健全工资支付监控和保障制度

（六）完善企业工资支付监控机制。构建企业工资支付监控网络，依托基层劳动保障监察网格化、网络化管理平台的工作人员和基层工会组织设立的劳动法律监督员，对辖区内企业工资支付情况实行日常监管，对发生过拖欠工资的企业实行重点监控并要求其定期申报。企业确因生产经营困难等原因需要延期支付农民工工资的，应及时向当地人力资源社会保障部门、工会组织报告。建立和完善欠薪预警系统，根据工商、税务、银行、水电供应等单位反映的企业生产经营状况相关指标变化情况，定期对重点行业企业进行综合分析研判，发现欠薪隐患要及时预警并做好防范工作。

（七）完善工资保证金制度。在建筑市政、交通、水利等工程建设领域全面实行工资保证金制度，逐步将实施范围扩大到其他易发生拖欠工资的行业。建立工资保证金差异化缴存办法，对一定时期内未发生工资拖欠的企业实行减免措施、发生工资拖欠的企业适当提高缴存比例。严格规范工资保证金动用和退还办法。探索推行业主担保、银行保函等第三方担保制度，积极引入商业保险机制，保障农民工工资支付。

（八）建立健全农民工工资（劳务费）专用账户管理制度。在工程建设领域，实行人工费用与其他工程款分账管理制度，推动农民工工资与工程材料款等相分离。施工总承包企业应分解工程价款中的人工费用，在工程项目所在地银行开设农民工工资（劳务费）专用账户，专项用于支付农民工工资。建设单位应按照工程承包合同约定的比例或施工总承包企业提供的人工费用数额，将应付工程款中的人工费单独拨付到施工总承包企业开设的农民工工资（劳务费）专用账户。农民工工资（劳务费）专用账户应向人力资源社会保障部门和交通、水利等工程建设项目主管部门备案，并委托开户银行负责日常监管，确保专款专用。开户银行发现账户资金不足、被挪用等情况，应及时向人力资源社会保障部门和交通、水利等工程建设项目主管部门报告。

（九）落实清偿欠薪责任。招用农民工的企业承担直接清偿拖欠农民工工资的主体责任。在工程建设领域，建设单位或施工总承包企业未按合同约定及时划拨工程款，致使分包企业拖欠农民工工资的，由建设单位或施工总承包企业以未结清的工程款为限先行垫付农民工工资。建设单位或施工总承包企业将工程违法发包、转包或违法分包致使拖欠农民工工资的，由建设单位或施工总承包企业依法承担清偿责任。

四、推进企业工资支付诚信体系建设

（十）完善企业守法诚信管理制度。将劳动用工、工资支付情况作为企业诚信评价的重要依据，实行分类分级动态监管。建立拖欠工资企业"黑名单"制度，定期向社会公开有关信息。人力资源社会保障部门要建立企业拖欠工资等违法信息的归集、交换和更新机制，将查处的企业拖欠工资情况纳入人民银行企业征信系统、工商部门企业信用信息公示系统、住房城乡建设等行业主管部门诚信信息平台或政府公共信用信息服务平台。推进相关信用信息系统互联互通，实现对企业信用信息互认共享。

（十一）建立健全企业失信联合惩戒机制。加强对企业失信行为的部门协同监管和联合惩戒，对拖欠工资的失信企业，由有关部门在政府资金支持、政府采购、招投标、生产许可、履约担保、资质审核、融资贷款、市场准入、评优评先等方面依法依规予以限制，使失信企业在全国范围内"一处违法、处处受限"，提高企业失信违法成本。

五、依法处置拖欠工资案件

（十二）严厉查处拖欠工资行为。加强工资支付监察执法，扩大日常巡视检查和书面材料审查覆盖范围，推进劳动保障监察举报投诉案件省级联动处理机制建设，加大拖欠农民工工资举报投诉受理和案件查处力度。完善多部门联合治理机制，深入开展农民工工资支付情况专项检查。健全地区执法协作制度，加强跨区域案件执法协作。完善劳动保障监察行政执法与刑事司法衔接机制，健全劳动保障监察机构、公安机关、检察机关、审判机关间信息共享、案情通报、案件移送等制度，推动完善人民检察院立案监督和人民法院及时财产保全等制度。对恶意欠薪涉嫌犯罪的，依法移送司法机关追究刑事责任，切实发挥刑法对打击拒不支付劳动报酬犯罪行为的威慑作用。

（十三）及时处理欠薪争议案件。充分发挥基层劳动争议调解等组织的作用，引导农民工就地就近解决工资争议。劳动人事争议仲裁机构对农民工因拖欠工资申请仲裁的争议案件优先受理、优先开庭、及时裁决、快速结案。对集体欠薪争议或涉及金额较大的欠薪争议案件要挂牌督办。加强裁审衔接与工作协调，提高欠薪争议案件裁决效率。畅通申请渠道，依法及时为农民工讨薪提供法律服务和法律援助。

（十四）完善欠薪突发事件应急处置机制。健全应急预案，及时妥善处置因拖欠农民工工资引发的突发性、群体性事件。完善欠薪应急周转金制度，探索建立欠薪保障金制度，对企业一时难以解决拖欠工资或企业主欠薪逃匿的，及时动用应急周转金、欠薪保障金或通过其他渠道筹措资金，先行垫付部分工资或基本生活费，帮助解决被拖欠工资农民工的临时生活困难。对采取非法手段讨薪或以拖欠工资为名讨要工程款，构成违反治安管理行为的，要依法予以治安处罚；涉嫌犯罪的，依法移送司法机关追究刑事责任。

六、改进建设领域工程款支付管理和用工方式

（十五）加强建设资金监管。在工程建设领域推行工程款支付担保制度，采用经济手段约束建设单位履约行为，预防工程款拖欠。加强对政府投资工程项目的管理，对建设资金来源不落实的政府投资工程项目不予批准。政府投资项目一律不得以施工企业带资承包的方式进行建设，并严禁将带资承包有关内容写入工程承包合同及补充条款。

（十六）规范工程款支付和结算行为。全面推行施工过程结算，建设单位应按合同约定的计量周期或工程进度结算并支付工程款。工程竣工验收后，对建设单位未完成竣工结算或未按合同支付工程款且未明确剩余工程款支付计划的，探索建立建设项目抵押偿付制度，有效解决拖欠工程款问题。对长期拖欠工程款结算或拖欠工程款的建设单位，有关部门不得批准其新项目开工建设。

（十七）改革工程建设领域用工方式。加快培育建筑产业工人队伍，推进农民工组织化进程。鼓励施工企业将一部分技能水平高的农民工招用为自有工人，不断扩大自有工人队伍。引导具备条件的劳务作业班组向专业企业发展。

（十八）实行施工现场维权信息公示制度。施工总承包企业负责在施工现场醒目位置设立维权信息告示牌，明示业主单位、施工总承包企业及所在

项目部、分包企业、行业监管部门等基本信息；明示劳动用工相关法律法规、当地最低工资标准、工资支付日期等信息；明示属地行业监管部门投诉举报电话和劳动争议调解仲裁、劳动保障监察投诉举报电话等信息，实现所有施工场地全覆盖。

七、加强组织领导

（十九）落实属地监管责任。按照属地管理、分级负责、谁主管谁负责的原则，完善并落实解决拖欠农民工工资问题省级人民政府负总责，市（地）、县级人民政府具体负责的工作体制。完善目标责任制度，制定实施办法，将保障农民工工资支付纳入政府考核评价指标体系。建立定期督查制度，对拖欠农民工工资问题高发频发、举报投诉量大的地区及重大违法案件进行重点督查。健全问责制度，对监管责任不落实、组织工作不到位的，要严格责任追究。对政府投资工程项目拖欠工程款并引发拖欠农民工工资问题的，要追究项目负责人责任。

（二十）完善部门协调机制。健全解决企业工资拖欠问题部际联席会议制度，联席会议成员单位调整为人力资源社会保障部、发展改革委、公安部、司法部、财政部、住房城乡建设部、交通运输部、水利部、人民银行、国资委、工商总局、全国总工会，形成治理欠薪工作合力。地方各级人民政府要建立健全由政府负责人牵头、相关部门参与的工作协调机制。人力资源社会保障部门要加强组织协调和督促检查，加大劳动保障监察执法力度。住房城乡建设、交通运输、水利等部门要切实履行行业监管责任，规范工程建设市场秩序，督促企业落实劳务用工实名制管理等制度规定，负责督办因挂靠承包、违法分包、转包、拖欠工程款等造成的欠薪案件。发展改革等部门要加强对政府投资项目的审批管理，严格审查资金来源和筹措方式。财政部门要加强对政府投资项目建设全过程的资金监管，按规定及时拨付财政资金。其他相关部门要根据职责分工，积极做好保障农民工工资支付工作。

（二十一）加大普法宣传力度。发挥新闻媒体宣传引导和舆论监督作用，大力宣传劳动保障法律法规，依法公布典型违法案件，引导企业经营者增强依法用工、按时足额支付工资的法律意识，引导农民工依法理性维权。对重点行业企业，定期开展送法上门宣讲、组织法律培训等活动。充分利用互联网、微博、微信等现代传媒手段，不断创新宣传方式，增强宣传效果，营造保障农民工工资支付的良好舆论氛围。

（二十二）加强法治建设。健全保障农民工工资支付的法律制度，在总结相关行业有效做法和各地经验基础上，加快工资支付保障相关立法，为维护农民工劳动报酬权益提供法治保障。

国务院办公厅

2016 年 1 月 17 日

企业劳动保障守法诚信等级评价办法

（人社部规〔2016〕1号　2016年7月25日发布）

第一条　为增强劳动保障监察的针对性和效率，实行企业分类监管，督促企业遵守劳动保障法律规定，履行守法诚信义务，根据《劳动保障监察条例》有关规定，制定本办法。

第二条　企业劳动保障守法诚信等级评价是根据企业遵守劳动保障法律、法规和规章的情况，对企业进行劳动保障守法诚信等级评价的行为。

第三条　开展企业劳动保障守法诚信等级评价，应当根据事实，遵循依法、公正原则。

第四条　县级以上地方人力资源社会保障行政部门按照劳动保障监察管辖范围负责企业劳动保障守法诚信等级评价工作，由劳动保障监察机构负责组织实施，每年开展一次评价。

第五条　企业劳动保障守法诚信等级评价主要依据日常巡视检查、书面材料审查、举报投诉查处以及专项检查等劳动保障监察和其他有关工作中取得的企业上一年度信用记录进行。

开展企业劳动保障守法诚信等级评价应注意听取当地政府有关部门及工会组织的意见和建议。

第六条　人力资源社会保障行政部门根据下列情况对企业劳动保障守法诚信等级进行评价：

（一）制定内部劳动保障规章制度的情况；

（二）与劳动者订立劳动合同的情况；

（三）遵守劳务派遣规定的情况；

（四）遵守禁止使用童工规定的情况；

（五）遵守女职工和未成年工特殊劳动保护规定的情况；

（六）遵守工作时间和休息休假规定的情况；

（七）支付劳动者工资和执行最低工资标准的情况；

（八）参加各项社会保险和缴纳社会保险费的情况；

（九）其他遵守劳动保障法律、法规和规章的情况。

第七条 企业劳动保障守法诚信等级划分为 A、B、C 三级：

（一）企业遵守劳动保障法律、法规和规章，未因劳动保障违法行为被查处的，评为 A 级。

（二）企业因劳动保障违法行为被查处，但不属于 C 级所列情形的，评为 B 级。

（三）企业存在下列情形之一的，评为 C 级。

1. 因劳动保障违法行为被查处三次以上（含三次）的；

2. 因劳动保障违法行为引发群体性事件、极端事件或造成严重不良社会影响的；

3. 因使用童工、强迫劳动等严重劳动保障违法行为被查处的；

4. 拒不履行劳动保障监察限期整改指令、行政处理决定或者行政处罚决定的；

5. 无理抗拒、阻挠人力资源社会保障行政部门实施劳动保障监察的；

6. 因劳动保障违法行为被追究刑事责任的。

第八条 作出劳动保障守法诚信等级评价的人力资源社会保障行政部门可以适当方式将评价结果告知企业。

第九条 劳动保障守法诚信等级评价结果应归入企业劳动保障守法诚信档案，至少保留 3 年。

第十条 人力资源社会保障行政部门根据企业劳动保障守法诚信等级评价情况，对劳动保障监察管辖范围内的企业实行分类监管。

对于被评为 A 级的企业，适当减少劳动保障监察日常巡视检查频次。

对于被评为 B 级的企业，适当增加劳动保障监察日常巡视检查频次。

对于被评为 C 级的企业，列入劳动保障监察重点对象，强化劳动保障监察日常巡视检查。

第十一条 对于被评为 C 级的企业，人力资源社会保障行政部门应对其主要负责人、直接责任人进行约谈，敦促其遵守劳动保障法律、法规和规章。

第十二条 企业劳动保障守法诚信等级评价结果确定后，发生劳动保障违法行为需要降级的，作出评价的人力资源社会保障行政部门应当重新评价，及时调整其劳动保障守法诚信等级。

第十三条 人力资源社会保障行政部门应当与工商、金融、住房城乡建设、税务等部门和工会组织建立信用信息交换共享机制，对企业实行守信联合激励和失信联合惩戒。

第十四条 人力资源社会保障行政部门应当加强劳动保障监察管理信息系统建设，充分利用信息技术和手段，整合信息资源，提高企业劳动保障守法诚信等级评价工作效率。

第十五条 人力资源社会保障行政部门工作人员在企业劳动保障守法诚信等级评价工作中滥用职权、玩忽职守、徇私舞弊的，按照有关规定给予处分。

第十六条 对其他劳动保障监察对象开展劳动保障守法诚信等级评价工作，依照本办法执行。

第十七条 省级人力资源社会保障行政部门可根据本办法和本地实际，制定实施办法。

第十八条 本办法自 2017 年 1 月 1 日起施行。

拖欠农民工工资"黑名单"管理暂行办法

（人社部规〔2017〕16 号　2017 年 9 月 25 日发布）

第一条　为规范拖欠农民工工资"黑名单"管理工作，加强对拖欠工资违法失信用人单位的惩戒，维护劳动者合法权益，根据《企业信息公示暂行条例》、《国务院关于建立完善守信联合激励和失信联合惩戒制度加快推进社会诚信建设的指导意见》（国发〔2016〕33 号）、《国务院办公厅关于全面治理拖欠农民工工资问题的意见》（国办发〔2016〕1 号），制定本办法。

第二条　本办法所称拖欠农民工工资"黑名单"（以下简称拖欠工资"黑名单"），是指违反国家工资支付法律法规规章规定，存在本办法第五条所列拖欠工资情形的用人单位及其法定代表人、其他责任人。

第三条　人力资源社会保障部负责指导监督全国拖欠工资"黑名单"管理工作。

省、自治区、直辖市人力资源社会保障行政部门负责指导监督本行政区域拖欠工资"黑名单"管理工作，每半年向人力资源社会保障部报送本行政区域的拖欠工资"黑名单"。

地方人力资源社会保障行政部门依据行政执法管辖权限，负责拖欠工资"黑名单"管理的具体实施工作。

第四条　拖欠工资"黑名单"管理实行"谁执法，谁认定，谁负责"，遵循依法依规、公平公正、客观真实的原则。

第五条　用人单位存在下列情形之一的，人力资源社会保障行政部门应当自查处违法行为并作出行政处理或处罚决定之日起 20 个工作日内，按照管辖权限将其列入拖欠工资"黑名单"。

（一）克扣、无故拖欠农民工工资报酬，数额达到认定拒不支付劳动报酬罪数额标准的；

（二）因拖欠农民工工资违法行为引发群体性事件、极端事件造成严重不良社会影响的。

将劳务违法分包、转包给不具备用工主体资格的组织和个人造成拖欠农民工工资且符合前款规定情形的，应将违法分包、转包单位及不具备用工主体资格的组织和个人一并列入拖欠工资"黑名单"。

第六条 人力资源社会保障行政部门将用人单位列入拖欠工资"黑名单"的，应当提前书面告知，听取其陈述和申辩意见。核准无误的，应当作出列入决定。

列入决定应当列明用人单位名称及其法定代表人、其他责任人姓名、统一社会信用代码、列入日期、列入事由、权利救济期限和途径、作出决定机关等。

第七条 人力资源社会保障行政部门应当按照有关规定，将拖欠工资"黑名单"信息通过部门门户网站、"信用中国"网站、国家企业信用信息公示系统等予以公示。

第八条 人力资源社会保障行政部门应当按照有关规定，将拖欠工资"黑名单"信息纳入当地和全国信用信息共享平台，由相关部门在各自职责范围内依法依规实施联合惩戒，在政府资金支持、政府采购、招投标、生产许可、资质审核、融资贷款、市场准入、税收优惠、评优评先等方面予以限制。

第九条 拖欠工资"黑名单"实行动态管理。

用人单位首次被列入拖欠工资"黑名单"的期限为 1 年，自作出列入决定之日起计算。

列入拖欠工资"黑名单"的用人单位改正违法行为且自列入之日起 1 年内未再发生第五条规定情形的，由作出列入决定的人力资源社会保障行政部门于期满后 20 个工作日内决定将其移出拖欠工资"黑名单"；用人单位未改正违法行为或者列入期间再次发生第五条规定情形的，期满不予移出并自动续期 2 年。

已移出拖欠工资"黑名单"的用人单位再次发生第五条规定情形，再次列入拖欠工资"黑名单"，期限为 2 年。

第十条 人力资源社会保障行政部门决定将用人单位移出拖欠工资"黑名单"的，应当通过部门门户网站、"信用中国"网站、国家企业信用信息公示系统等予以公示。

第十一条　用人单位被列入拖欠工资"黑名单"所依据的行政处理或处罚决定被依法变更或者撤销的，作出列入决定的人力资源社会保障行政部门应当及时更正拖欠工资"黑名单"。

第十二条　用人单位被移出拖欠工资"黑名单"管理的，相关部门联合惩戒措施即行终止。

第十三条　人力资源社会保障等行政部门工作人员在实施拖欠工资"黑名单"管理过程中，滥用职权、玩忽职守、徇私舞弊的，依法予以处理。

第十四条　各省级人力资源社会保障行政部门可根据本办法制定实施细则。

第十五条　本办法自 2018 年 1 月 1 日起施行。

保障农民工工资支付工作考核办法

(国办发〔2017〕96号　2017年12月6日印发)

第一条　为落实保障农民工工资支付工作的属地监管责任，有效预防和解决拖欠农民工工资问题，切实保障农民工劳动报酬权益，维护社会公平正义，促进社会和谐稳定，根据有关规定，制定本办法。

第二条　本办法适用于对各省（区、市）人民政府及新疆生产建设兵团（以下统称各省级政府）保障农民工工资支付工作的年度考核。

第三条　考核工作在国务院领导下，由解决企业工资拖欠问题部际联席会议（以下简称部际联席会议）负责实施，部际联席会议办公室具体组织落实。考核工作从2017年到2020年，每年开展一次。

第四条　考核工作坚持目标导向、问题导向和结果导向，遵循客观公正原则，突出重点，注重实效。

第五条　考核内容主要包括加强对保障农民工工资支付工作的组织领导、建立健全工资支付保障制度、治理欠薪特别是工程建设领域欠薪工作成效等情况。

第六条　部际联席会议办公室组织部际联席会议各成员单位制定年度考核方案及细则，明确具体考核指标和分值。

第七条　考核工作于考核年度次年年初开始，4月底前完成。按照以下步骤进行：

（一）省级自查。各省级政府对照考核方案及细则，对考核年度保障农民工工资支付工作进展情况和成效进行自查，填报自查考核表，形成自查报告，于2月底前报送部际联席会议办公室。各省级政府对自查报告真实性、准确性负责。

（二）实地核查。3月底前，由部际联席会议办公室组织部际联席会议各成员单位组成考核组，采取抽查等方式，对省级政府考核年度保障农民工工资支付工作进展情况和成效进行实地核查，对相关考核指标进行评估。实地核查采取听取汇报、抽样调查、核验资料、明察暗访等方式进行。

（三）综合评议。部际联席会议办公室组织部际联席会议各成员单位根据各地自查情况，结合实地核查和社会治安综合治理、公安、信访等部门掌握的情况，进行考核评议，形成考核报告，报部际联席会议审议。

第八条 考核采取分级评分法，基准分为 100 分，考核结果分为 A、B、C 三个等级。

（一）符合下列条件的，考核等级为 A 级：

1. 领导重视、工作机制健全，各项工资支付保障制度完备、落实得力，工作成效明显；

2. 考核得分排在全国前十名。

（二）有下列情形之一的，考核等级为 C 级：

1. 保障农民工工资支付工作不力、成效不明显、欠薪问题突出，考核得分排在全国后三名的；

2. 发生 5 起及以上因拖欠农民工工资引发 50 人以上群体性事件，或发生 2 起及以上因政府投资工程项目拖欠农民工工资引发 50 人以上群体性事件的；

3. 发生 1 起及以上因拖欠农民工工资引发极端事件并造成严重后果的。

（三）考核等级在 A、C 级以外的为 B 级。

第九条 考核结果报经国务院同意后，由部际联席会议向各省级政府通报，并抄送中央组织部，作为对各省级政府领导班子和有关领导干部进行综合考核评价的参考。考核过程中发现需要问责的问题线索，移交纪检监察机关。

第十条 对考核等级为 A 级的，由部际联席会议予以通报表扬；对考核等级为 C 级的，由部际联席会议对该省级政府有关负责人进行约谈，提出限期整改要求。被约谈省级政府应当制定整改措施，并在被约谈后 2 周内提交书面报告，由部际联席会议办公室负责督促落实。

第十一条 对在考核工作中弄虚作假、瞒报谎报造成考核结果失实的，予以通报批评；情节严重的，依纪依法追究相关人员责任。

第十二条 各省级政府可参照本办法，结合本地区实际制定相关办法，加强对本地区各级政府保障农民工工资支付工作的考核。

第十二条 本办法由部际联席会议办公室负责解释，自印发之日起施行。

建筑工程施工
发包与承包违法行为认定查处管理办法

(建市规〔2019〕1号 2019年1月3日印发)

第一条 为规范建筑工程施工发包与承包活动中违法行为的认定、查处和管理，保证工程质量和施工安全，有效遏制发包与承包活动中的违法行为，维护建筑市场秩序和建筑工程主要参与方的合法权益，根据《中华人民共和国建筑法》《中华人民共和国招标投标法》《中华人民共和国合同法》《建设工程质量管理条例》《建设工程安全生产管理条例》《中华人民共和国招标投标法实施条例》等法律法规，以及《全国人大法工委关于对建筑施工企业母公司承接工程后交由子公司实施是否属于转包以及行政处罚两年追诉期认定法律适用问题的意见》(法工办发〔2017〕223号)，结合建筑活动实践，制定本办法。

第二条 本办法所称建筑工程，是指房屋建筑和市政基础设施工程及其附属设施和与其配套的线路、管道、设备安装工程。

第三条 住房和城乡建设部对全国建筑工程施工发包与承包违法行为的认定查处工作实施统一监督管理。

县级以上地方人民政府住房和城乡建设主管部门在其职责范围内具体负责本行政区域内建筑工程施工发包与承包违法行为的认定查处工作。

本办法所称的发包与承包违法行为具体是指违法发包、转包、违法分包及挂靠等违法行为。

第四条 建设单位与承包单位应严格依法签订合同，明确双方权利、义务、责任，严禁违法发包、转包、违法分包和挂靠，确保工程质量和施工安全。

第五条 本办法所称违法发包，是指建设单位将工程发包给个人或不具有相应资质的单位、肢解发包、违反法定程序发包及其他违反法律法规规定发包的行为。

第六条　存在下列情形之一的，属于违法发包：

（一）建设单位将工程发包给个人的；

（二）建设单位将工程发包给不具有相应资质的单位的；

（三）依法应当招标未招标或未按照法定招标程序发包的；

（四）建设单位设置不合理的招标投标条件，限制、排斥潜在投标人或者投标人的；

（五）建设单位将一个单位工程的施工分解成若干部分发包给不同的施工总承包或专业承包单位的。

第七条　本办法所称转包，是指承包单位承包工程后，不履行合同约定的责任和义务，将其承包的全部工程或者将其承包的全部工程肢解后以分包的名义分别转给其他单位或个人施工的行为。

第八条　存在下列情形之一的，应当认定为转包，但有证据证明属于挂靠或者其他违法行为的除外：

（一）承包单位将其承包的全部工程转给其他单位（包括母公司承接建筑工程后将所承接工程交由具有独立法人资格的子公司施工的情形）或个人施工的；

（二）承包单位将其承包的全部工程肢解以后，以分包的名义分别转给其他单位或个人施工的；

（三）施工总承包单位或专业承包单位未派驻项目负责人、技术负责人、质量管理负责人、安全管理负责人等主要管理人员，或派驻的项目负责人、技术负责人、质量管理负责人、安全管理负责人中一人及以上与施工单位没有订立劳动合同且没有建立劳动工资和社会养老保险关系，或派驻的项目负责人未对该工程的施工活动进行组织管理，又不能进行合理解释并提供相应证明的；

（四）合同约定由承包单位负责采购的主要建筑材料、构配件及工程设备或租赁的施工机械设备，由其他单位或个人采购、租赁，或施工单位不能提供有关采购、租赁合同及发票等证明，又不能进行合理解释并提供相应证明的；

（五）专业作业承包人承包的范围是承包单位承包的全部工程，专业作业承包人计取的是除上缴给承包单位"管理费"之外的全部工程价款的；

（六）承包单位通过采取合作、联营、个人承包等形式或名义，直接或变相将其承包的全部工程转给其他单位或个人施工的；

（七）专业工程的发包单位不是该工程的施工总承包或专业承包单位的，但建设单位依约作为发包单位的除外；

（八）专业作业的发包单位不是该工程承包单位的；

（九）施工合同主体之间没有工程款收付关系，或者承包单位收到款项后又将款项转拨给其他单位和个人，又不能进行合理解释并提供材料证明的。

两个以上的单位组成联合体承包工程，在联合体分工协议中约定或者在项目实际实施过程中，联合体一方不进行施工也未对施工活动进行组织管理的，并且向联合体其他方收取管理费或者其他类似费用的，视为联合体一方将承包的工程转包给联合体其他方。

第九条　本办法所称挂靠，是指单位或个人以其他有资质的施工单位的名义承揽工程的行为。

前款所称承揽工程，包括参与投标、订立合同、办理有关施工手续、从事施工等活动。

第十条　存在下列情形之一的，属于挂靠：

（一）没有资质的单位或个人借用其他施工单位的资质承揽工程的；

（二）有资质的施工单位相互借用资质承揽工程的，包括资质等级低的借用资质等级高的，资质等级高的借用资质等级低的，相同资质等级相互借用的；

（三）本办法第八条第一款第（三）至（九）项规定的情形，有证据证明属于挂靠的。

第十一条　本办法所称违法分包，是指承包单位承包工程后违反法律法规规定，把单位工程或分部分项工程分包给其他单位或个人施工的行为。

第十二条　存在下列情形之一的，属于违法分包：

（一）承包单位将其承包的工程分包给个人的；

（二）施工总承包单位或专业承包单位将工程分包给不具备相应资质单位的；

（三）施工总承包单位将施工总承包合同范围内工程主体结构的施工分包给其他单位的，钢结构工程除外；

（四）专业分包单位将其承包的专业工程中非劳务作业部分再分包的；

（五）专业作业承包人将其承包的劳务再分包的；

（六）专业作业承包人除计取劳务作业费用外，还计取主要建筑材料款和大中型施工机械设备、主要周转材料费用的。

第十三条 任何单位和个人发现违法发包、转包、违法分包及挂靠等违法行为的，均可向工程所在地县级以上人民政府住房和城乡建设主管部门进行举报。

接到举报的住房和城乡建设主管部门应当依法受理、调查、认定和处理，除无法告知举报人的情况外，应当及时将查处结果告知举报人。

第十四条 县级以上地方人民政府住房和城乡建设主管部门如接到人民法院、检察机关、仲裁机构、审计机关、纪检监察等部门转交或移送的涉及本行政区域内建筑工程发包与承包违法行为的建议或相关案件的线索或证据，应当依法受理、调查、认定和处理，并把处理结果及时反馈给转交或移送机构。

第十五条 县级以上人民政府住房和城乡建设主管部门对本行政区域内发现的违法发包、转包、违法分包及挂靠等违法行为，应当依法进行调查，按照本办法进行认定，并依法予以行政处罚。

（一）对建设单位存在本办法第五条规定的违法发包情形的处罚：

1.依据本办法第六条（一）、（二）项规定认定的，依据《中华人民共和国建筑法》第六十五条、《建设工程质量管理条例》第五十四条规定进行处罚；

2.依据本办法第六条（三）项规定认定的，依据《中华人民共和国招标投标法》第四十九条、《中华人民共和国招标投标法实施条例》第六十四条规定进行处罚；

3.依据本办法第六条（四）项规定认定的，依据《中华人民共和国招标投标法》第五十一条、《中华人民共和国招标投标法实施条例》第六十三条规定进行处罚。

4.依据本办法第六条（五）项规定认定的，依据《中华人民共和国建筑法》第六十五条、《建设工程质量管理条例》第五十五条规定进行处罚。

5.建设单位违法发包，拒不整改或者整改后仍达不到要求的，视为没有依法确定施工企业，将其违法行为记入诚信档案，实行联合惩戒。对全部或部分使用国有资金的项目，同时将建设单位违法发包的行为告知其上级主管部门及纪检监察部门，并建议对建设单位直接负责的主管人员和其他直接责任人员给予相应的行政处分。

（二）对认定有转包、违法分包违法行为的施工单位，依据《中华人民共和国建筑法》第六十七条、《建设工程质量管理条例》第六十二条规定进行处罚。

（三）对认定有挂靠行为的施工单位或个人，依据《中华人民共和国招标投标法》第五十四条、《中华人民共和国建筑法》第六十五条和《建设工程质量管理条例》第六十条规定进行处罚。

（四）对认定有转让、出借资质证书或者以其他方式允许他人以本单位的名义承揽工程的施工单位，依据《中华人民共和国建筑法》第六十六条、《建设工程质量管理条例》第六十一条规定进行处罚。

（五）对建设单位、施工单位给予单位罚款处罚的，依据《建设工程质量管理条例》第七十三条、《中华人民共和国招标投标法》第四十九条、《中华人民共和国招标投标法实施条例》第六十四条规定，对单位直接负责的主管人员和其他直接责任人员进行处罚。

（六）对认定有转包、违法分包、挂靠、转让出借资质证书或者以其他方式允许他人以本单位的名义承揽工程等违法行为的施工单位，可依法限制其参加工程投标活动、承揽新的工程项目，并对其企业资质是否满足资质标准条件进行核查，对达不到资质标准要求的限期整改，整改后仍达不到要求的，资质审批机关撤回其资质证书。

对 2 年内发生 2 次及以上转包、违法分包、挂靠、转让出借资质证书或者以其他方式允许他人以本单位的名义承揽工程的施工单位，应当依法按照情节严重情形给予处罚。

（七）因违法发包、转包、违法分包、挂靠等违法行为导致发生质量安全事故的，应当依法按照情节严重情形给予处罚。

第十六条 对于违法发包、转包、违法分包、挂靠等违法行为的行政处罚追溯期限，应当按照法工办发〔2017〕223 号文件的规定，从存在违法发包、转包、违法分包、挂靠的建筑工程竣工验收之日起计算；合同工程量未全部完成而解除或终止履行合同的，自合同解除或终止之日起计算。

第十七条 县级以上人民政府住房和城乡建设主管部门应将查处的违法

发包、转包、违法分包、挂靠等违法行为和处罚结果记入相关单位或个人信用档案，同时向社会公示，并逐级上报至住房和城乡建设部，在全国建筑市场监管公共服务平台公示。

第十八条　房屋建筑和市政基础设施工程以外的专业工程可参照本办法执行。省级人民政府住房和城乡建设主管部门可结合本地实际，依据本办法制定相应实施细则。

第十九条　本办法中施工总承包单位、专业承包单位均指直接承接建设单位发包的工程的单位；专业分包单位是指承接施工总承包或专业承包企业分包专业工程的单位；承包单位包括施工总承包单位、专业承包单位和专业分包单位。

第二十条　本办法由住房和城乡建设部负责解释。

第二十一条　本办法自 2019 年 1 月 1 日起施行。2014 年 10 月 1 日起施行的《建筑工程施工转包违法分包等违法行为认定查处管理办法（试行）》（建市〔2014〕118 号）同时废止。

建筑工人实名制管理办法（试行）

（建市〔2019〕18号 2019年2月17日印发）

第一条 为规范建筑市场秩序，加强建筑工人管理，维护建筑工人和建筑企业合法权益，保障工程质量和安全生产，培育专业型、技能型建筑产业工人队伍，促进建筑业持续健康发展，依据建筑法、劳动合同法、《国务院办公厅关于全面治理拖欠农民工工资问题的意见》（国办发〔2016〕1号）和《国务院办公厅关于促进建筑业持续健康发展的意见》（国办发〔2017〕19号）等法律法规及规范性文件，制定本办法。

第二条 本办法所称建筑工人实名制是指对建筑企业所招用建筑工人的从业、培训、技能和权益保障等以真实身份信息认证方式进行综合管理的制度。

第三条 本办法适用于房屋建筑和市政基础设施工程。

第四条 住房和城乡建设部、人力资源社会保障部负责制定全国建筑工人实名制管理规定，对各地实施建筑工人实名制管理工作进行指导和监督；负责组织实施全国建筑工人管理服务信息平台的规划、建设和管理，制定全国建筑工人管理服务信息平台数据标准。

第五条 省（自治区、直辖市）级以下住房和城乡建设部门、人力资源社会保障部门负责本行政区域建筑工人实名制管理工作，制定建筑工人实名制管理制度，督促建筑企业在施工现场全面落实建筑工人实名制管理工作的各项要求；负责建立完善本行政区域建筑工人实名制管理平台，确保各项数据的完整、及时、准确，实现与全国建筑工人管理服务信息平台联通、共享。

第六条 建设单位应与建筑企业约定实施建筑工人实名制管理的相关内容，督促建筑企业落实建筑工人实名制管理的各项措施，为建筑企业实行建筑工人实名制管理创造条件，按照工程进度将建筑工人工资按时足额付至建筑企业在银行开设的工资专用账户。

第七条　建筑企业应承担施工现场建筑工人实名制管理职责，制定本企业建筑工人实名制管理制度，配备专（兼）职建筑工人实名制管理人员，通过信息化手段将相关数据实时、准确、完整上传至相关部门的建筑工人实名制管理平台。

总承包企业（包括施工总承包、工程总承包以及依法与建设单位直接签订合同的专业承包企业，下同）对所承接工程项目的建筑工人实名制管理负总责，分包企业对其招用的建筑工人实名制管理负直接责任，配合总承包企业做好相关工作。

第八条　全面实行建筑业农民工实名制管理制度，坚持建筑企业与农民工先签订劳动合同后进场施工。建筑企业应与招用的建筑工人依法签订劳动合同，对其进行基本安全培训，并在相关建筑工人实名制管理平台上登记，方可允许其进入施工现场从事与建筑作业相关的活动。

第九条　项目负责人、技术负责人、质量负责人、安全负责人、劳务负责人等项目管理人员应承担所承接项目的建筑工人实名制管理相应责任。进入施工现场的建设单位、承包单位、监理单位的项目管理人员及建筑工人均纳入建筑工人实名制管理范畴。

第十条　建筑工人应配合有关部门和所在建筑企业的实名制管理工作，进场作业前须依法签订劳动合同并接受基本安全培训。

第十一条　建筑工人实名制信息由基本信息、从业信息、诚信信息等内容组成。

基本信息应包括建筑工人和项目管理人员的身份证信息、文化程度、工种（专业）、技能（职称或岗位证书）等级和基本安全培训等信息。

从业信息应包括工作岗位、劳动合同签订、考勤、工资支付和从业记录等信息。

诚信信息应包括诚信评价、举报投诉、良好及不良行为记录等信息。

第十二条　总承包企业应以真实身份信息为基础，采集进入施工现场的建筑工人和项目管理人员的基本信息，并及时核实、实时更新；真实完整记录建筑工人工作岗位、劳动合同签订情况、考勤、工资支付等从业信息，建立建筑工人实名制管理台账；按项目所在地建筑工人实名制管理要求，将采集的建筑工人信息及时上传相关部门。

已录入全国建筑工人管理服务信息平台的建筑工人，1年以上（含1年）无数据更新的，再次从事建筑作业时，建筑企业应对其重新进行基本安全培训，记录相关信息，否则不得进入施工现场上岗作业。

第十三条 建筑企业应配备实现建筑工人实名制管理所必须的硬件设施设备，施工现场原则上实施封闭式管理，设立进出场门禁系统，采用人脸、指纹、虹膜等生物识别技术进行电子打卡；不具备封闭式管理条件的工程项目，应采用移动定位、电子围栏等技术实施考勤管理。相关电子考勤和图像、影像等电子档案保存期限不少于2年。

实施建筑工人实名制管理所需费用可列入安全文明施工费和管理费。

第十四条 建筑企业应依法按劳动合同约定，通过农民工工资专用账户按月足额将工资直接发放给建筑工人，并按规定在施工现场显著位置设置"建筑工人维权告示牌"，公开相关信息。

第十五条 各级住房和城乡建设部门、人力资源社会保障部门、建筑企业、系统平台开发应用等单位应制定制度，采取措施，确保建筑工人实名制管理相关数据信息安全，以及建筑工人实名制信息的真实性、完整性，不得漏报、瞒报。

第十六条 各级住房和城乡建设部门、人力资源社会保障部门应加强与相关部门的数据共享，通过数据运用分析，利用新媒体和信息化技术渠道，建立建筑工人权益保障预警机制，切实保障建筑工人合法权益，提高服务建筑工人的能力。

第十七条 各级住房和城乡建设部门、人力资源社会保障部门应对下级部门落实建筑工人实名制管理情况进行监督检查，对于发现的问题要责令限期整改；拒不整改或整改不到位的，要约谈相关责任人；约谈后仍拒不整改或整改不到位的，列入重点监管范围并提请有关部门进行问责。

第十八条 各级住房和城乡建设部门应按照"双随机、一公开"的要求，加强对本行政区域施工现场建筑工人实名制管理制度落实情况的日常检查，对涉及建筑工人实名制管理相关投诉举报事项进行调查处理。对涉及不依法签订劳动合同、欠薪等侵害建筑工人劳动保障权益的，由人力资源社会保障部门会同住房和城乡建设部门依法处理；对涉及其他部门职能的违法问题或案件线索，应按职责分工及时移送处理。

第十九条 各级住房和城乡建设部门可将建筑工人实名制管理列入标准

化工地考核内容。建筑工人实名制信息可作为有关部门处理建筑工人劳动纠纷的依据。各有关部门应制定激励办法，对切实落实建筑工人实名制管理的建筑企业给予支持，一定时期内未发生工资拖欠的，可减免农民工工资保证金。

第二十条　各级住房和城乡建设部门对在监督检查中发现的企业及个人弄虚作假、漏报瞒报等违规行为，应予以纠正、限期整改，录入建筑工人实名制管理平台并及时上传相关部门。拒不整改或整改不到位的，可通过曝光、核查企业资质等方式进行处理，存在工资拖欠的，可提高农民工工资保证金缴纳比例，并将相关不良行为记入企业或个人信用档案，通过全国建筑市场监管公共服务平台向社会公布。

第二十一条　严禁各级住房和城乡建设部门、人力资源社会保障部门借推行建筑工人实名制管理的名义，指定建筑企业采购相关产品；不得巧立名目乱收费，增加企业额外负担。对违规要求建筑企业强制使用某款产品或乱收费用的，要立即予以纠正；情节严重的依法提请有关部门进行问责，构成犯罪的，依法追究刑事责任。

第二十二条　各级住房和城乡建设部门、人力资源社会保障部门应结合本地实际情况，制定本办法实施细则。

第二十三条　本办法由住房和城乡建设部、人力资源社会保障部负责解释。

第二十四条　本办法自 2019 年 3 月 1 日起施行。